LE VOYAGEUR FIDELE, OU LE GUIDE DES ETRANGERS DANS LA VILLE DE PARIS.

QUI ENSEIGNE TOUT CE QU'IL Y A
de plus curieux à voir : les noms des Ruës, des
Fauxbourgs, Eglises, Monasteres, Chapelles,
Places, Colleges, & autres particularitez que
cette Ville renferme ; les Adresses pour aller de
rues en quartiers ; & y trouver tout ce
qu'on souhaite, tant pour les besoins de la vie,
qu'autres choses.

*Avec une Relation en forme de Voyage, des plus
belles maisons qui sont aux environs de Paris :
Le tout pour l'usage & l'utilité des Etrangers.*

Par le Sieur L. LIGER.

A PARIS,
Chez PIERRE RIBOU, Quay des Augustins,
à la descente du Pont-Neuf, à l'Image S. Louis.

M. DCC. XV.
Avec Approbation, & Privilege du Roy.

LE LIBRAIRE
AU LECTEUR.

JE ne sçai, mon cher Lecteur, si j'ose me flatter de vos suffrages au sujet du Livre que je vous presente. C'est un manuscrit qui m'est tombé entre les mains; l'idée m'en a paru assez singuliere, & les matieres trop interessantes pour en priver le Public: c'est pourquoy j'ai crû que l'impression lui en feroit plaisir.

Si l'Auteur le fait paroître sous un titre tres prevenant, on peut dire qu'il n'est point au-dessus de ce qu'il promet, & que bien au contraire on trouve en lisant cet ouvrage beaucoup plus que l'on ne s'y attendoit.

C'est un Voyageur qui décrit les particularitez de son voyage à Paris, & les avantures qui lui sont arrivées dans cette grande Ville ; il fait un détail succinct des raretez qu'on y voit, des plaisirs dif-

ã ij

AVIS

ferens qu'on y goûte, & de toutes les commoditez qu'il y a pour les besoins de la vie. Il conduit même les Etrangers dans tous les lieux où elles se trouvent; C'est un Guide fidele qui ne sçait point imposer, & que ceux qui ne sçavent point ce que c'est que Paris, se feront un plaisir de suivre.

Tel est le plan que l'Auteur s'est projetté de cet ouvrage. Quant à l'ordre qu'il y a gardé, il en a divisé une partie des matieres par Journées, & l'autre par Articles : celles-là contiennent les dedans de Paris & les fauxbourgs, & les derniers tous les endroits non seulement où se débitent toutes sortes de marchandises & denrées, mais encore quelques descriptions des plus belles maisons situées aux environs de Paris; c'est une maniere de petit voyage particulier, & accompagné de circonstances qui ne peuvent que divertir un Curieux.

Voila, mon cher Lecteur, quel est le Livre que je vous donne, & les avantages avec lesquels il voit le jour; l'Auteur y a pris pour modéle les Anciens qui ont écrit de Paris; il y a puisé les époques qui lui ont été necessaires, & sans croire leur rien dérober, il a comme

AU LECTEUR.

eux nommé par leur nom les lieux dont il vouloit parler, & par où il a fait passer son Voyageur.

Quelques-uns, il est vrai, y avoient fouillé avant lui; mais comme ce sont des trésors ouverts à tout le monde, & qu'il n'y a que la maniere differente de mettre en œuvre les materiaux qu'on en tire, qui autorise ce larcin contre les premiers en datte, l'Auteur ne s'en est point fait un scrupule; la nouveauté du dessein qu'il y a affectée le met à couvert de tout reproche.

J'ai crû, mon cher Lecteur, vous devoir ce petit avertissement, qui tiendra lieu de Preface à ce Livre; je n'ai point voulu vous y ennuyer par de longs discours pour le faire valoir; le Public en jugera, ajoûtez que je n'aurois garde d'en dire du mal, & que j'espere que vous m'en direz du bien. Adieu.

TABLE DES MATIERES
contenuës en ce Livre.

I. JOURNE'E. Quartier de Nôtre-Dame, Isle du Palais, Quartier de la Greve, ruë S. Antoine, Place Royale, & les Minimes, page 6.

Description du Chœur de Nôtre Dame, 10.

II. JOURNE'E. Quartier du Marais, 46.

III. JOURNE'E. Quartier des ruës S. Martin & S. Denis, 65.

IV. JOURNE'E. Quartier des Halles, & Place des Victoires, 80.

V. JOURNE'E. Quartier de S. Honoré, 101.

VI. JOURNE'E. Fauxbourg S. Germain, quartier des Quatre-Nations, & d'une partie de S. Germain des prez, 131.

VII. JOURNE'E. Autre quartier de S. Germain, & le reste du fauxbourg de ce nom, 156.

VIII. JOURNE'E. Quartier de l'Université, & le fauxb. de S. Jacq. 174.

TABLE.

IX. JOURNE'E. *Quartiers & fauxb. de S. Marcel & de S. Victor*, 198.

X. JOURNE'E. *Isle de Nôstre-Dame, & quartier de l'Arsenal*, 210.

XI. JOURNE'E. *Partie du fauxbourg de S. Antoine, Bercy, Conflans, & Vincennes*, 215.

XII. JOURNE'E. *Autre partie du fauxbourg de S. Antoine, fauxbourgs de S. Laurent, de S. Lazare, de S. Martin, & de S. Denis*, 237.

XIII. JOURNE'E. *De quelques dehors de Paris qui en sont les plus proches*, 252.

ARTICLE I. *Des Eglises dont on n'a point parlé*, 266.

ART. II. *De tous les Colleges generalement qui sont dans Paris*, 279.

ART. III. *Des Ecoles publiques*, 299.

ART. IV. *Qui contient les Academ. de toutes sortes d'arts & de sciences, & les Biblioteques pub. & partic.* 306.

ART. V. *Des Exercices pour la belle éducation*, 322.

ART. VI. *Des Hôtels garnis, & autres dont on n'a point parlé*, 324.

ART. VII. *Qui concerne les Places publiques & autres endroits où se debitent toutes sortes de marchandises,*

TABLE

denrées, & provisions de bouche, 339.

Art. VIII. *Qui regarde la Patisserie, l'Epicerie & les liqueurs potables,* 352.

Art. IX. *Concernant le commerce pour les habits, la mercerie, & les meubles,* 357.

Art. X. *Des curiositez, & du commerce qui se fait des ouvrages d'or, d'argent, de pierreries, & autres bijoux de cette sorte,* 369.

Art. XI. *Qui instruit des lieux où se débitent certaines marchandises très necessaires & fort utiles pour les besoins de l'un & l'autre sexe,* 373.

Art. XII. *Contenant le commerce de divers métaux, & d'autres marchandises de differentes sortes, avec quelques commoditez qui se trouvent à Paris,* 391.

Art. XIII. *Où l'on trouve ce qui concerne les bâtimens,* 405.

Voyage de Versailles, de Meudon, Trianon, la Menagerie, & de tout ce qui se trouve sur la route en revenant à Paris, 417.

Voyage de Marly, & de S. Germain en Laye, 475.

Voyage de S. Denis, 490.

Voyage de Fontainebleau, 504.

LE

LE VOYAGEUR FIDELE,
OU
LE GUIDE DES ETRANGERS DANS LA VILLE DE PARIS.

Je ne me propose pas ici de donner un voyage complet, le trajet que j'ai fait de l'Allemagne à Paris n'étant pas assez étendu, ni rempli d'assez de circonstances pour en faire un Ouvrage particulier. Je ne prétens décrire que ce que j'ai vû dans cette grande Ville, les avantures qui m'y font arrivées, & ce qui m'y a fait trouver le séjour des plus agreables.

Je n'aurois point encor entrepris cet Ouvrage, n'étoit l'empressement avec lequel mes amis m'y ont engagé : J'en voyois la difficulté, j'y pensai plus d'une fois : mais enfin après de mûres réflexions, m'étant borné à ne raporter que ce que j'avois vû dans Paris, je crus que je pourrois en quelque façon satisfaire leur curiosité ; & pour cela je m'imaginai que détaillant mes matieres par journées, & que parlant de tout ce qui se feroit offert à ma vûë en chemin faisant, de ruë en ruë, & de quartier en quartier, le Public même y trouveroit son utilité. C'est ici veritablement un guide pour les Etrangers dans cette Ville si celebre. J'y raconte naturellement les particularitez de mon voyage pendant tout le sejour que j'y ai fait. Mais sans m'arrêter davantage à des discours superflus, je vais entrer en matiere, & tâcher de remplir l'attente de ceux à la sollicitation desquels je me suis déterminé à cette entreprise.

J'arrivai à Paris le troisiéme Avril 1714. & de plusieurs hôtels garnis qui sont dans la ruë Dauphine, j'allai descendré à l'hôtel de Moüi, où je trouvai trés bonne compagnie, & des gens d'une société fort agréable. Ce n'est pas peu pour un Etranger de tomber dans une auberge avec des esprits qui lui conviennent. Le lendemain je me reposai pour mieux aprés satisfaire le desir curieux qui m'avoit conduit à Paris.

Paris, au raport de plusieurs Auteurs, est fort ancien; Cesar en parle dans le sixiéme livre de ses Commentaires, & dit qu'aprés avoir subjugué les Gaules, il alla mettre le siege devant Paris, qui en ce tems-là étoit renfermé dans les deux bras de la Seine. L'histoire nous apprend encor que Julien l'Apostat étant venu chercher un azile dans les Gaules, choisit Paris pour y établir son séjour ordinaire.

Le nom de cette grande Ville a beaucoup partagé les esprits sur son étimologie: mais comme cette matiere me conduiroit trop loin, je n'en dirai rien ici: on peut voir les Auteurs qui en ont traitté.

Tout le monde sait que cette Ville s'est acrûë en divers tems. Sous le regne de Clovis, toute son étenduë n'étoit renfermée que dans l'Isle du Palais, qui

A ij

s'apelle à present la *Cité* : on y voyoit quelques maisons champêtres sur le bord de la riviere du côté de Saint Germain l'Auxerrois, où étoit un bois qu'on apelloit la *Forêt des Charbonniers*.

Cette Ville s'agrandit considerablement dans la suite des tems autour de sainte Geneviéve du mont, que Clovis avoit fait bâtir : elle s'accrût aussi dans plusieurs autres endroits, & l'histoire raporte que Philippe Auguste la fit pour lors enfermer de murs, flanquez de grosses tours rondes d'espace en espace.

Je ne prétens point ici m'engager dans un détail des accroissemens de Paris ; ce seroit tomber dans une trop longue & trop fatiguante recherche ; je me contenterai de dire que selon le calcul de ceux qui en ont fait le plan nouvellement, il s'y trouve vingt quatre mille maisons, partagées en huit cent trente ruës. On tient qu'il s'y consume par an plus de cent mille muids de blé, prés de cent quarante mille bœufs ou vaches, cinq cent cinquante mille moutons, cent vingt-cinq mille veaux, & quarante mille cochons. On y boit trois cent mille muids de vin, sans compter les eaux de vie, les bieres & les cidres ; on fait monter le nombre de ses habitans à huit ou neuf cent mille.

Paris n'est pas seulement recommandable par là, on l'admire encor par la somptuosité de ses bâtimens, par ses dehors magnifiques, la beauté & la fertilité de ses environs, & les richesses immenses dont il est rempli. C'est l'école du beau monde & de la politesse des mœurs, la republique des belles Lettres, & le theatre de toutes les sciences. Ce n'est ici qu'une ébauche legere de cette grande Ville, & une digression que j'ai crû devoir à mon Lecteur pour lui en donner une idée succinte, que je tâcherai de remplir le mieux qu'il me sera possible dans la suite de cet Ouvrage.

Pour réussir plus sûrement dans mon entreprise, & m'épargner bien des pas, & d'autres soins inutiles, je pris un Guide à gage, qui savoit tous les quartiers de Paris. Non content qu'il m'y conduisît, je prenois encor de lui des memoires de tout ce que je voulois voir le jour que je devois faire ma tournée, & selon que je m'étois orienté sur un plan de Paris que je consultois exactement ; si bien qu'avec le Guide, & ce que j'avois d'ailleurs en main, je ne pouvois gueres éclaiper de choses qui meritassent l'attention d'un Curieux. Voila le plan sur lequel je me suis reglé, & à l'aide duquel j'ai entrepris de décrire ce voyage.

PREMIERE JOURNE'E.

Quartier de Nôtre-Dame, Isle du Palais, quartier de la Greve, ruë S. Antoine, Place Royalle, & les Minimes.

APrés donc m'être un peu reposé des fatigues de mon voyage, je songeai d'abord à aller à Nôtre-Dame pour rendre graces à Dieu d'être arrivé à Paris en parfaite santé, & aprés être sorti de la ruë Dauphine, je pris le Quay des grands Augustins, qui est à present le lieu où l'on vend la volaille. J'entrai dans l'Eglise de ces Reverends Pères, & un d'eux auquel je m'adressai, & qui vit bien que j'étois un Etranger qui ne cherchois qu'à m'instruire, me dit qu'elle fut bâtie comme on la voit aujourd'hui sous le regne de Charles V. surnommé le Sage, & qu'elle fut dédiée en l'an 1453. par Guillaume

Chartier Evêque de Paris.

Cet honnête Religieux me fit faire attention au grand Autel de cette Eglise; il est vrai que la beauté du dessein me frappa, ce qui ne me surprit pas beaucoup lorsque j'appris qu'il étoit du fameux le *Brun*. On voit dans le fond le Pere Eternel environné de plusieurs Anges representez en sculpture : & comme je me promenois dans le chœur, j'en admirai les chaises, que je puis dire être un des plus beaux ouvrages de menuiserie qu'il y ait. De là je fus conduit dans une petite Chapelle basse, qui est derriere celle des Chevaliers du Saint Esprit, où je vis le tombeau de *Philippe de Comines*; je le trouvai d'un assez bon goût, ainsi que plusieurs tableaux dont cette Eglise est ornée, & sur lesquels j'arrêtai mes yeux avec plaisir. La Chapelle du Saint Esprit dont je viens de parler est celle où l'on fait les Chevaliers de ce grand Ordre, institué par Henry III. en 1578. J'y vis un tableau où le Saint Esprit est dépeint descendant sur la sainte Vierge & sur les Apôtres ; il est de *Jacob Bunel*, Peintre de son temps fort en réputation : *Champagne* non moins celebre, en a fait un autre où l'on voit Louis XIII.

qui donne le collier de l'Ordre au Duc de Longueville. C'est dans cette maison religieuse que se tiennent extraordinairement les Assemblées du Clergé. Ce Religieux pour pousser l'honnêteté à bout, & après m'avoir promené dans ce saint lieu, m'invita à aller prendre du rafraîchissement dans le Couvent ; mais comme je n'avois pas encor assez fait de chemin pour en avoir besoin, je le remerciai & pris congé de lui.

Je continuai après ma route tout le long du quay pour gagner le pont saint Michel. On dit qu'il n'étoit autrefois que de bois ; mais qu'ayant été détruit par une inondation terrible, il fut rebâti de brique par Louis XIII. en 16.8. Je traversai ensuite le Marché-neuf, qui me conduisit dans la ruë neuve Nôtre-Dame, au bout de laquelle se voit en face cette grande Eglise.

Je jettai d'abord la vûë sur la façade de ce vaste Edifice, qui fait voir deux grandes tours aux deux côtez, & trois grandes portes qui lui servent d'entrée. On voit au-dessus de ces portes un nombre prodigieux de figures différentes placées confusément, ce qui répugne au bon goût de l'architecture d'aujourd'hui ;

ce n'est qu'un dessein purement gotique, qui avoit son merite dans son tems : mais cette architecture est à present entierement tombée; aussi n'examinai-je cette façade que dans l'idée qu'elle m'offrit, sans y vouloir rien approfondir davantage.

J'entrai après dans l'Eglise, dont la nef est ornée de grands tableaux, qui sont autant d'ouvrages de divers Peintres des plus celebres, & autant d'hommages que deux Orfevres Maîtres en Charge de la Confrairie de sainte Anne faisoient à la sainte Vierge le premier jour de May. Le tableau de l'année étoit d'abord exposé dans le parvis à la porte de l'Eglise, puis durant tout le mois vis-à-vis la Chapelle de la Vierge, où tous les Connoisseurs venoient en porter leurs jugemens. Cette coûtume est abolie.

A côté de la porte du chœur à droite est construite la chapelle de la Vierge, remarquable non seulement par le fréquent concours du peuple qui vient y offrir ses vœux, mais encor par les offrandes considerables qu'on y a faites. On voit à un pilier vis-à-vis la statuë à cheval de *Philippe IV*. dit le *Bel*.

Je fus surpris de la hauteur des voûtes de cette Eglise, de la largeur & de la longueur de sa nef. On trouve autour de ce grand vaisseau quarante-cinq Chapelles, la plûpart ornée de menuiserie peinte: mais ce que j'y admirai le plus fut deux tableaux du Poussin, placez dans deux de ces Chapelles, dont l'un a pour sujet le trépas de la Vierge, & l'autre sainte Marie-Egyptienne: Il faut avoüer que j'y prêtai toute mon attention, tant la delicatesse du pinceau m'en parut extraordinaire. Passons au Chœur de cette Eglise, sur lequel je ne pus jetter les yeux qu'avec admiration.

DESCRIPTION DU CHOEUR de Nôtre-Dame.

A Peine fus-je entré par la grande porte, que jettant par tout confusément mes regards pour admirer ce qu'il y avoit de beau, je les fixai en avançant sur un Autel construit dans le fond, appellé l'*Autel des Feries*. Sa structure est toute de marbre, chargée de plusieurs ornemens de sculpture, & élevé sur des degrez qui le font découvrir au-dessus du Maître-Autel.

FIDELE.

Le Retable du premier est une niche enfoncée, qui represente le vœu de Louis XIII. On y voit la sainte Vierge assise au pied de la Croix, tenant Jesus-Christ mort sur ses genoux ; ces deux figures & la Croix sont de marbre blanc : il est vrai que je fus saisi d'admiration à un si bel aspect, les attitudes m'en parurent des mieux étudiées ; rien ne peut exprimer plus vivement la douleur de la sainte Vierge que ses yeux & ses mains à demi élevez vers le Ciel : C'est là qu'on juge de la force de l'imagination de l'Ouvrier, & de la delicatesse avec laquelle elle est executée. Le visage de Nôtre-Seigneur à moitié couché sur les genoux de sa mere est une vive image de la mort. Les Sculpteurs n'ont rien oublié dans ces figures de ce qui pouvoit donner du merveilleux à leur art : le corps de Jesus-Christ, sur lequel on découvre jusques aux moindres veines, est artistement travaillé.

Cette niche a d'ailleurs pour ornemens des Anges, des Chérubins & des Séraphins. On voit plusieurs rayons de nuës autour de la Croix, & au-dessus une gloire d'Anges qui tiennent la suspension. Le tout y est placé avec tant de précision & de discernement, que l'œil aisement peut en démêler les objets sans les confondre. C'est aux mains habiles de *Gouston* aîné & cadet que nous sommes redevables d'un si bel Ouvrage.

A la droite de cet Autel paroît Louis XIII. dans une posture prosternée, & vêtu de ses habits royaux ; il tient en ses mains son sceptre & sa couronne, & on le voit qui met son Royaume sous la protection de Jesus-Christ & de la sainte Vierge. A gauche est Louis XIV. prosterné aussi, mais dans une posture differente. Ces deux Princes sont de marbre blanc, & portez chacun sur un pied d'estal de même matiere. Le premier est de *Gouston le cadet*, & l'autre de *Coizevox*, dont les ouvrages n'ont que trop parlé jusques ici en sa faveur, sans qu'il soit besoin d'en faire l'éloge.

Au bas & à quelque distance de ce premier Autel en paroît un autre qui est le *Maître-Autel*; il est à découvert, construit de marbre, & enrichi de plusieurs ornemens de sculpture qui lui donnent un beau relief : à ses côtez paroissent deux Anges prosternez & portez chacun sur un nuage pratiqué au-dessus d'un pied d'estal. Cet Autel & celui des Feries ont été faits par *Caillot* & *Vasse* fameux

Sculpteurs, sur les modeles qui en ont été fournis: les devants sont de porphire travaillé avec tout l'art imaginable.

Aprés avoir bien consideré tous ces beaux morceaux de sculpture, je jettai les yeux sur six Anges de bronze, dorez, de grandeur d'homme : ils sont debout, & portez sur des culs-de-lampe de marbre, ornez d'Anges & de feüillages, terminez chacun par une coquille, & attachez aux piliers des arcades : Ces Anges portent chacun un instrument de la Passion.

Les deux qui sont auprés du vœu sont de *Varicleve*: l'un tient le voile de sainte Veronique ; l'autre, la Couronne d'épines, & se regardent tous deux. L'Ange qui est du côté de l'Epitre, & qui tient les trois clous, est de *Poirié* ; & l'autre qui est vis-à-vis, & qui porte l'écriteau, est l'ouvrage de *Maniere*. *Flamand* a fait celui qui tient la lance, & qu'on voit à droite ; & celui qui le regarde, & qui porte l'éponge, a été fait par *Ulirelle*. Il est vrai que je pris plaisir à considerer ces six Anges, & j'en admirai les diverses attitudes, qui n'expriment toutes que des mouvemens de tristesse.

Tout charmé que j'étois déja des Ou-

vrages de tant de fameux Sculpteurs ; je promenai ma vûë sur les arcades qui renferment ce riche monument, & au-dessus desquelles sont les *Vertus Theologales*. Je vis sur les deux premieres à côté de l'Autel à droite, la *Charité* & la *Perseverance*, elles sont de *Poulsier* ; & vis-à-vis la *Foy* & l'*Esperance* ; c'est le *Moine* qui les a faites. Paroissent ensuite au-dessus des autres arcades les *Vertus Cardinales*: à droite est la *Prudence* & la *Temperance*, toutes deux l'ouvrage de *Fremin* ; & à gauche la *Justice* & la *Force* taillées par *Bertrand*. Reste encore deux autres arcades qui soûtiennent les *Vertus Chretiennes*: à droite se voyent l'*Humilité* & l'*Innocence* ; elles sont de *Lepautre* ; & *Thierry* a executé la *Virginité* & la *Pureté* qui sont vis-à vis. Toutes ces Vertus sont accompagnées chacune de leurs attributs, & travaillées d'un tres bon goût.

 Sur les piliers des arcades sont représentez douze trophées d'Eglise d'un dessein des mieux entendus. *Rousseau, la Pierre, Vigier, Girard, Voiriot* & *Germain* en ont fait chacun deux, qui servent d'un tres bel ornement à ces piliers qui sont incrustez ainsi que les arcades d'un marbre couleur de chair avec des veines rouges & des taches blanches. L'or ménagé & appliqué avec tant d'art & de jugement sur ce grand Ouvrage, lui donne un éclat qui surprend.

Les ardoubleaux de dessus les arcades sont enrichis d'ornemens qui remplissent fort agréablement leur place : ils sont faits par *Martin*, *Bercheres*, *Fournier* & *Benard*, tous gens des plus habiles dans la sculpture.

C'est ainsi que tout le *Sanctuaire* du Chœur est orné. Le pavé est de marbres differens, & posez en pieces de compartimens avec symetrie. Il est fermé d'une grille de fer d'un dessein tout particulier, tres bien exécuté par *Parent*, *Petit* & *Richard*. Elle est placée dans les espaces des arcades. Les ornemens qui la composent sont dorez en partie, & l'autre d'un fer bruni qui releve la dorure avec beaucoup d'éclat.

Ce Sanctuaire est élevé de sept marches d'un marbre tres beau, elles séparent deux balustrades en demi rond, placées aux deux bouts. Les balustres sont de bronze doré, & le dessus d'un marbre des mieux choisis, & fort bien travaillé.

Aprés avoir consideré avec une attention tres grande tant de beaux Ouvrages de sculpture qu'on voit dans cette partie du Chœur, je descendis dans le Chœur même ; & vis au bas des degrez une tombe de marbre blanc, sous laquelle sont renfermées les entrailles de Louis XIII. dans un caveau pratiqué exprés. On y lit une inscription qui le marque. Puis je m'attachai aux *Chaises*, dont la mennisérie me parut sortie des mains de tres habiles Ouvriers ; elles sont de *Nêsle* & de *Marteau* ; celui-ci a fait les Chaises du côté de l'Archevêché, & l'autre celles qui sont vis-à-vis.

Ces Chaises sont bornées & accompagnées d'un lambris de quinze pieds de haut, couronné d'une tres belle corniche & architrave avec console. Ce lambris d'ailleurs a pour decoration vingt-deux sujets en bas reliefs : ils representent la vie de la Vierge ; ils sont dans des formes quarrées & ovales, placées alternativement, & renfermées de quadres surmontez par des gloires qui soûtiennent des têtes de Chérubins, qu'on voit sur des paneaux rompus par des oreilles, & chargez de compartimens de bandes & de fleurs.

Audessus des quadres quarrez se voyent
ces

des caſſolettes, des cartouches, & des branches de fleurs de lis poſez alternativement ſur de petites corniches. Chaque bas-relief eſt ſeparé par des pilaſtres en arriere-corps, & qui forment la largeur d'une Chaiſe ou Stalle : Les avant-corps où ſont poſez les bas-reliefs en comprennent deux pour la largeur. Ces pilaſtres ſont ornez differemment; les uns portent pluſieurs Chifres du Roy, & les autres ſes Armes, & des branches de palmes & de fleurs; les bouts ſont en compartimens.

Quatre autres pilaſtres ſe font voir d'ailleurs, & ſont aſſez ſinguliers dans leur deſſein. Le premier repreſente Jeſus-Chriſt au jardin des Oliviers; il eſt ſur un cartouche où paroît dans le haut un Ange qui tient un calice : on y voit des roſeaux, des urnes, & des branches de myrthes, qui ſont des attributs de la Penitence.

Le ſecond, qui eſt contre la chaiſe de M. l'Archevêque, eſt auſſi renfermé dans un cartouche, & porte pour ſujet les Pelerins d'Emaüs, avec un Ange qui tient en main un Soleil dans lequel ſe voit une Hoſtie. C'eſt ſous ces figures que la fraction du pain eſt repreſentée : le reſte

B.

du pilastre est rempli d'attributs & d'autres ornemens d'Eglise qui conviennent au sujet, accompagnez de festons de bled & de raisins.

Sur le troisiéme pilastre qui est à côté de la Chaise Archiepiscopale, se voit Nôtre-Seigneur qui donne les clefs à S. Pierre, avec un Ange qui soûtient la mitre de l'Archevêque, & les autres ornemens qui lui conviennent.

Le quatriéme pilastre represente Nôtre-Seigneur qui monte aux Cieux; il est dans un cartouche couronné d'un Saint Esprit, avec un Ange qui porte un ciboire, & orné de trophées d'Eglise.

Les Chaises, du côté de la grande porte du Chœur, sont terminées par de grandes consoles, decorées de têtes de lion, & posées sur un cymaise qui se racorde avec les autres Stalles ou Chaises, qui monte de fond, & qui termine les extremitez de la corniche. Toute cette menuiserie, comme j'ai déja dit, est d'un très bon goût; mais la sculpture dont elle est enrichie, acheve d'en rehausser la beauté. Revenons à la Chaise Archiepiscopale, & parlons des sujets que contient chaque bas-relief, & selon l'ordre qu'ils sont placez.

On voit à droite du côté du Sanctuaire la Chaise Archiepiscopale, dont le fond est une grande niche où est representé le Martyre de saint Denis. Le bas de cette Chaise est fait en cul-de-lampe, orné de têtes de Chérubins, palmes, festons & paneaux de fleurs, avec de grandes consoles qui soûtiennent l'entablement sur lequel est posée une balustrade sculptée à jour. Le sofit ou plafond qui regne au-dessus, est d'un tres bon goût. Il est surmonté de deux enfans qui tiennent des trophées d'Archevêque & des festons, & derriere se voyent des consoles en amortissement, qui soûtiennent une cassolette d'où sort une fumée.

La Chaise qui fait face est de pareille symetrie, & chargée des mêmes ornemens, si vous en exceptez le fond de la niche, qui represente saint Germain Evêque d'Auxerre qui guérit Chilperic Roy de France. Ces deux bas-reliefs sont enfermez dans des quadres couronnez de grands cartouches : le plafond est orné de roses en cul-de-four, & la corniche d'une campane travaillée avec beaucoup de delicatesse. Voici l'ordre des bas-reliefs qui servent d'ornement aux

B ij

Chaises, à commencer vers la Chaise Archiepiscopale ; ils representent, comme on a déja dit, la vie de la Vierge. Il y en a onze de chaque côté.

Le premier represente la Naissance de la Vierge, & est enfermé dans un quadre quarré.

Le second a pour sujet la Presentation de la Vierge au Temple. Il est dans un quadre ovale, & ainsi alternativement des autres.

Le troisieme fait voir l'éducation de la Vierge par sainte Anne.

Le quatriéme, le Mariage de la Vierge avec S. Joseph.

Le cinquiéme, l'Annonciation de la Vierge, surprise à la vûë de l'Ange qui la saluë.

Le sixiéme, la Visitation, c'est-à dire le jour que la sainte Vierge alla rendre visite à sainte Elisabeth.

Le septiéme est la Naissance de Nôtre-Seigneur, où l'on voit les Bergers qui viennent l'adorer.

Le huitiéme a pour sujet l'Epiphanie, autrement l'Adoration des Rois qui offrent leurs presens à l'Enfant Jesus.

Le neuviéme represente la Circoncision, qui étoit une ceremonie établie parmi les Juifs.

Le dixiéme, la Purification de la sainte Vierge au Temple de Jerusalem, suivant les ceremonies observées dans la loy de Moyse.

Le onziéme, la Fuite de la Vierge en Egypte.

Bas-reliefs qui sont vis-à-vis, & dans le même ordre.

Le premier represente la sainte Famille.

Le second, Jesus au milieu des Docteurs contre lesquels il dispute.

Le troisiéme, les Nôces de Cana, où Jesus-Christ changea l'eau en vin.

Le quatriéme fait voir la Vierge en contemplation au pied de la Croix.

Le cinquiéme, la Descente de Croix, au pied de laquelle la sainte Vierge paroît tres affligée.

Le sixiéme, la Pentecôte, ou Descente du Saint Esprit sur ses Apôtres.

Le septiéme est une representation de l'Assomption.

Le huitiéme represente l'Oraison sous la figure d'une femme à genoux devant un Autel, ayant les yeux levez au Ciel, avec un encensoir à la main.

Le neuviéme est la Prudence, representée par une femme qui tient un serpent, qui en est le symbole.

Le dixiéme fait voir la Modestie, sous la figure d'une femme debout, qui a les yeux baissez, & tient en sa main un sceptre mysterieux.

Le onziéme represente l'Humilité; c'est une Vierge qui a la tête baissée, les bras croisez. On lui voit une balle à la main, & un agneau couché prés d'elle.

On peut dire que tous ces bas-reliefs sont travaillez avec beaucoup de genie & de delicatesse. *Degoullons*, fameux sculpteur qui en a eu la conduite, s'y est distingué dans son art. *Bellant. Tanpin* & *Goupil* l'ont secondé. J'ai déja parlé des grandes grilles de fer qui remplissent les espaces des arcades, il ne reste plus que les portes qui servent d'entrée au Chœur. La grande porte qui est d'un goût singulier pour le dessein, a été travaillée par *Cafin*, & les deux petites, qui ne sont pas d'un moindre goût, ont été faites par *Forrain*.

Les grands quadres dorez qui sont audessus des chaises, doivent être remplis de Tableaux qui representeront la vie de la Vierge. Les sujets en sont commis à ce qu'il y a de plus habiles Peintres. La *Fosse* si renommé en son art en a donné deux, dont l'un represente la *Naissance de Nôtre-Seigneur*, où l'on voit les Bergers qui viennent l'adorer; & l'autre, l'*Adoration des Rois*: Ces deux Tableaux sont travaillez avec beaucoup d'art, & une imagination toute singuliere. On espere que les autres ne s'attireront pas moins les suffrages du Public.

Il faut avoüer que tout ce grand Ouvrage est digne de l'attention des Curieux; aussi part-il d'un homme dont le genie n'a rien que de grand en cet art: C'est sur les desseins de M. *Decotte*, premier Architecte du Roy, que tout s'y est executé; c'est lui qui a ordonné toute la construction de ce superbe monument; ainsi on ne pouvoit attendre rien que d'un tres bon goût d'un esprit si fécond en belles idées, & si bien entendu dans les bâtimens. Rien ne s'y est fait confusément, l'ordre y a été tres bien suivi; on ne doit pas en être surpris, puisque ce fameux Ouvrage n'est parvenu à sa fin que par les soins de M. *Decotte* le fils, formé dans l'Architecture sur les modeles du pere.

Mais avant que de quitter de vûë ce somptueux monument, je suis bien aise de dire en passant ce que l'Histoire m'a appris de son antiquité.

Saint Denis qui vivoit dans les premiers tems, en a été le premier Evêque. Quelques-uns prétendent que cette Eglise porta d'abord le nom de ce Saint: mais qu'ayant été rebâtie vers l'an 522. sous le regne de Childebert fils de Clovis, elle fut dediée à la sainte Vierge, dont elle a toûjours conservé le titre. Il y a eu plusieurs de nos Rois qui, par un zele tres chretien, ont beaucoup contribué à son agrandissement & à sa magnificence.

Je vis encore derriere le Chœur deux tombeaux que je pris plaisir de regarder par la beauté de l'Ouvrage que j'y remarquai: l'un est de Monsieur de *Gondy*, & l'autre du Marechal de *Guebriant*. On y en voit encore quelques autres qui meritent assez l'attention des Curieux.

Aprés avoir vû tout ce qu'il y a de remarquable dans cette grande Eglise, j'entrai dans le Palais Archiepiscopal: il est

est situé à côté du derriere de ce grand Vaisseau, sur le bord de la riviere; c'est une maison fort commode pour les appartemens, mais qui d'ailleurs me parut ne rien avoir d'assez particulier pour y donner attention.

Je gagnai ensuite le *Palais*, & pour cela je passai dans la ruë des Marmousets, où je laissai à gauche l'*Hôtel-Dieu*, où l'on reçoit les pauvres malades de toutes conditions & de tout sexe, ils sont gouvernez par des Religieuses de l'Ordre de saint Augustin. Cet Hôpital est fort ancien ; les Annales rapportent qu'en 660. *saint Landry* Evêque de Paris le fonda. Vis-à-vis sont les *Enfans-Trouvez*, qui est une maison où l'on porte tous les enfans nouveaux nez qu'on trouve exposez, pour les y faire baptiser, s'ils ne le sont pas, & les faire nourrir : il y a des fonds pour y survenir. J'enfilai de-là la *ruë de la Draperie*, qui me conduisit où je voulois aller. J'y trouvai à droite l'*Eglise de sainte Croix de la Cité* : c'est une petite Paroisse fort ancienne ; il n'y a rien à considerer dans la construction de ce Vaisseau.

Plus avant se voit *saint Pierre des Arcis* : c'est encore une petite Paroisse.

C

On ne trouve rien de remarquable dans cette Eglise que le Portique bâti en 1702. dont le dessein est assez bien imaginé.

Ce Palais fut autrefois la demeure des Rois de France. Philippe le Bel en gratifia les Officiers de la Justice pour y rendre le Parlement sedentaire. Ce fut dans ce lieu qu'il m'arriva une avanture qui n'est pas bien extraordinaire à Paris, & qui me la parut toute des plus. J'en dirai les circonstances.

A peine fus-je entré dans la grande Salle de ce Palais, que j'eus les oreilles assiegées de tous côtez de plusieurs voix differentes, qui fort gracieusement me convioient d'acheter plusieurs sortes de marchandises. Aprés m'être un peu promené je rencontrai un de mes amis qui, fort aise de me voir, ne voulut point me quitter ce jour-là. Nous nous arrêtames à la boutique d'un Libraire où je fis quelque emplette: mais il m'eût été bien plus avantageux de n'y rien acheter pour lors, puisque, selon toutes les apparences, & comme je le dirai, cette emplette fut la cause du contretems qui m'y survint.

Je ne songeois à rien moins qu'à ce qui m'arriva dans la suite. Lorsque, voulant payer mes livres, je tirai ma bourse

FIDELE.

pour y prendre de l'argent, (qu'il y a des gens à Paris bien alertes sur certains métiers terriblement risquables ! mais qu'importe, je vois bien qu'il faut que chacun y vive de quelque maniere que ce soit.) je fus apparemment bien examiné pour lors, & bien remarqué. Je resserrai ma bourse à l'ordinaire, & pris mes livres pour continuer de voir ce qu'il y avoit de beau dans ce Palais. Au bout de la grande Salle est une petite allée étroite par où nous passâmes, ainsi que plusieurs autres personnes : là je ne fis point d'attention à certaines gens qui sembloient se quereller, qui me côtoyoient de prés, & dont je ne me méfiois nullement. Qui auroit pensé qu'à la vûë de tout le monde un homme auroit eû le front de mettre la main dans la poche d'un autre ? C'est pourtant ce qui m'arriva sans que je m'en apperçûsse en aucune maniere, que dans le tems que je le dirai.

Mon ami & moy nous avancions toûjours dans les autres Salles, ravis d'y voir de tous côtez un étalage de toutes sortes de marchandises, & plusieurs femmes toutes des plus charmantes qui les debitoient. Je ne sçai, épris de tant d'attraits, comment l'envie me prit d'acheter un nœud d'épée: Ce fut là où, lorsqu'il fut question de payer, je m'apperçus de ma perte. Dieu sçait si je fus déconcerté : Je cherchai ma bourse, mais inutilement ; la Marchande qui lut mon trouble sur mon visage, se douta de la cause. Je lui contai comme les choses s'étoient passées ; elle me dit que c'en étoit assez pour comprendre que ma bourse m'avoit été prise dans cette petite allée dont j'ai déja parlé. Il y avoit dix loüis. La Marchande, d'une maniere toute engageante, m'offrit le nœud d'épée à crédit ; je la remerciai, & pris de mon ami ce qu'il falloit pour le payer. Cette perte à la verité me chagrina d'abord, mais elle ne m'empêcha pas de remplir ma journée à peu près comme je l'avois prémédité.

Au rapport des Historiens la grande Salle de ce Palais fut réduite en cendres au commencement du dernier siecle, & fut voûtée de pierres de taille, comme on la voit aujourd'hui. A un des bouts, & du côté de l'escalier par où on y monte, est une Chapelle qui me fit plaisir à voir par la dorure dont elle est ornée. On voit dans ce Palais plusieurs Chambres où l'on rend la Justice, sans compter les Cours Souveraines qui y sont enfermées, outre le Parlement, & dont je parlerai ailleurs.

Je ne dis rien de bien d'autres choses qui sont dans ce Palais, & qui peuvent amuser agréablement un Curieux. Aprés m'y être promené assez de tems pour satisfaire mon envie, je descendis du côté de la sainte Chapelle, bâtie par saint Louis l'an 1242. L'architecture de ce Vaisseau est tres delicate, les voûtes en sont tres élevées, ce qui en fait la beauté. Les vitraux en sont tout singuliers par leur hauteur extraordinaire, & par les couleurs vives & diverses dont ils sont peints.

Sur ces apparences du dehors qui me fraperent d'abord, je crûs bien que cette Chapelle renfermoit beaucoup d'autres choses dignes d'être admirées. Je ne me trompai pas: & comme il semble en quelque façon qu'il soit plus permis aux étrangers qu'aux autres de chercher à satisfaire leur curiosité, je trouvai deux Chanoines que j'abordai, & aprés quelques civilitez de part & d'autre, & leur avoir dit ce qui m'amenoit à Paris, ces Messieurs honnêtement se mirent en devoir de me faire voir ce qu'il y avoit de plus remarquable.

On nous conduisit mon ami & moy dans la Sacristie, où nous vîmes des vases sacrez qui sont d'or, & d'un travail antique tout des plus bizarres. On nous dit que cette Chapelle étoit aussi un dépôt de quantité de Reliques précieuses qu'il ne fut pas alors possible de nous montrer. Au sortir de la Sacristie, & comme nous avancions du côté de la porte, on nous fit remarquer sous les orgues une Image de Nôtre-Dame de Pitié ; c'est un morceau d'un tres bon goût, & que les fins connoisseurs estiment beaucoup. Sous cette Chapelle est encore une autre de même structure, & qui soûtient la premiere sur des colomnes tres artistement pratiquées. C'est la Paroisse de la cour du Palais, elle ne s'étend pas plus avant. Tous les Benefices de la sainte Chapelle sont de collation Royale, & relevent immediatement du Saint Siege.

Voila tout ce que nous remarquames de singulier dans le Palais, & dont je fus fort content, à ma bourse prés qui me fut volée. Mon ami me quitta pour quelques affaires qu'il avoit, & qui le pressoient d'ailleurs ; & moy je descendis le Perron pour gagner le *Pont aux*

Changes, ainsi appellé pour y avoir eu autrefois beaucoup de Changeurs.

Ce Pont n'étoit anciennement que de bois : il fut brûlé en 1639. & rebâti de pierres dans la suite. On en jetta les premiers fondemens sous Louis XIII. la même année, & il fut achevé sous Louis XIV. en 1647.

Comme je passois sur ce Pont, je m'arrêtai à considerer la statuë du Roy à l'âge de dix ans. Elle se voit sur le devant d'une maison qui fait face en montant. Elle est sur un pied-d'estal : on voit à ses côtez Louis XIII. & Anne d'Autriche. Le tout est travaillé d'un assez bon goût, & merite assez qu'on s'y arrête en passant. De là je trouvai à droite en descendant de ce Pont, une petite arcade qui me conduisit sur le *Quay de Gévres* ; c'est un passage comme une espece de galerie ornée d'un côté de belles boutiques, & de l'autre, d'un mur d'apui qui soûtient plusieurs piliers de pierre de distance en distance. Ce Quay a vûë sur un bras de la Riviere de Seine, où il y a une Pompe qui distribuë de l'eau dans la plûpart des quartiers de la Ville.

Au sortir de ce Quay j'entrai sur le *Pont Nôtre-Dame*. On prétend que c'est le plus ancien & le premier qui ait été construit de pierre. Il fut achevé en 1507. Ce qu'on y remarque de particulier est le devant des maisons, orné de grands Thermes d'hommes & de femmes, portant sur leurs têtes des corbeilles de fruits. Ces Thermes sont separez par des médailles qui representent tous les Rois de France. Je vis au milieu de ce Pont le frontispice d'une petite maison, qui est la Pompe dont j'ai parlé.

J'examinai à la verité tous ces ornemens avec un peu de précipitation ; à cause des embarras de carosses qui y sont fréquens ; je fus même obligé pour en sortir, de glisser vîtement jusques sur le *Quay Pelletier*, autrement appellé le *Quay Neuf*. Il fut bâti en 1675. pendant que Claude Pelletier exerçoit la Charge de Prevôt des Marchands, & avant qu'il fût Contrôleur General des Finances.

Cet endroit autrefois étoit une route impratiquable : il changea bien de face par les soins de ce grand Magistrat, puisqu'on peut dire aujourd'hui que ce Quay sert d'une entrée tres belle & tres commode pour arriver à l'Hôtel de Ville.

Il est tout construit de pierres de taille, & soûtenu par des voûtes qui communiquent à une ruë appellée la *ruë de la Tannerie*, par où l'on descendoit ordinairement pour aller à la *Greve*.

C'est une Place publique à Paris où se font les executions des criminels; c'est aussi la seule où se representent les spectacles publics de rejoüissance. J'y arrivai dans le tems qu'il y avoit un nombreux cortege d'Officiers principaux, tant d'épée, que de robe, précedez & suivis de quantité d'autres subalternes, tous montez à l'avantage, & vêtus très magnifiquement: c'étoit la Publication de la paix entre l'Empereur & le Roy de France. Je me contentai de voir la marche de cette ceremonie; il y eut un Feu d'artifice le Dimanche suivant au milieu de cette Place: j'eus la curiosité de le voir tirer. Garre les bourses & les épées, crioit-on; je pris la mienne dans ma main: quant à la bourse, la mienne m'étoit trop nouvellement prise pour ne pas me défier de la presse dans laquelle je prévoyois que je serois embarrassé; si bien que je n'avois rien à craindre de ce côté-là.

A peine tout ce grand cortege fut sorti de la Greve que je voulus parcourir des yeux la façade de l'*Hôtel de Ville*; je n'y remarquai rien d'extraordinaire, l'architecture en est tres mal entenduë. Sur la porte de cet Hôtel se voit la Statuë Equestre de Henry IV. En entrant dans la cour, qui est tres petite, celle du Roy se fait remarquer dans le fond; elle est de bronze, portée sur un pied-d'estal de marbre blanc. Cette cour est ornée tout autour de plusieurs Inscriptions gravées en lettres d'or sur du marbre. Ce sont autant d'Epoques qui marquent ce qui est arrivé de particulier sous le regne de Louis le Grand. Cet Hôtel a plusieurs chambres garnies de Tableaux d'un tres bon goût; celle du côté de la grande Salle a pour ornement une menuiserie toute des plus curieuses. Cet Edifice fut bâti sous François premier en 1533. le 15. de Juillet, & fut continué sous Henry II. Je laissai à gauche l'Eglise du *Saint Esprit*; recommandable par le grand concours de peuple qui y vient tous les jours offrir ses vœux; & celle de *saint Jean*, qui est un peu au-dessus d'une arcade par où je passai pour gagner la ruë saint Antoine. On jetta les fondemens de ce Vaisseau en 1326. & tout ce qu'on y admire est la voûte qui soûtient les orgues.

Il faut avoüer que si l'Hôtel de Ville dans sa construction n'eut pas lieu de satisfaire ma curiosité, je me trouvai bien dédommagé à l'aspect du *Portail de saint Gervais*. C'est un des plus beaux morceaux d'Architecture qu'il y ait. Cet Ouvrage, quoique simple, fait voir bien du grand dans sa construction; il fut bâti en 1617. sous Louis XIII. C'est dommage que quelques maisons anciennes trop avancées en dérobent la moitié de la vûë, de maniere qu'on ne sçauroit voir entierement ce Portail qu'on ne soit sur le parvi. Me promenant dans l'Eglise qui est un peu sombre, je ne laissai pas dans la nef que d'y admirer des Tableaux d'un tres bon goût, étant faits par de tres habiles Peintres.

Malgré la perte que j'avois faite, les voleurs me laisserent encore suffisamment de quoy prendre du rafraîchissement dans un Café où j'entrai dans la ruë S. Antoine. Je m'assis prés d'un Abbé que je connus bien-tôt pour être un des plus grands Nouvellistes qu'il y eût; chacun l'assiegeoit de tous côtez pour lui demander des nouvelles: il falloit voir comme cet Abbé décidoit des interêts des Princes, regloit les Etats, & parloit de la

Politique ; tout, sembloit-il, ne devoit se passer que comme il le contoit ; on l'écoutoit comme un oracle, & pour donner plus de poids à ses paroles, il tiroit une légende de lettres copiées, disoit-il, sur des originaux venus de bons endroits. Il est vrai que j'eus du plaisir d'entendre tout cela : mais aussi ne fus-je pas moins étonné de voir que tant de gens donnoient si legerement dans le panneau. J'appris deux jours après, par une disgrace fatale pour l'Abbé, qu'on l'avoit conduit à la Bastille, pour s'être voulu ingerer de parler imprudemment d'affaires trop délicates ; & où l'Etat se trouvoit blessé.

J'avouë que pour la premiere fois que j'entrai au Café à Paris, je fus surpris de voir comme tout s'y passoit. D'abord un garçon vous arrête, & vous demande ce que vous souhaitez boire. On me fit monter, & à mesure que j'approchois du lieu où je devois prendre quelque liqueur, j'entendis un bruit sourd & confus de voix qui formoient un bourdonnement assez bizarre. Je ne sçai si je dois descendre ou continuer mon chemin ; j'avance néanmoins, & ayant ouvert une porte, je vois plusieurs hommes assis & entassez les uns sur les autres, autour de plusieurs tables de bois nuës, sans tapis, & éclairées par quelques chandelles.

Surpris de la nouveauté du spectacle, je prens un siege comme les autres, & examinai tout ce qui s'y passoit. Laissons les Nouvellistes puisque nous en avons déja parlé. Plus je m'appliquois à démêler les differens caracteres d'esprits que je trouvois en ce lieu, plus mon étonnement redoubloit : On y parloit de tout, de Morale, de Physique, de Medecine, de Politique, d'Histoire, de Theologie, de Jurisprudence, d'Astronomie, de Mathematiques & de Belles-Lettres ; qui n'auroit pas dit que c'eût été une Academie ? mais, bons Dieux ! quelle Academie de gens ! qui n'ont rien moins étudié que les Sciences dont ils parlent, & qui parlent toûjours parce qu'ils veulent parler, & primer les uns sur les autres. Voila un tableau en racourci de ce qui se passe dans les Caffez. Je sortis rebutté de mille pauvretez que j'avois entenduës, & dans le dessein de continuer ma route.

Depuis l'Eglise de saint Gervais, jusqu'à *l'Hôtel de Beauvais* je ne trouvai rien qui meritât l'attention d'un Curieux. Je laiſſai à gauche le *Cimetiere ſaint Jean*, qui eſt aujourd'hui un marché public ; & à droite la *ruë de Joüi*, où eſt l'Hôtel d'Aumont.

L'*Hôtel de Beauvais* a ſes beautez particulieres ; ſa façade eſt une de celles qui frapent le plus agréablement la vûë. Preſque vis-à-vis en montant ſe voit l'*Egliſe du petit ſaint Antoine*, où il n'y a rien de remarquable, non plus qu'à l'*Hôtel ſaint Pol* ; il appartient à preſent à M. *Paris*, Receveur General des Finances du Dauphiné, qui l'a acheté depuis peu ; je ne m'y arrêtai pas beaucoup.

J'apperçus un peu plus haut l'*Egliſe des Jeſuites* ; elle eſt bâtie à la moderne, & ſon Portail meriteroit en quelque maniere les ſuffrages des gens de bon goût en Architecture, n'étoit la quantité prodigieuſe d'ornemens dont il eſt chargé, ce qui le rend inſupportable. Cette Egliſe fut bâtie en 1627. ſous le regne de Louis XIII. le dedans eſt orné de morceaux de ſculpture qu'on regarde plûtôt par la matiere dont ils ſont compoſez, que par le relief que leur a donné l'Ouvrier. On en voit un grand nombre qui ſont d'argent & de vermeil doré. Le

Tabernacle du grand Autel est d'argent, chargé de feüillages de vermeil doré, mêlez d'autres ornemens de même metal. On y voit un Soleil d'or enrichi de diamans; le parement d'Autel est aussi d'argent. La plûpart des Chapelles sont ornées de différentes figures de bronze, qui en font en partie la beauté. Vis-à-vis cette Eglise est une Fontaine bâtie depuis peu, où il y a une inscription en vers par Santeüil Chanoine de S. Victor.

De-là j'allai voir l'*Eglise de saint Paul*. Les Annales de Paris rapportent qu'on en jetta les fondemens sous Charles V I. Je n'y vis rien de considerable, si vous en exceptez le grand Autel, dont la menuiserie est d'un très bon goût; le fond est orné d'un Tableau qui represente la *Cene*; il merite l'attention des Curieux. Je sortis par une porte qui a son entrée du côté de la ruë saint Antoine, & pour aspect l'*Hôtel de Sully*; on prétend qu'il appartenoit autrefois à un nommé Gallet fameux Partisan, qui le perdit d'un coup de dé. La construction de cet Hôtel a assez d'apparence pour arrêter un Voyageur en passant.

Un peu plus avant, & de l'autre côté se voit l'*Hôtel de Mayenne*, au coin de la ruë de la Cerifaie ; c'eſt la demeure du Prince de Vaudemont. Du même côté & un peu plus haut je trouvai l'Eglife des Filles de la Viſitation. Son architecture me parut aſſez bien entenduë dans le dehors, c'eſt dommage que le dedans n'y réponde pas. Ce ne ſont que de petits enjolivemens qui la rendent tres propre. Ce Vaiſſeau eſt élevé de terre de douze à quinze marches.

Comme je ſortois de cette Egliſe, & voulant continuer mon chemin, un grand édifice remarquable par ſon antiquité me frappa la vûë. C'eſt la *Baſtille*, aujourd'hui le triſte ſejour des perſonnes accuſées de crimes d'Etat. Elle fut bâtie ſous Charles V. l'an 1369. C'étoit autrefois une des portes de Paris.

Je vis proche cet ancien édifice la *Porte de ſaint Antoine*. La face du côté du fauxbourg eſt bien mieux travaillée, & plus belle que celle qui regarde la Ville ; elle fut bâtie ſous le regne de Loüis le Grand. Je m'arrêtai un peu à conſiderer ce morceau d'Architecture, parce qu'il eſt digne de l'attention & de la curioſité d'un Voyageur. Le fauxbourg auquel elle ſert d'entrée eſt fort étendu. Je me reſerve à en parler ailleurs.

Quel-

Quelques arbres plantez par avenuës, & sous lesquels il me sembla qu'on goûtoit en Esté un air frais, m'inviterent de prendre cette route. C'est une promenade fort étenduë, & qui environne presque Paris, si on en excepte certains bras de riviere, & quelques extremitez de fauxbourgs qui la coupent en plusieurs endroits. Cette promenade s'appelle le *Cours*, ou le *Boulevart*. J'y fis environ deux cent pas, jusques à une petite ruë que je trouvai à gauche, & qui me fit découvrir trois arcades sur lesquelles étoit bâtie une maison de brique. Mon Guide me dit que c'étoit la *Place Royalle*; j'y allai, & lorsque j'y fus entré je vis un grand quarré environné de belles maisons de brique, toutes bâties de même symetrie, & soûtenuës par des arcades qui forment dessous de grandes galeries, sous lesquelles on se promene à couvert. Voila l'enceinte de cette Place; voici les ornemens du dedans.

On y voit un grand Preau, fermé d'une grille de fer d'un assez bon goût, dans le milieu duquel paroît la Statuë Equestre de Louis XIII. portée sur un pied-d'estal de marbre blanc, chargé

D.

d'inscriptions sur les quatre faces ; je pris plaisir à les lire. Le cheval est d'une beauté singulière pour un ouvrage en cet art ; il seroit à souhaiter que la figure fût d'un aussi bon goût. Dans le tems que je considerois attentivement tout ce bel ouvrage, deux grands Pavillons vis-à vis l'un de l'autre, & distinguez des autres par leur construction, me surprirent assez agréablement la vuë : l'un sert de sortie pour aller à la ruë saint Antoine, & l'autre conduit aux Minimes. On raporte que les premiers fondemens de cette Place furent jettez sous le regne de Henry IV. l'an 1604. & qu'elle ne fut achevée que sous Louis XIII. en 1630. C'étoit autrefois où étoit l'*Hôtel des Tournelles*, qui fut démoli l'an 1565. par ordre de la Reine Catherine de Medicis, parce que le Roy Henry II. son mary avoit été blessé en un Tournoy qu'on fit dans la ruë saint Antoine, & qu'il mourut dans cet Hôtel.

A l'égard des *Minimes* dont je viens de parler, j'avouërai franchement que j'eus du plaisir de voir leur Eglise. La propreté dont elle est entretenuë me plut beaucoup ; j'estime encore plus son frontispice, & trouve d'un goût singu-

FIDELE.

lier l'ordonnance de son Maître-Autel, qui est décoré de colonnes de marbre toutes des mieux disposées. Le fond a pour ornement une Descente de Croix: C'est, dit-on, une Copie d'un tres excellent Original, & dont les fins connoisseurs en tableaux jugent aisément. Les Chapelles de cette Eglise m'arrêterent un peu de tems par les beautez que j'y trouvai, étant enrichies de quantité de marbres travaillez par de tres habiles Sculpteurs. Enfin je puis dire que je sortis tres content de l'Eglise de ces bons Religieux.

Je gagnai la ruë saint Louis, qui est une ruë fort large, & remplie d'assez beaux bâtimens. L'*Hôtel Boucherat* en est un des principaux; il a été autrefois la demeure d'un Chancelier de ce nom. On voit proche cet Hôtel les *Filles du saint Sacrement*; cette Maison n'a rien de remarquable. Plus loin est l'*Eglise des Religieuses du Calvaire*; le dedans me parut assez agréable par la propreté dont il est entretenu : elle fut bâtie en l'an 1639.

Je descendis de là dans la *ruë du Parc-Royal*, jusqu'à la *ruë Couture sainte Catherine* que je trouvai à gauche,

D ij

où, autant que je pûs découvrir du premier coup d'œil, il me sembla y avoir quelques maisons d'un assez bon goût. La premiere qui me frappa fut celle de Pelletier de Souzy ; elle a son merite particulier ; Les appartemens en sont fort beaux & des mieux entendus : je les vis par le moyen d'un Officier de la maison dont je devins ami dans la suite, & qui non content de cela, & me regardant comme un voyageur qui cherchoit à remplir sa curiosité, me fit voir à fond dans cette ruë ce que je n'aurois vû qu'imparfaitement. Il me conduisit dans la maison de *le Lisle* fameux Architecte. Le jardin m'en parut tout curieux par les belles Statuës dont il est orné. Nous entrâmes aprés dans l'*Eglise des Filles-Bleuës*, dont les peintures meritent l'attention des gens de bon goût. Plus haut est l'*Hôtel de Carnavalet*, que je trouvai tout singulier par son architecture ; j'en admirai principalement la Porte, dont le dessein est tres beau ; c'est pourquoy, quoique ancien, on n'a pas eu garde d'y toucher ; on a bien racommodé les dedans, qui sont ornez de quantité de belles figures. On peut dire que Brunet de Rancy, à qui cet Hôtel appartient, y a fait mettre la dernière main. Je conviai à souper l'honnête homme qui m'avoit fait voir tant de curiositez; mais il s'en excusa sur son employ qui pour lors demandoit sa presence au logis. Il étoit déja tard, c'est pourquoy je ne songeai plus qu'à me retirer sans vouloir rien examiner davantage. Je gagnai pour cela la *rüe de la Verrerie*; de là j'entrai dans celle de la *Coutellerie*, nommée ainsi parce qu'elle est presque toute remplie de Couteliers; puis passant sous la Porte de Paris, dont je parlerai ailleurs, je repris le Pont aux Changes, ensuite le Quay des Morfondus, qui me conduisit sur une partie du Pont-neuf. J'en dirai les particularitez en son lieu; & enfin j'arrivai à mon auberge, un peu fatigué du chemin que j'avois tenu.

II. JOURNÉE.

Quartier du Marais.

Quoique fort satisfait de ma premiere journée, je voulus néanmoins laisser passer quelques jours avant que d'en commencer une autre, outre que j'étois bien aise de varier mes plaisirs dans une Ville qui en est si fertile; & comme mon penchant m'a toûjours fort porté à la Musique, je m'informai quels étoient les plus excellens Maîtres qui l'enseignoient: on m'en nomma plusieurs, mais entr'autres on m'en indiqua un que j'appellerai Montalban, & qui étoit le plus habile qu'il y eût, tant par sa methode particuliere d'enseigner, que par sa belle voix.

Je n'eus plus de repos que je n'eusse vû Montalban, ce Musicien m'occupoit tout l'esprit; enfin il fallut que je le trouvasse. (Ce n'est pas une chose difficile dans Paris quand on sçait la demeure.) Montalban alloit sortir lorsque par bonheur j'entrai chez lui. Je vis un homme d'abord qui me reçut fort gracieusement, qui m'accabla d'honnêtetez, jugeant bien à mon air que j'étois un Etranger, & une pratique qui lui venoit. Nous convinmes de prix dans le moment, de l'heure & du jour qu'il pouvoit me donner ses leçons ; je lui appris ma demeure.

Montalban fort exact à sa parole, ne manque point de venir pour la premiere fois ; d'abord il commence par vouloir payer son entrée de deux ou trois chansons qu'il entonna fort agréablement : je crus que je devois y répondre par quelques bouteilles de vin. Deux de mes amis entrerent sur ces entrefaites ; je fis apporter à déjeûner, si bien que pour la premiere leçon nous ne préludâmes pas mal.

Pendant le repas, & parlant de diverses choses qui regardoient principalement la Musique, on tomba sur les concerts particuliers qu'on faisoit : Hé parbleu, dit Montalban, Messieurs, il faut qu'aujourd'hui je vous donne le divertissement d'un qui vous fera plaisir. La compagnie aussi-tôt accepta le parti. L'heure venüe, le Musicien vint nous prendre pour nous y conduire ; nous y fûmes reçûs fort agréablement. Montalban tenoit sa partie, & se plaça près d'une jeune personne toute des plus jolies, & dont la voix répondoit entierement aux charmes dont la nature l'avoit pourvûë ; il faut avoüer qu'elle me frappa d'abord, & que, plus attentif que j'étois à l'admirer, qu'à entendre la Musique, j'oubliai une partie des douceurs de celle-ci, pour me laisser entierement posseder l'esprit de la beauté de l'autre.

Le concert fini, je m'approchai de Zerbine, (c'étoit le nom de la belle) j'exaltai sa voix le mieux qu'il me fut possible, & par un petit souris qui fut comme un trait qui me blessa le cœur, ayant répondu à mon compliment, je m'offris de la conduire chez elle avec une cousine qui l'accompagnoit. Elle accepta l'offre, pourvû que Montalban qu'elle connoissoit de longue-main fût de la partie. Je pris un carosse qui nous mena chez Zerbine, tandis que d'autre côté mes deux amis qui avoient été témoins de mon avanture, s'en allerent dans un endroit où on les attendoit à souper.

Blessé que j'étois des attraits de Zerbine, je ne songeois qu'à elle jour & nuit, & ne cherchois par-tout que l'occasion de la voir. Huit jours se passerent ainsi

ainſi dans ces mouvemens, lorſque j'appris par ſa couſine qu'elle étoit allée en campagne. Montalban qui vint me donner une leçon, me le confirma, ſans ſçavoir le chagrin que me cauſoit cette abſence. Je me couchai ce jour-là fort inquiet, réſolu le lendemain, pour diſſiper mon ennui, de me promener, & de continuer à voir quelque choſe des curioſitez de Paris.

Il étoit environ huit heures du matin que tout rêveur que j'étois dans mon lit, j'entendis heurter à ma porte. C'étoit un laquais de Cleobule, qui de ſa part venoit m'inviter à aller dîner chez lui. Je paſſai une partie de la matinée avec mon Maître de Muſique; puis j'allai où j'étois convié: Je ne dirai rien ici de ce qui ſe paſſa à ce repas; je ſçai bien que l'ennui qui me rongeoit me le fit bien abréger ſous pretexte de quelque affaire d'importance. Cleobule demeuroit dans la vieille ruë du Temple, & pour y aller de mon auberge, je paſſai le *Pont-Neuf.*

Les premiers fondemens de ce Pont furent jettez en l'an 1578. ſous Henry III. Les troubles & les broüilleries qui arriverent durant le regne de ce Prince,

E

furent cause qu'il ne fut pas achevé. Ce grand Ouvrage resta ainsi imparfait jusqu'en 1604. que le Roy Henry IV. le fit achever. Ce Pont est en son espece un des plus beaux morceaux d'Architecture qu'il y ait; il s'étend sur les deux bras de la Seine.

On voit au milieu de ce Pont à la pointe de l'isle du Palais la Statuë Equestre de Henry IV. Elle fut posée en l'an 1614. le 23. du mois d'Août. C'est Louis XIII. fils de ce Roy qui consacra ce monument à la Memoire de son pere. La Statuë & le cheval sont de bronze de grandeur héroïque, portez sur un pied-d'estal de marbre blanc, sur lequel on voit une partie des actions de ce Prince, representées sur des bas-reliefs de même métal.

Quatre Esclaves occupent les quatre angles de ce pied-d'estal. Ils sont aussi de bronze, & tres bien fondus. Cet Ouvrage a son merite particulier, & est fort estimé des gens de bon goût. L'histoire rapporte que c'est le Grand Duc de Toscane qui le fit faire & jetter en bronze dans ses Etats, & qui l'envoya par mer en France, où il n'arriva pas sans être exposé à bien des dangers.

A la seconde arche du Pont-Neuf fut bâtie anciennement sur l'eau une maison de bois sous le regne de Henry III. à dessein d'y construire une pompe pour y élever l'eau dans un bassin pour de là la conduire au Louvre: mais cette ancienne maison, qu'on appelloit la *Samaritaine*, a été abbatuë & rebâtie de nouveau sous Louis XIV. Elle est beaucoup plus belle qu'elle n'étoit, & d'un bien meilleur goût; elle doit fournir d'eau aux Tuilieries, pour le grand bassin.

A la descente de ce Pont est le *Quay de la Mégisserie* que je passai. C'étoit autrefois où l'on vendoit la volaille, mais elle a été transferée sur le Quay des grands Augustins, comme je l'ai déja dit. Ce premier Quay est appellé autrement *Quay de la Feraille*, parce qu'on y vend de vieux fers, & de la vieille batterie de cuisine.

Au sortir de ce Quay je passai sous le grand Châtelet; c'est un tribunal où les causes civiles & criminelles sont jugées. S'il faut en croire les Analistes, ce monument d'Architecture est fort ancien, & quelques-uns même prétendent qu'il y a encore des restes des ouvrages

E ij

que César fit faire pour tenir en respect les Parisiens. Aprés avoir consideré cet Edifice antique, je doublai le pas pour me rendre dans la vieille ruë du Temple où je devois dîner ; je laissai à droite en passant le Cimetiere saint Jean dont j'ai parlé.

Aprés que j'eus dîné, & tenant un memoire qu'on m'avoit donné des ruës & des autres curiositez que je devois voir ce jour-là, je sortis de chez mon ami, & descendant la ruë où j'étois, j'apperçus d'abord une porte d'un tres beau dessein de menuiserie & de sculpture ; j'y arrêtai mes yeux pendant quelque tems, & la trouvant ouverte par hazard, j'entrai dans une cour que je trouvai ornée au-dessus de cette porte, d'un Groupe composé de *Remus & Romulus* qu'une louve allaite, & de plusieurs cadrans solaires tout particuliers, placez au haut de chaque face de cette cour. Celles du Bâtiment du côté de la seconde cour sont toutes travaillées au ciseau par d'habiles Sculpteurs.

Cet Hôtel appartenoit autrefois à M. Amelot de Billeüil ; c'est aujourd'hui M. Nigot de saint Sauveur, President à la Chambre des Comptes, qui en est posfeſſeur. Cette maiſon n'eſt remplie que de morceaux de Peinture & d'Architecture d'un tres bon goût, & tous faits par des Maîtres fort eſtimez.

Je trouvai à droite la *ruë des Francs-Bourgeois* qui tire d'un bout à la ruë Coûture ſainte Catherine, & de l'autre à la vieille ruë du Temple. La premiere de ces trois ruës contenoit autrefois l'Hôtel le Tellier, où Maurice le Tellier, Archevêque de Rheims, avoit une bibliotheque tres curieuſe & tres nombreuſe: mais cet Hôtel aujourd'hui appartient à Dupleſſis, Tréſorier de l'Extraordinaire des Guerres.

Dans une autre ruë à gauche ſe voyent les *Blancs-Manteaux*; ce ſont des Religieux de l'Ordre de S. Benoîſt, ainſi appellez à cauſe des premiers qui ont habité ce lieu, & qui portoient anciennement des manteaux blancs en l'honneur de la ſainte Vierge.

Plus bas à droite eſt la *ruë de la Perle*, & pour y aller on laiſſe à gauche l'*Hôtel de Straſbourg*, ainſi nommé parce qu'il appartient à ſon Eminence le *Cardinal de Rohan*, Evêque de Straſbourg. Cet Hôtel eſt petit, quoiqu'aſſez bien bâti d'ailleurs. En montant la ruë de la Perle à gauche, je trouvai la petite *ruë de faint Gervais*, où eſt l'*Hôtel de Villeroy*, appellé anciennement & encore aujourd'hui l'*Hôtel falé*, parce qu'un Fermier des Gabelles, nommé *Aubert*, l'avoit fait bâtir. Cette petite ruë eſt proche les ruës *faint François* & de *Torigny*.

Je quittai ce quartier pour me rendre aux *Enfans-Rouges*, qui eſt un Hôpital ſitué dans la *ruë Porte-foin*, près le Temple, & au bout de la *ruë du Grand-Chantier*. Marguerite Reine de Navarre, ſœur de François I. fonda cette Maiſon pour les pauvres Orphelins originaires de Paris. Il y a quelques maiſons aſſez bien bâties dans cette ruë. Celle d'*Amelot de Chaillou* Maître des Requêtes, eſt remarquable, principalement par ſon eſcalier qui eſt tres bien inventé. On me fit voir encore dans cette ruë la maiſon de défunt François le Juge, Fermier General, qui n'épargna rien pour lui donner tous les agrémens poſſibles.

Plus haut en montant à droite, ſe voit l'*Egliſe des Peres de la Mercy* où j'entrai. J'y apperçus deux tombeaux, dont l'un étoit, ſelon l'inſcription, du *Maréchal de Themines*; & l'autre d'une ancienne famille de *Bracq*, qui la première a jetté les fondemens de cette Eglise. L'Ordre des Peres de la Mercy a été institué pour la Redemption des Captifs.

Vis-à-vis cette Eglise est l'*Hôtel de Soubise*, autrefois appellé l'*Hôtel de Guise*. Cette maison est tres spatieuse, & marque son antiquité par deux tours rondes qu'on y voit, & la maniere dont ce bâtiment est pris dans sa construction. Il est vrai que la face qui regarde la ruë de Bracq est aujourd'hui construite bien à la moderne. Elle est précedée d'une cour tres grande, ornée tout autour d'une colonnade, surmontée d'une balustrade. La grande Porte est chargée de figures qui lui donnent quelques agrémens.

On appelloit anciennement cette maison l'*Hôtel des Graces*, à cause que Charles VI. qui regnoit pour lors, y fit grace aux Parisiens qui s'étoient soulevez contre l'autorité Royale. Les Ducs de Guise depuis ce tems-là eurent cette maison en partage, que le Prince de Soubise a achetée il y a déja quelque tems.

Que les Amans sont ingenieux à se causer des chagrins mal à propos! Comme je me reposois dans la Gallerie qui regne tout autour de la grande cour de cet Hôtel, ne m'imaginai-je pas voir passer Zerbine, accompagnée d'un jeune homme assez bien fait, vêtu de noir. Je me levai brusquement, & courus où ma curiosité me portoit. Plus j'approchois, plus me sembloit-il avoir trouvé ce que je cherchois : mon imagination vivement frappée de Zerbine vouloit absolument me persuader que c'étoit elle, lorsqu'aprés avoir attentivement consideré cette personne, je vis bien que je m'abusois, & que tant s'en falloit qu'elle lui ressemblât, elle n'en avoit pas seulement la moindre apparence ; si bien que possedé de cette fausse idée, j'allai jusques aux *Capucins* du Marais, où j'entrai pour me remettre de mon illusion.

J'avois déja ouy parler du *Temple*, comme d'un monument fort ancien ; c'est pourquoy l'envie me prit d'y dresser mes pas. Il est vrai que ses murs flanquez de tours d'espace en espace marquent bien son antiquité. Il y a la maison du Grand Prieur ; c'est aujourd'hui *Philippe de Vendôme* qui est pourvû de cette dignité importante. Ce bâtiment fut élevé par

Jacques de Souvré, qui pour lors étoit Grand Prieur, & resta imparfait par sa mort.

Cet Hôtel n'a rien dans sa construction qui merite l'attention d'un Curieux. Ce que l'histoire en rapporte, & ce qu'elle m'en a appris, est plus digne d'être raconté.

Ce Temple appartenoit autrefois aux Chevaliers Templiers; c'étoit un Ordre Religieux & militaire, établi d'abord en Jerusalem en l'an 1118. en faveur des Pelerins de la Terre-Sainte, parce que c'étoit eux qui devoient par leur Institut conduire & escorter les voyageurs aux Saints-Lieux.

Ces Templiers qui craignoient les risques qu'il y avoit, crurent devoir s'en exempter, & ne mettant toute leur attention qu'à amasser de grandes richesses, qui les rendirent insolens, ils se plongerent dans les débauches les plus outrées, dont ils furent punis par ordre de Philippe le Bel Roy de France, d'intelligence avec le Pape Clement V. qui en firent venir de l'Isle de Chipre à Paris soixante des principaux, dont il y en eut cinquante-sept brûlez vifs. Leur Ordre aprés cela fut entierement aboli, &

leur temple confisqué aux Rois, qui y tinrent leur Cour pendant quelques années. Ils le donnerent ensuite aux Chevaliers Hospitaliers de saint Jean de Jerusalem. Le Temple est un lieu de franchise pour plusieurs artisans de tous métiers, sans qu'il soit besoin de maîtrise, & un azyle pour ceux qui ont fait quelque espece de banqueroute.

On trouve dans cette ruë, & vis-à-vis le Temple, les *Religieuses de sainte Elisabeth*. C'est un Convent Royal; la Reine Anne d'Autriche y posa la premiere pierre. Cette Eglise est ornée de morceaux d'Architecture d'assez bon goût; on en jetta les premiers fondemens en 1628.

Non loin de là sont les *Peres de N-Zareth*: Leur Eglise n'a rien de remarquable dans sa constitution : Elle fut bâtie en 1652. & finie en 1686.

Au bout de la ruë du Temple, vers l'Echelle du même nom commence la *ruë saint Avoye* en montant, ainsi appellée à cause d'un Convent de Religieuses qui porte ce nom. Cette Eglise fut fondée par saint Louis, pour des femmes veuves nommées *Beguines*, elle est servie aujourd'hui par des Religieuses Ursulines.

Plus haut & du même côté se voit l'*Hôtel de Montmorency*, bâti par les illustres Personnes de ce nom : il appartient aujourd'hui à *Jean-Antoine de Mesmes*, Premier Président au Parlement de Paris.

Je trouvai plus loin l'*Hôtel de Beauvilliers*, qui est assez magnifique dans sa construction. Le *Muet* qui en a été l'Architecte, a orné ce bâtiment de tres bons morceaux de son art. Cette maison fut bâtie d'abord par Claude de Mesmes Comte d'Avaux, dont elle porta le nom quelque temps. Je laissai en moutant du même côté la *ruë Michel-le-Comte*, où l'on voit d'assez belles maisons. Il y a l'*Hôtel de la Trousse*, & la maison de *de Caumartin*, Intendant des Finances. Cette ruë tend d'un bout à la *ruë Grenier saint Lazare*, & de l'autre à l'*Echelle du Temple*.

De là je pris mon chemin dans la *ruë des Billettes*, qui répond aux ruës sainte Croix de la Bretonnerie, & de la Verrerie. Dans la premiere de ces ruës est le *Convent des Billettes*, occupé aujourd'hui par des Carmes, & anciennement par des Religieux qui d'origine suivoient la Regle du Tiers Ordre de saint François, puis celle de saint Augustin. L'histoire rapporte que ce Convent étoit autrefois la maison d'un Juif qui perça de plusieurs coups de coûteaux une Hostie consacrée, qu'il vouloit brûler pour cacher son impieté execrable : mais qu'ayant été surpris par une femme qui la ramassa, & qui la porta au Curé de saint Jean, où elle est en dépôt depuis ce temps-là, cet impie fut pris, & brûlé vif.

Pour revenir à la *rüe sainte Croix de la Bretonnerie*, elle ne contient rien qui puisse arrêter les yeux d'un voyageur curieux, si vous en exceptez son Eglise dans laquelle on remarque la menuiserie de l'Autel, qui est un assez bon morceau en cet art, & un bas-relief de marbre tres bien travaillé, & qu'on voit sur les Chaises des Religieux. Cette maison est redevable de son établissement à saint Louis, & les fondemens en furent jettez en 1268. Elle fut d'abord habitée par des Mandians de l'Ordre de saint Augustin, qui à present subsistent de leurs revenus. Au bout de cette rüe est la *rue neuve de saint Merry* : il n'y a rien de considerable. Proche de là on trouve la *rue du Cloistre saint Merry*, qui se ter-

FIDELE.

mine à la ruë de la Verrerie : C'est dans cette ruë où est l'*Hôtel des Consuls*, où se rend la justice pour le commerce.

De la ruë sainte-Croix de la Bretonnerie j'entrai dans la *ruë Barre du Bec*; de là dans celle des *deux Portes*, qui est une petite ruë de traverse qui aboutit à la ruë de la Tixeranderie, où je pris un carosse pour me conduire à mon auberge.

Jamais homme ne fût plus rêveur que moy, ni en même tems plus chagrin de l'absence de Zerbine : Ce mal commun à tous ceux qui aiment me dura trois jours, lorsque Montalban qui venoit me donner leçon, me dit que la belle étoit de retour.

Je n'eus pas plûtôt appris cette nouvelle, que j'abrégeai bien la Musique ce jour-là sous pretexte d'une affaire d'importance : je sçavois déja où Zerbine avoit coûtume de se rendre tous les matins pour concerter, je ne la manquai pas aussi. De tout loin que je l'apperçus j'allai au-devant d'elle: nous nous arrêtames, & aprés plusieurs choses dites assez galamment de part & d'autre, je voulus engager Zerbine dans une partie de Cours avec sa cousine ; elle s'en excusa : Quoy, lui dis-je, charmante Zerbine, ne me sera-t-il pas possible de vous voir ? Pourquoy non, me répondit-elle ? ma maison est ouverte à tous les honnêtes gens. Ce fut assez m'en dire pour ne pas manquer dés l'aprésdiné de me rendre chez elle.

Il faut avoüer que les femmes, surtout à Paris, ont une adresse particuliere quand elles veulent rendre un homme leur duppe. Celle-ci étoit de ce caractere ; & voyant que j'étois passionné pour elle, elle aida finement mon amour à aller grand train ; & moy qui le suivois aveuglément, parce que j'avois mes vûës, je donnai des mieux dans les filets qu'elle voulut me tendre.

Cette premiere visite ne manqua pas bien-tôt d'en attirer une autre. Ce fut pour lors que je dis à Zerbine tout ce que je ressentois pour elle : cette déclaration me parut être écoutée assez favorablement. Mes soins & mon amour redoubloient de jour en jour pour cette belle ; elle ne s'en appercevoit que trop. Je lui propose de petites parties de plaisir, elle ne s'en éloigne pas ; elles deviennent frequentes dans la suite : rien ne coûte aux amans, principalement quand ils ont le vent en poupe ; les presens volent, la bourſe eſt ouverte en cas de beſoin ; la mienne fut miſe à l'épreuve en cette occaſion.

Zerbine qui étoit de ces femmes des mieux entenduës à plumer l'oyſon, repondoit, ſembloit-il, le mieux du monde à ma paſſion ; c'étoit un cœur tout neuf, à l'entendre parler, ſincere & rempli de fidelité. Je continuë mes aſſiduitez de plus en plus : mais Montalban qui m'en avoit donné la connoiſſance, & que j'y trouvois ſouvent, commença à me devenir ſuſpect ; je n'avois pas tout le tort poſſible : ma jalouſie en murmuroit, je m'en plaignis même ; la belle d'une maniere fort agréable ſçut bien-tôt me lever ce ſoupçon ; j'en reſtai là.

Enfin j'allois toûjours mon train ; mes generoſitez pour Zerbine, non plus que mon amour, ne ſe rallentiſſoient point : je courois aprés ce qu'on appelle bonne fortune en amour, & malgré les obſtacles que la belle, qui faiſoit la rencherie, m'y oppoſoit adroitement, je me voyois, ſembloit-il, à la veille de mon bonheur, lorſqu'un jour Montalban me vint dire que Zerbine étoit malade, qu'une migraine qui la tourmentoit terriblement la rendoit-inviſible, & qu'il tenoit cette nouvelle de sa cousine. C'étoit assez que Montalban m'eût dit cela pour me transporter chez la belle. Il étoit cinq heures lorsque j'y arrivai, & montant brusquement dans son appartement, je vis la porte par hazard entr'ouverte, j'entrai, & trouvai Zerbine toute déconcertée, accotée sur un homme qui selon toutes les apparences lui en contoit de prés. Le feu me prit, je m'emportai ; le galand qui jugea par tout ce que la jalousie me fit dire, qu'il n'étoit pas le seul qui eût part aux faveurs de cette infidelle, la regarda d'un œil de courroux, & au desespoir qu'il étoit de s'en voir la dupe, il fait rage, il casse, il brise tout. Sur ces entrefaites Montalban entre, met l'épée à la main, prenant le parti de la belle ; & sans considerer qui causoit le desordre, il s'adresse à moy. Je me mets en état de défense, cela fait bruit dans la ruë, le Commissaire vient, s'informe, se saisit de Zerbine & de Montalban, tandis que d'ailleurs le galand & moy nous nous dérobons des archers qui l'accompagnoient, & qui conduisirent la belle & le soûteneur en prison.

Voila la catastrophe de mon avanture, mon Maître de Musique, mes soins amou-

amoureux, & mon argent perdus sans nulle recompense : Toute la consolation qui m'en resta fut un ami que je me fis du Cavalier : c'étoit le Marquis de *** avec lequel je soupai, & nous consolant tous deux à la faveur du vin d'avoir été comme bien d'autres les dupes d'une coquette, nous nous quittâmes en nous embrassant avec promesse de nous revoir.

III. JOURNÉE.

Quartier des ruës saint Martin, & saint Denis.

AYant perdu mon Maître de Musique, comme je l'ai dit, j'en repris un autre gueres moins habile que le premier, & dont je fus fort content dans la suite ; je me donnai aussi un Maître de Mathematique, & un de danse : Voila bien des exercices que j'entrepris à la fois, & dont je sortis le mieux qu'il me fut possible : je n'épargnois rien pour cela ; les livres ne me manquoient point ; manque-t-on de rien à Paris lorsqu'on a de l'argent ?

Rebuté que j'étois de l'avanture qui m'étoit arrivée, je fis treve à l'amour pour quelque tems, ne songeant qu'à me bien divertir avec mes amis. Un Dimanche quatre que nous étions nous nous avisâmes d'aller à la *Guinguette* : Ce sont de petits endroits aux environs de Paris, où le menu peuple va se réjouïr. Nous prîmes un carosse, & nous allâmes dans un village appellé *Vaugirard*. Il est vrai que les differens mouvemens que se donnent ceux qui y sont, font plaisir; ici les uns dansent, d'autres boivent & chantent en un autre endroit. On entend les Violons d'un côté, les Hautbois de l'autre; enfin ce n'est que joye & divertissement par-tout : nous y passâmes toute l'aprésdiné à nous promener : nous voulûmes gouter du vin de cette guinguette, que nous trouvâmes passable, puis nous nous en retournâmes.

Il y a encore plusieurs autres lieux de ce nom autour & tout prés de Paris, où le Bourgeois Fêtes & Dimanches va se divertir. Il y a le *grand* & le *petit Gentilli* : On y va par les Gobelins, la Porte de saint Jacques, & de saint Michel. Le *grand* & le *petit Charonne*, quartier saint Antoine. La *Courtille*,

Belle-Ville, & la *Villette*, du côté de la Porte de faint Martin. La *Nouvelle-France* & *Montmartre* : on y va par la Porte de faint Denis. Les *Porcherons* & le *Roule*, par la Porte faint Honoré. Voila ce qui s'appelle les petites Guinguettes, qui ne font remplies que d'artifans & autres gens du commun : Voici celles qui font les plus renommées, où il fe lie de belles parties de plaifir par de riches Bourgeois, & où l'on fait tres bonne chere.

Il y a *Chaillot* & *Paſſi* qui font deux beaux villages qui fe touchent : On y va par la Porte de la Conference & de S. Honoré. *Saint Bonnet* & la *Rapée*, du côté de la Porte de faint Bernard & du Mail : La commodité qu'il y a encore, c'eſt qu'on va par batteau dans ces quatre endroits. Les *Carieres* font encore du même côté. *Vincennes* & le *Port-à-Langlois* font encore de ce nombre, ainſi que quelques autres petits endroits hors de Paris, qui ne font point fi renommez. C'eſt là que le peuple va fe divertir, & où fouvent il arrive des avantures les plus galantes.

J'avoüe que durant mon fejour à Paris ma curioſité me porta d'aller voir

F ij

tous ces endroits ; il faut qu'un Voyageur qui veut faire une relation, voye tout par où il passe depuis les plus petites choses jusques aux plus grandes, sauf à lui après cela de sçavoir bien arranger ses matieres ; & pour instruire le Lecteur des particularitez des quartiers que j'ai vûs dans cette troisiéme journée : Je partis de mon auberge avec mon Guide, qui me conduisit au bout du Pont Nôtre-Dame, (j'en ai parlé en son lieu) pour gagner la *ruë des Assis* quartier saint Jacques de la Boucherie, & qui commence proche la *rue de la Vannerie*.

Non loin de là est l'Eglise du Saint dont je viens de parler. On ne marque point positivement l'année qu'on en jetta les fondemens: les Annales de Paris rapportent seulement qu'elle fut bâtie dans le tems qu'on chassa les Juifs de cette Ville, des dépoüilles dont on se saisit sur eux. Le Crucifix qui est sur la porte du Chœur est des mieux travaillez, & fort estimé ; aussi est-il sorti de la main d'un Sculpteur trés celebre, nommé *Jacques Sarazin*. La commune créance est que *Nicolas Flamel*, qui, dit-on, avoit trouvé la Pierre philosophale, a fait construire de son argent la tour de cette Eglise.

En descendant plus bas & à droite se trouve l'*Eglise de saint Merry* ou *Mederic*. C'est là que la *ruë de saint Martin* prend son nom, qu'elle conserve jusques à la porte du fauxbourg. Cette Eglise est Collegialle, & du ressort du Chapitre de Nôtre-Dame. Ce vaisseau est tres beau dans sa construction, c'est dommage qu'il ne soit pas plus éclairé. On remarque sur-tout dans cette Eglise un Tableau de Mosaïque qui porte pour sujet la Vierge & l'Enfant Jesus, accompagnez de quelques Anges ; il est placé dans une Chapelle à droite en entrant proche la porte. On voit encore dans cette Eglise le tombeau de *Simon-Arnaud de Pompone*, Ministre d'Etat en 1699. Le Sculpteur qui l'a travaillé est *Rastrilli*, Italien de nation, qui auroit pû rendre cet Ouvrage plus parfait, s'il eût moins suivi le goût moderne de son païs.

La ruë de saint Martin est une ruë des plus longues, des plus droites, & des plus marchandes qu'il y ait dans Paris. On trouve plus bas que saint Merry l'*Eglise de saint Julien des Menêtriers* ; c'est un petit Edifice qui n'a rien de quoy divertir l'attention d'un Curieux, & qui appartient aux Peres de la Doctrine-

Chrétienne. Les Menêtriers, d'où cette Eglise a pris son surnom, ou les Joüeurs de violon, y ont une Confrerie.

Dans la même ruë je trouvai encore l'*Hôtel de Vic*, restauré considerablement par la dépense que *Nicolas Schuppin*, Tresorier du Marc-d'or, & auquel il appartient, y a faite.

Plus bas & de l'autre côté se voit l'*Eglise de saint Nicolas des Champs*, ainsi nommée, parce qu'anciennement elle étoit hors de la Ville. Ce vaisseau est fort vaste, mais il n'a rien de singulier dans son architecture. *Pierre Gassendi*, ce Philosophe si renommé, y est enterré, ainsi que la fameuse *Mademoiselle de Scuderi*, si recommandable par sa prose & ses vers. Saint Nicolas des Champs est une Paroisse fort étenduë, & tres peuplée.

Plus bas se trouve *saint Martin des Champs*, qui est un Prieuré considerable de l'Ordre de Cluni. C'est une maison occupée par des Benedictins ; & si on en croit les Annales, elle est redevable de sa fondation à Philippe Roy de France, qui y a demeuré avec Robert son pere. Ce Monastere avoit autrefois pour enceinte de hautes murailles, accompagnées de petites tours d'espace en espace : mais on en a abatu une partie pour y construire de grandes maisons fort élevées, qui servent d'un tres bel ornement à la ruë. Ces Religieux ont fait encore bâtir dans leur Préau, qui est un lieu privilegié, de petites maisons basses à boutiques pour des artisans qui veulent s'exempter de maîtrise. L'Eglise est restaurée depuis quelques années, & on l'agrandit encore aujourd'hui pour y faire un Portail.

Depuis ce Monastere jusques à la *Porte de saint Martin*, il n'y a rien de remarquable que cette Porte même où finit la ruë. Ce monument est d'un tres bon goût, orné d'une sculpture assez estimée, & chargé de deux inscriptions à la loüange du Roy, dont l'une regarde la Ville, & l'autre le fauxbourg, dont je parlerai ailleurs. Cette Porte fut construite en 1674.

Apres avoir vû tout ce que la ruë de saint Martin contenoit, nous passâmes sur le Boulevart qui va de la Porte dont je viens de parler, à la *Porte de saint Denis*, qui est tres magnifique, & dans son genre un des plus beaux morceaux d'Architecture qu'on voye en France.

Cette Porte a de hauteur soixante-douze pieds, sur autant de largeur, ornée de trophées d'armes, & de bas-reliefs sur le cintre, qui font voir du côté de la Ville le Passage du Rhin, & de l'autre la prise de Mastrich. On lit aussi sur cette Porte des inscriptions à la loüange du Roy. La sculpture qui y sert d'ornement est tres belle; aussi part-elle des mains de tres habiles Maîtres en cet art.

Il faisoit extrêmement chaud; & la chaleur ce jour-là m'avoit tellement atténué, que je fus obligé d'entrer dans un cabaret pour me rafraichir. Qu'on est sujet à bien des avantures dans Paris! en voici une qui m'arriva pour lors, qui est assez singuliere.

A peine fûmes-nous entrez, que je vis derriere nous un Exempt suivi de quatre ou cinq archers, qui s'assûrant de moy, me dit de la part du Roy qu'il me constituoit prisonnier. Il étoit porteur d'une lettre de Cachet. Moy qui ne sçavois pas avoir aucune affaire qui me pût attirer cette disgrace, je ne fis point toute l'attention possible à ce qu'il me disoit, & marchois toûjours: Arrête, me cria-t-il; & me tournant vers lui: Est-ce à moy, lui dis-je, que vous en voulez? Il faut

faut marcher, reprit-il : & pourquoy, lui repartis-je ? On vous en instruira quand il sera tems. Mais encore ? Point de raisons, il faut obéïr. La peur me saisit alors ; j'employe de mon côté toute ma rhetorique pour tâcher de le fléchir, mais inutilement ; & je commençois déjà à m'abandonner à la force, lorsque je vis entrer un Commissaire, qui sur le tumulte que cela avoit excité dans le quartier, s'étoit transporté dans le cabaret. Un Commissaire, bons Dieux ! Quel coup pour un Etranger. On peut juger quelle fut encore ma surprise ; je croyois pour le coup être perdu : mais la chose tourna autrement. Le Commissaire aussi humain que l'Exemt étoit rebarbatif & sans pitié, (caractere assez ordinaire à cette engeance mauvaise) m'écouta favorablement, & à peine lui eus-je parlé que l'Exemt vit le *qui pro quo* qu'il avoit fait, ainsi que la mouche qui avoit remarqué & suivi la piste de celui veritablement qu'ils cherchoient, & qui se déroba adroitement à leurs yeux à la faveur d'une échelle qu'il trouva, & qui lui servit pour passer sur le mur d'une cour, mitoyen d'un particulier, par où il se sauva. C'est ainsi que je fus quitte de ma frayeur ; à Dieu ne

G

plaise qu'il m'en arrive encore une à Paris, dis-je à mon Guide: mais ne laissons pas que de boire; les Allemans ont cela de bon, que le vin les console aisément de pareilles avantures.

Aprés avoir bû je continuai mon chemin avec mon Guide, comme j'avois commencé, & la premiere chose qui me frappa, fut une grande maison qui me sembla comme un Hôtel, sur la Porte de laquelle il y avoit une Croix. C'étoit l'*Union Chrétienne*, une Communauté de Filles, érigée & fondée exprés pour instruire de jeunes filles tant externes, que celles qui y sont pensionnaires.

Plus haut de l'autre côté vis-à-vis la Fontaine du Ponceau, sont *les Filles-Dieu* de l'Ordre de Fontevrault. Cette maison est redevable de son établissement à la pieté & aux bienfaits de *saint Louis*. L'Autel de cette Eglise est d'un assez bon goût.

Un peu plus haut se voit *saint Sauveur*, qui est une ancienne Eglise fondée encore par saint Louis. Il n'y a rien qui puisse arrêter les yeux d'un Curieux.

L'*Hôpital de la Trinité* est au-dessus. Cette maison a été fondée pour l'entretien & la nourriture des pauvres Orphelins d'un & d'autre sexe, originaires de Paris. La porte de l'Eglise est ce qu'il y a de plus remarquable, quoique d'une architecture où l'art ne s'est pas beaucoup distingué.

Il y a plus haut *saint Jacques de l'Hôpital*. Cette Eglise depuis bien du tems est Collegiale, & doit sa fondation à la pieté de quelques Bourgeois, avec le consentement de *Louis Hutin*. La maison qui dépend de cette Eglise, étoit autrefois une hospitalité pour les Pelerins qui alloient à saint Jacques en Galice: mais comme le revenu a été annexé aux Invalides, la coûtume en est abolie. C'est ce que m'apprit un Ecclesiastique habitué à cette Eglise.

Il me conduisit en causant jusqu'à *saint Leu*, qui est une Paroisse qui a fort peu d'étenduë. Il me fit remarquer le Tableau du grand Autel, comme un Ouvrage bien estimé, & le tombeau de *Charlotte de Besançon*; qui est dans une Chapelle à côté du Chœur; il est de Girardon, c'est assez en dire pour juger qu'il est de bon goût.

Non loin de là on trouve l'*Eglise des Filles-Penitentes*, sous le titre de *saint Magloire*. Ce vaisseau est vaste

G ij

& d'une architecture assez commune. Ces Filles suivent l'Ordre de saint Augustin. Si on en croit l'ancienne Tradition, on ne recevoit autrefois dans cette maison que des filles qui avoient manqué, & qui venoient pour y faire penitence de leurs fautes, d'où vient qu'on les a appellées *les Filles-Penitentes*; mais aujourd'hui ce n'est plus cela, on y reçoit indifferemment toutes sortes de filles. On y blanchit le beau linge de table, & les draps de fine toille pour les particuliers.

L'*Eglise du saint Sepulcre* qui en est proche n'a rien de remarquable dans sa construction : elle est fort ancienne. On en jetta les fondemens en 1326. & fut destinée pour les Pelerins du saint Sepulcre de Jerusalem. Ils y étoient autrefois logez durant quelques jours. Cette Eglise est une Collegiale; ce sont les Chanoines de Nôtre-Dame qui nomment aux Canonicats qui y sont vacans.

Il étoit déja tard lorsque je passai par *saint Innocent*, où je ne trouvai rien qui pût agréablement m'arrêter. Je jettai seulement les yeux sur le Tableau de l'Autel, qui me parut l'Ouvrage d'un habile pinceau; aussi est-il de le Brun, à ce que j'en ai appris. Il represente le massacre des Innocens.

De cette Eglise j'entrai dans le *Cimetiere* qui en porte le nom; c'est un des plus anciens monumens qu'il y ait dans Paris: Il est grand & environné de galeries voûtées, où s'étalent & se vendent plusieurs sortes de marchandises. On voit dans ce Cimetiere le tombeau de *Nicolas Flamel*, & de *Perenelle* sa femme. L'un & l'autre y paroissent à genoux devant Nôtre-Seigneur, qui est au milieu de saint Pierre & de saint Paul, accompagnez de quelques Anges. Les partisans de Flamel qui, selon eux, avoit trouvé le secret de la Pierre philosophale, n'ont pas manqué, pour bien faire valoir son art, de donner une explication mysterieuse à ces figures, & l'histoire rapporte qu'il y eut tant d'entêtement là dessus, & un parti si fort, qu'on détermina si on ne les abbatroit point. C'est aussi dans ce Cimetiere que *François-Eudes Mezeray* qui a écrit l'histoire de France, a été enterré. Les galeries de ce Cimetiere, qui me parurent à peu prés comme les Salles du Palais, me firent ressouvenir de ma bourse volée; c'est pourquoy je me tins en garde, & me méfiai de tous ceux qui s'approchoient de moy.

Comme je sortois de ce Cimetiere, j'apperçus une *Fontaine*, qui me parut assez singuliere dans sa construction. La sculpture en est toute belle; les Nymphes qui en font une partie l'ornement, sont des mieux travaillées. Leurs attitudes differentes sont d'un goût exquis; enfin je trouvai cet Ouvrage si beau, que je restai plus d'une heure à le considerer.

Au sortir de là je ne trouvai pas tant à beaucoup, près de quoy satisfaire mes yeux. Je vis sur la porte d'un bâtiment qui me parut être une maison Religieuse, la figure en marbre d'une *sainte Catherine*; elle me sembla assez bien taillée; mais quoiqu'elle fût l'ouvrage de Reuxelin, fameux Sculpteur, celui de la Fontaine le surpassoit. Cette maison portoit pour titre l'*Hôpital de sainte Catherine*: c'est un asyle de trois jours pour les pauvres servantes qui sont sans condition.

Un peu plus haut & de l'autre côté est l'*Eglise de sainte Oportune*, qui est une Collegiale dependante du Chapitre de Nôtre-Dame. C'est aussi une Paroisse qui n'est pas bien étenduë. Il n'y a rien à remarquer dans cette Eglise tant dehors que dedans. Je passai de là dans la *rüe des Lavandieres*, puis dans celle de *saint Germain l'Auxerrois*, que je pris à droite jusqu'à la *rüe de la Monnoye*, qui tend d'un bout à la *rüe Betizi*; puis je gagnai le Pont-neuf, où je fus arrêté, non pas comme la premiere fois par des archers, mais par une femme assez mal bâtie, d'une phisionomie surannée & effrontée, qui m'offrit une des plus jolies filles de Paris. Cette offre est galante, répondis-je à la Dona ; puis la regardant en soûriant : Ma foy, lui dis-je, mes visites sont faites pour aujourd'hui, à un autre jour ; & je passai outre. On me dit aprés que c'étoit une *Racrocheuse*, c'est-à-dire de ces femmes qui commercent en filles de moyenne vertu.

IV. JOURNE'E.

Le Quartier des Halles, & Place des Victoires.

APrés avoir vû tout ce que je viens de rapporter, je donnai treve là-dessus pour quelques jours à ma curiosité, & durant cet intervalle j'étudiai les Mathematiques, & m'appliquai beaucoup à la Musique. Je ne laissois pas néanmoins pour me délasser l'esprit d'aller quelquefois aux spectacles qui sont ordinaires à Paris, & dont je parlerai en leur lieu. Je liai même plusieurs parties pour cela avec des femmes ; c'est ainsi que j'entremêlai mes plaisirs, & qu'un Etranger doit vivre à Paris, quand il fait tant que d'y venir par curiosité & pour s'y divertir, & qu'il a de quoy en soûtenir la dépense ; autrement la vie de Paris est ennuyeuse pour lui ; il faut de l'argent partout, c'est le mobile sur lequel tout roule, & la clef de l'amour ; il coupe court aux soupirs & à toutes les façons que l'amour demande.

FIDELE.

Les plaisirs ont leur tems comme d'autres choses ; la plûpart deviennent insipides quand on n'y met point d'intervalle ; outre qu'ils sont souvent préjudiciables à la santé, pour peu qu'il y ait d'excez ; c'est ce qui me fit faire reflexion à cette verité.

J'avois un peu fait la débauche la veille, je me sentois la tête appesantie, & l'estomac trop plein ; je crus qu'un peu de diette, jointe à mes mouvemens ordinaires, ne pourroit que m'être salutaire ; je me déterminai donc ce jour-là à me dérober à mes amis ; je sortis même dés le matin, crainte qu'ils ne me surprissent à l'auberge. Mon Guide ne manquoit pas tous les jours de se trouver chez moy à l'heure que je lui avois marquée.

Je gagnai d'abord la *rue du Roulle*, percée depuis quelque tems pour donner une enfilade de vûë depuis le Pont-neuf jusqu'à saint Eustache. Cette ruë aboutit d'un bout à la *rue Betizi*, vis-à-vis la *rue de la Monnoye*, & de l'autre à la ruë saint Honoré où je pris à droite jusqu'à la *rue de la Ferronnerie*, élargie deux fois autant qu'elle étoit lorsque Henry IV. y fut tué par Ravaillac en 1610. Je pris à gauche dans la *rue des*

Halles ; ou *des Piliers des Halles* ; qui s'étend jusqu'à la *ruë de la Fromagerie.*

Tout le long des piliers des Halles, & qui forment comme une grande galerie, on ne voit que boutiques de Fripiers, qui font métier d'acheter, de vendre & de racommoder de vieux habits, meubles & autres choses : c'est là où l'on trouve de quoy s'habiller ou se meubler d'une heure à l'autre ; ce qui est tres commode pour bien des gens.

J'entrai aprés cela dans la *ruë de la Fromagerie*, qui aboutit à saint Eustache, & laissai à droite la *ruë Montorgueil*, qui prend depuis la pointe de saint Eustache, & va jusqu'à la *ruë du petit Carreau*. Cette premiere ruë n'ayant rien qui puisse arrêter un Curieux, je voulus gagner la ruë Montorgueil : mais avant que d'y arriver j'entrai dans les Halles. C'est un endroit fort incommode pour les passans, & fort commode d'ailleurs pour les besoins de la vie. On y tient ordinairement les marchez de toutes sortes de denrées. Il y a la *Halle au bled*, la *Halle aux poirées*, & la *Halle couverte*, où l'on vend le poisson. La Place des Halles étoit autrefois l'endroit où l'on faisoit justice : mais l'embarras que cela causoit par le grand monde qu'il y a toûjours, fit qu'on choisit la Greve pour cela, comme je l'ai dit. On voit à la Place des Halles un *Pilori*, qui est un petit bâtiment en forme de tour, avec une charpente à jour, dans laquelle est une machine tournante, où l'on attache les infames qu'on veut exposer à la risée publique.

Non loin de là vers la ruë Montorgueil & dans la *ruë Monconseil*, se voit l'*Hôtel de Bourgogne*, où étoient autrefois les Comediens du Roy, & dans la suite le theatre de la Troupe Italienne, où elle representoit des pieces qui divertissoient beaucoup par le sel dont elles étoient assaisonnées, & l'agrément avec lequel les Acteurs joüoient leurs rôles, sur-tout l'incomparable Arlequin; dont les autres qui le veulent imiter, ne sont que des copies fort éloignées de cet Original.

L'Hôtel de Bourgogne est fort ancien; il étoit bâti dés l'an 1477. Le Roy de France en ce tems-là le donna à la Confrerie de la Passion, pour y representer des Tragedies Chrétiennes; c'est pourquoy on voit encore sur la porte des instrumens de la Passion de Nôtre-

Seigneur, si bien que de tems immemorial cet Hôtel a été destiné pour des spectacles. Passons de là à la ruë Montmartre.

Cette ruë prend son commencement derriere saint Eustache, & finit à la porte du même nom ; elle est longue, & communique par plusieurs autres ruës à celle de Montorgueil. Se voit d'abord en montant, & proche l'égoût l'*Hôtel de Charrault*, qui n'a rien de singulier, & vis-à-vis l'*Eglise de la Jussienne*, autrement de *sainte Marie-Egyptienne*. On a corrompu ce mot-cy pour se servir du premier qui est aujourd'hui en usage. Cette Eglise ou Chapelle fut d'abord desservie par les Grands-Augustins, qui en sortirent pour venir s'établir sur le bord de la riviere, où ils sont encore aujourd'hui.

J'ai dit que la ruë Montmartre avoit communication à celle de Montorgueil par plusieurs autres ruës ; les voici : il y a d'abord à droite la *rue Tiquetonne*, puis la *rue du Bout-du-monde*, qui tire du côté de la ruë saint Sauveur. Plus haut est la *rue neuve de saint Eustache*, vis-à-vis la *rue des fossez Montmartre*. Toutes ces ruës n'ont que des maisons d'une architecture mediocre, & rien de plus à remarquer. La *rue de Clery*, qui est plus avant à droite, merite assez qu'on y passe pour voir la maison de *Berthelot*, assez singuliere dans sa construction.

Roland qui s'est fort enrichi dans la Finance, a fait bâtir une maison dans la même ruë, & non loin de celle-là. On peut dire que ce bâtiment est fort beau; des mieux entendus, & d'une architecture tres bien conduite; elle merite l'attention des Curieux.

En revenant dans la ruë Montmartre en montant, se trouve là petite Eglise de *saint Joseph*. Le fameux *Moliere* a été enterré dans son cimetiere; il n'y a jusques au Boulevart rien d'ailleurs qui soit considerable dans cette ruë.

Je jugeai à propos d'aller de là dans la *ruë des Petits-Peres*, qui est de l'autre côté de saint Joseph, pour y voir la maison de ces Religieux, dont ils sont redevables aux bienfaits de Louis XIII. qui la fit bâtir en 1629. Ce fut ce Prince qui posa la premiere pierre de leur Eglise, sous le titre de *Nôtre Dame de la Victoire*, en reconnoissance de la prise de la Rochelle.

On voit dans cette Eglise qui n'est pas achevée, plusieurs Chapelles: dans l'une qui est à droite est une figure de *Nôtre-Dame de Savonne*, qui est fort en veneration en Italie. Les colonnes de marbre qu'on voit sur cet Autel, avec l'architecture dont il est composé, y servent d'un grand ornement ; c'est le Roy qui l'a fait bâtir, selon le desir de la Reine Anne d'Autriche sa mere.

Jean-Baptiste de Lully, originaire de Florence, ce Musicien si celebre, est enterré dans une Chapelle de cette Eglise qui est à côté de la porte à main gauche. Il est dans un tombeau qui a pour ornemens quelques sculptures, surmonté d'un buste de bronze fort estimé pour le travail ; au bas est son Epitaphe. *Lambert*, son beau-pere, qui le suivoit de prés dans la Musique, est aussi enfermé dans ce monument.

La maison de ces Reverends Peres est vaste, assez bien bâtie pour des Religieux ; ils ont une Bibliotheque fort ample, fournie de trés bons livres bien conditionnez : ajoûtez que ces Peres ont un Cabinet de Medailles fort curieuses, & d'autres antiquitez fort rares qui font plaisir à voir.

Il ne faut pas que j'oublie un morceau d'Architecture qui se voit dans le

Chœur de leur Eglise ; on le voit derriere le grand-Autel. C'est un Arc bombé avec tout l'art imaginable ; les pieds droits ont pour ornement des colonnes Doriques ; ce qui rend cet Ouvrage digne de la curiosité des fins Connoisseurs en Architecture.

Au sortir de cette Eglise on voit la *Place des Victoires.* C'est aux soins de *François, Vicomte d'Aubusson, de la Feuillade,* Duc & Pair de France, à ses liberalitez & sa reconnoissance pour le Roy des bienfaits qu'il avoit reçûs de ce Prince, que Paris est redevable de ce celebre monument : il a coûté une somme immense.

Cette Place est trés magnifique ; six ruës qui y aboutissent y donnent des points de vûë qui la dédommagent de son peu d'étenduë. Ces ruës sont : la *ruë des fossez Montmartre,* vis-à-vis la ruë neuve saint Eustache ; la *rue du Mail,* devant la ruë de Clery ; la *rue des Petits-Peres* ; la *rue Pagevin,* proche la ruë Justienne ; la *rue des petits-Champs,* qui va finir dans la ruë saint Honoré à la barriere des Sergens ; & une autre petite ruë vis-à-vis l'Hôtel de Toulouse, dont je parlerai ailleurs.

Quant à l'Architecture des bâtimens elle n'a rien de surprenant, quoique les maisons frappent assez agréablement la vûë. Au milieu de cette Place qui est ovale, est placée la Statuë du Roy sur un grand pied-d'estal de marbre blanc veiné: Ce Prince y paroît debout en habit Royal, comme il est lorsqu'on fait la ceremonie de son Sacre. Le chien Cerbere est à ses pieds, & derriere lui est representée la Victoire montée sur un globe, qui d'une main le couronne de lauriers, & de l'autre tient un faisceau de palmes & de branches d'olivier. Tout ce Groupe magnifique est doré, & de bronze tout d'un seul jet.

Au dessous de ces figures sont plusieurs inscriptions qui marquent les victoires du Roy: elles sont de *François-Seraphin Regnier des Marais*, qui étoit Secretaire perpetuel de l'Academie Françoise.

Plus bas que ces inscriptions, & sur les quatre corps avancez du soubassement, paroissent des Esclaves enchaînez, couverts d'habits differens, dans des attitudes des plus convenables à des captifs, & des mieux étudiées; ces figures sont aussi de bronze. On voit autour d'elles

des

des armes differentes ; & d'autres hieroglyphes, qui marquent tous la grandeur du Roy, & la gloire de la France.

On voit encore sur chaque face du pied-d'estal quatre bas-reliefs aussi de bronze, dont l'un represente la paix de Nimegue, l'autre les conquêtes de la Franche-Comté, le troisiéme le Passage du Rhin, & le quatriéme la préseance de la France sur l'Espagne en 1662.

Outre ces bas-reliefs dont je viens de parler, on en a mis encore deux autres sur les faces du grand soûbassement. Ils sont renfermez dans des cartouches ornez de feüillages & de guirlandes : l'un represente les Duels abolis, & l'autre l'Heresie détruite.

Huit Consoles de bronze soûtenant la corniche du pied-d'estal, servent encore d'ornement à ce bel Ouvrage, jointes aux armes du Roy qui y paroissent environnées de feüillages, de palmes, & de lauriers, & accompagnées de sa devise.

A quatre endroits de cette Place où les principales ruës viennent finir, sont construits quatre Groupes, portant chacun trois colonnes placées en triangle, surmontées de corniches, sur lesquels on voit des fanaux de bronze doré d'or mou-

H

lu, qui illuminent la Place durant la nuit à l'aide des lampes qu'on y allume tous les soirs.

Chaque corniche est chargée d'un mufle de lion, ayant un anneau entre ses dents, qui tient trois bas-reliefs suspendus l'un sur l'autre, & environnez de feüilles de chêne & de laurier. Chaque Groupe de colonnes contient six de ces bas-reliefs, qui au nombre de vingt-quatre qu'ils sont, marquent ce qui s'est passé de plus éclatant sous le regne du Roy. Tous ces grands morceaux de Sculpture si bien imaginez, & ces ornemens si bien distribuez donnent un éclat merveilleux à cette Place, dont la dédicace se fit le 28. Mars 1686. avec grande ceremonie, & un appareil des mieux concertez.

On tient que le Maréchal de la Feüillade, pour prévenir la décadence de ce bel Ouvrage, sujet comme les autres aux injures du temps, a laissé de quoy survenir aux dépenses qui seroient necessaires pour le rétablir, & que son fils ne possede ses plus belles Terres qu'à cette condition. C'est lui aussi qui est obligé d'entretenir les quatre fanaux qui éclairent la Place. Monument qui conservera toûjours gravez pour la Posterité la grandeur & les hauts faits de Louis XIV.

L'esprit rempli de si grandes choses, où la sculpture s'est si bien distinguée, j'allai voir *Rigaut*, Peintre si renommé pour le Portrait, & dont on m'avoit donné la connoissance. Il demeure *ruë neuve des Petits-Champs*; il est vrai que je trouvai là de quoy satisfaire mes yeux; j'y vis des Portraits où la Nature parloit.

Aprés avoir vû de si beaux morceaux, j'apperçus à droite une maison appellée autrefois l'*Hôtel de la Vrilliere*. C'est aujourd'hui l'*Hôtel de Toulouse*, du nom du Prince Comte de Toulouse qui l'a acheté. Cet Hôtel quoique tres manifique sous son premier Maître, a bien changé de face. Les dedans sont distribuez autrement qu'ils n'étoient. La face du bâtiment de la cour a resté comme elle étoit. Les pilastres & les autres ornemens qui les accompagnent sont d'un trop bon goût pour y toucher; on ne l'a seulement que regratée. La galerie en est tres belle, peinte à fresque, & tres richement parée de Statuës moulées à Rome sur de tres beaux originaux. C'est aux soins du celebre M. *Decotte*, Premier Architecte du Roy, que la restauration de cette grande maison est commise. Fertile qu'il est en nobles inventions qui regardent son art, avec la justesse & le jugement dont il les accompagne, on ne peut rien esperer de lui que d'un tres bon goût.

Où cet Hôtel se termine est la *ruë neuve des Petits-Champs*, qui finit à present aux Capucines vers la *ruë Royale*; On y découvre l'*Hôtel Colbert*, bâti d'abord par *Guillaume de Beautru*, Comte de Seran, de l'Academie Françoise. *Jean-Baptiste Colbert*, Ministre & Secretaire d'Etat, Contrôleur des Finances, & Surintendant des Bâtimens, acheta cette maison qu'il fit augmenter considerablement. Le *Marquis de Seignelai* son fils en a joüi aprés la mort du pere ; elle est assez reguliere. Il y avoit du tems de ce Ministre une tres belle Biblioteque. Cette maison depuis peu est tombée à la *Veuve de Roüissé* des Postes, qui l'a achetée de la Veuve du *Marquis de Seignelai* dernier mort. Un des côtez de cette maison règne dans la *ruë Vivien*, où est la *Biblioteque du Roy*, dont je parlerai.

Jean-Baptiste Colbert, Marquis de *Torcy*, Secretaire d'Etat pour les affaires étrangeres, a une assez belle maison dans la ruë Vivien. Elle appartenoit d'abord à *Jacques Tubeuf*, Surintendant des Bâtimens de la feuë Reine mere. Cette ruë a été d'ailleurs embellie par d'autres maisons de particuliers qui sont assez agréables.

Revenant dans la ruë neuve des Petits-Champs, & au coin de la ruë Vivien se voit le *Palais Mazarin*, dont l'architecture ne fait pas le plus bel ornement; les riches emmeublemens que cette maison renferme, meritent bien plus l'attention des Curieux de bon goût; car il est constant qu'on ne peut trouver une plus grande variété de belles choses en marbre, pierreries, vermeil doré, & argent.

On voit du même côté & plus avant la maison du *Marquis de saint Poüange*. La construction en est fort agreable à la vûë; les dedans des mieux ménagez pour toutes sortes de commoditez.

En continuant la ruë neuve des Petits-Champs on trouve la *ruë de sainte Anne* qui la traverse, & en tirant à droite dans cette ruë, en descendant à la Place de Louis le Grand, on voit une petite Eglise appellées les *Nouvelles-Catholiques*, bâtie des charitez de plusieurs personnes de pieté. Le Maréchal de Turenne y a le plus contribué. Tout proche est la maison de *Jean Thevenin* fameux Partisan ; cette maison dans sa structure n'a rien qui puisse arrêter un Curieux : on en estime la galerie, enrichie de tout ce qu'on a pû s'imaginer de curieux & de singulier.

L'*Hôtel de Lionne* se trouve encore dans la ruë neuve des Petits-Champs. L'architecture qui regne dans les dedans de la Cour plaît assez. Cette maison fut construite par *Hugues de Lionne*, Secretaire d'Etat pour les affaires étrangeres. Elle appartient à present à *Louis Phelyppeaux de Pontchartrain*, autrefois Chancelier de France, qui l'a augmentée de beaucoup.

Proche de là est la *ruë du Bouloy*, qui donne dans la *Croix des Petits-Champs*. On y voit l'*Hôtel des Fermes Royales*, qui perce de l'autre face dans la ruë de Grenelle ; c'est un bâtiment étendu, où les Fermiers Generaux tiennent leurs Assemblées. C'étoit autrefois un Hôtel fort magnifique, mais qui ne tient rien aujourd'hui de cette magnificence. Cette grande maison fut bâtie d'abord par les soins du *Duc de Bellegarde*, sous le regne de Henry IV. & augmentée aprés tres considerablement par *Pierre Segnier*, Chancelier.

En continuant ma route, j'entrai dans la *rue Coquilliere*, qui commence au haut de la rue des Petits-Champs, vis-à-vis la *rue des Bons-Enfans*, & finit au grand Portail de saint Eustache. A droite est la *rue Coq-heron*, qui donne dans la premiere de ces ruës, & se termine vers la ruë Jussienne. On y voit l'*Hôtel de Gêvres*, fort ancien par sa construction, & qui n'a rien d'ailleurs de considerable.

Jean de Philippeaux Conseiller d'Etat, autrefois Intendant de la Generalité de Paris, occupe prés de là une grande maison bâtie par les soins & l'argent d'un riche Financier, nommé *Monginot*. Ce Bâtiment n'a que son étenduë & ses commoditez de recommandables.

On trouve la Communauté des *Filles de sainte Agnés* dans la ruë Plâtriere, vis-à-vis la ruë Tiquetonne: Ce sont des

Dames dont l'inſtitut eſt d'inſtruire les jeunes filles; elles ont beaucoup de Penſionnaires qu'on dreſſe à la pieté, & à beaucoup d'ouvrages convenables à des filles même de la plus grande diſtinction.

Je n'avois pas grand chemin à faire de là à l'*Hôtel de Soiſſons*, où je dreſſai mes pas, dont la principale Porte donne dans la *rue des deux Ecus*; qui tient d'un bout à la *rue des Prouvaires*, & de l'autre à la *rue de Grenelle*. Cet Hôtel eſt fort vaſte, mais il n'a rien d'ailleurs qui puiſſe arrêter agréablement la vûë. L'architecture en eſt tres groſſiere & mal ordonnée.

Ce Bâtiment doit ſa conſtruction aux ſoins de *Catherine de Medicis*. L'Hiſtoire rapporte que c'étoit autrefois où étoient les Filles Penitentes, que cette Princeſſe y faiſoit ſouvent ſon ſejour, & s'y étoit tellement attachée, qu'elle y fit bâtir un Palais comme on le voit, & transfera le Monaſtere où il eſt à preſent.

Derriere cet Hôtel & un peu plus avant ſe voit l'*Egliſe de ſaint Euſtache*, iſolée preſque de tous côtez, d'une Place devant le grand Portail; d'un côté de la ruë du Jour, de l'autre du bout de la ruë Coquilliere., & par derriere
de

de la ruë Montmartre. C'est une des Paroisses de Paris la plus étenduë: elle fut bâtie en 1521. & ne fut finie qu'en 1641. Ce n'étoit autrefois qu'une petite Chapelle sous l'invocation de sainte Agnés; elle relevoit du Chapitre de saint Germain l'Auxerrois, ce qui fait que saint Eustache en dépend encore.

Ce vaisseau est tres grand, mais tres peu estimé pour l'Architecture & le Dessein, n'y ayant rien de regulier, ce qui fait que tout y choque la vûë. Il n'y a que la chaire du Predicateur dont la sculpture est assez belle. On y voit encore quelques Chapelles où les Curieux peuvent s'arrêter, plûtôt par les ornemens qu'on y a faits, que par le bon goût de l'Architecte.

Celle où l'on baptise a quelque chose de particulier à voir; c'est la *Circoncision* & le *Baptême de Nôtre-Seigneur* peints par *Mignard* ce Peintre si celebre. Dans la Chapelle où l'on marie, *Charles de la Fosse*, tres fameux aussi en son art, y a representé deux sujets differens, sçavoir le *Mariage d'Adam avec Eve*, & celui de *la sainte Vierge avec saint Joseph*. Cette Eglise est aussi ornée de plusieurs tombeaux qui meritent l'attention d'un Passant curieux.

Celui de *Jean-Baptiste Colbert*, Ministre & Secretaire d'Etat, Surintendant des Finances & des Bâtimens, y est élevé derriere le Chœur. C'est le fameux *le Brun* qui en a fourni le dessein, *Coizevox* & *Tubi* Sculpteurs l'ont executé. On peut dire que cet Ouvrage a quelque chose qui frappe par sa delicatesse & son bon goût. Le *Marquis de Seignelai* fils de ce Ministre, est enfermé dans le même tombeau.

Marin Cureau de la Chambre, Medecin ordinaire du Roy, est enterré dans cette Eglise. On y lit son Epitaphe sur un grand bas-relief de marbre blanc, sur un fond noir. Le *Brun* en a donné le dessein, & *Tubi* l'a travaillé.

Il y a encore plusieurs autres gens considerables tant par leur naissance que par leur merite & leurs écrits, qui sont inhumez dans cette Eglise: les voici. *Vincent Voiture*, qui nous a laissé des lettres & des poësies. Il étoit de l'Academie Françoise, & mourut en 1648. *François la Mothe le Vayer*, qui fut Precepteur de Philippe de France, Duc d'Orleans. Nous avons de lui plusieurs beaux Ouvrages qui rendront son nom immortel : il étoit aussi de l'Académie Françoise, & mourut en 1671. *Amable de Bourzeys*, de la même Académie, y est aussi enterré, ainsi qu'*Antoine de Furetiere*, si connu des Sçavans par son beau Dictionnaire universel, qui sert de plan aujourd'hui au Dictionnaire de Trevoux si fameux, & sur lequel celui-ci est entièrement refait. Il mourut en 1688. il avoit été de l'Académie Françoise, mais il en fut exclus injurieusement par les autres membres de ce Corps, par une contestation & une animosité contre lui, qui s'éleva entr'eux au sujet de son Dictionnaire : il mourut après s'être justifié.

Marie Jars de Gournay, distinguée par sa naissance & sa grande connoissance dans les Belles-Lettres, & originaire de Paris, mourut âgée de quatre-vingt ans l'an 1645. & fut enterrée dans cette Eglise, où est son tombeau. Voila tout ce qu'il y a à remarquer dans saint Eustache.

Au sortir de là on trouve à la pointe de cette Eglise une large pierre posée en maniere de petit pont. Si les Annales de Paris en sont crûës, c'est le tombeau d'un nommé *Alais*, Partisan, qui pour

I ij

avoir été l'auteur d'un Impôt d'un denier sur chaque panier de poisson, ne se crut pas digne d'être inhumé en terre sainte prévoyant qu'il seroit la source de bien d'autres qui accableroient les peuples. Rare exemple de probité dans un Partisan, qui ne cherche aujourd'hui à acquerir ce nom, que pour amasser des tresors. Cet Alais a fondé l'*Angelus* qui sonne à onze heures, & qu'on appelle pour cela le *Pardon d'Alais*.

C'est à cet endroit où finit ma course ce jour-là : ma curiosité en resta à ce monument si glorieux pour son fondateur, & si foulé aux pieds par tout le monde ; de là je pris un carosse dans la ruë saint Honoré, dont je parlerai en son lieu, pour me conduire chez une Dame où devoit se trouver une Assemblée de beaux Esprits.

On y parla beacoup d'Histoire, de Litterature, & d'autres matieres spirituelles. La Fable n'y fut pas oubliée ; chacun y brilloit par sa maniere de raconter ce qu'il sçavoit, si vous en exceptez un petit fat d'Abbé, qui vouloit se distinguer des autres par des endroits des plus pitoyables. N'est-ce pas l'ordinaire des Petits-colets de vouloir primer par-tout ?

À propos de Fables, & comme par mépris des anciens Auteurs qui en avoient écrit, il dit qu'Esope avoit trouvé l'art d'amuser les enfans par les siennes; & que c'étoit tout. Tout beau, dit-on, Monsieur l'Abbé, apparemment que vous n'en connoissez pas le merite. Qui, moy? ajoûta-t-il. Non, vous, lui repartit une Dame toute des plus spirituelles, si vous bornez là tout leur prix. Ma foy, lui répondit-il, Madame, d'un air de Pedant, parlez-moy d'un dogme poussé vivement, & soûtenu par de bonnes raisons. Selon quelle opinion, Monsieur l'Abbé, reprit un de la Compagnie? est-ce de Descartes, ou?.. Bon, sans lui donner le temps d'achever, avec vôtre Philosophe ideatique vous nous en contez bien, lui qui ne fait consister le principe de toutes choses que dans des atomes; & fy donc. On se mit à rire, & la Dame chez qui on étoit prenant la parole, & s'adressant à lui : On voit bien que vous n'avez pas encore oublié vôtre Philosophie; mais comme nous ne sommes pas ici dans une Ecole pour en disputer, permettez que je vous dise, pour revenir à Esope, que c'est un Grec que vous n'entendez pas, qu'on ne peut

I iij

allez admirer ses fables ingenieuses, qui renferment une morale & des veritez qu'on trouve à peine dans l'école de tous vos Philosophes. L'Abbé choćqué au vif de ce qu'on le railloit, ne put tenir là contre ; il s'emporta, & peu s'en fallut qu'il n'en vinst aux invectives, si la compagnie, qui se leva, n'eût pris congé de l'hôtesse toute spirituelle & toute aimable chez laquelle elle étoit.

C'est ainsi qu'à Paris on trouve de quoy varier ses plaisirs, & que parmi des gens de bon sens on en voit de ridicules, qui donnent la comedie aux autres. La plûpart des Abbez, particulierement en ce pays, se fourrent par-tout, veulent primer par-tout : cela a toûjours été, dit-on, cela sera toûjours dans toutes les Assemblées, jusques dans les ruelles.

V. JOURNÉE.

Quartier de S. Honoré.

JE ne sçai par quelle avanture il m'arriva un jour que m'étant trouvé dans une promenade prés de deux particuliers d'assez bonne phisionomie, je liai conversation avec eux : nous tombâmes sur bien des choses différentes ; la maniere dont elles étoient racontées me plaisoit beaucoup. Ces Messieurs sembloient me parler tout naturellement ; ils se disoient Etrangers aussi bien que moy, gens venus exprés à Paris pour un procez de consequence, alliez l'un & l'autre à des meilleures familles de Bretagne. Le discours roula un peu de tems sur le sort des Etrangers dans Paris, qu'ils étoient bien malheureux lorsqu'ils n'y venoient que pour plaider, & que c'étoit une consolation pour eux quand ils y trouvoient gens avec qui pouvoir faire societé pendant leur sejour ; mais qu'il falloit bien prendre garde avec qui on se mettoit. Tout cela me sembloit tres naïf & sans déguisement.

Nôtre conversation dura bien deux bonnes heures, elle me plut de maniere que nous fimes dés-lors une espece de connoissance : ils me demanderent ma demeure ; je leur dis : ils me rendirent frequentes visites, je répondis à leur honnêteté ; enfin ce petit commerce se soûtint environ un mois. J'étois charmé de les voir, tant j'y trouvois un caractere d'honnêtes gens ; je leur donnai quelques repas, sans refléchir s'ils y répondoient : Quelquefois cela leur arrivoit, mais rarement ; pour d'autres visites, comme j'ai dit à leur égard, ne me manquoient point.

Prévenu que j'étois de leur probité, je n'avois garde de voir que tout ce qu'ils en faisoient n'étoit que pour me sonder à fond. Il est vray, moy qui suis un bon Allemand tout naturel, je leur disois de bonne foy ce qui m'arrivoit. Non contens de tout cela, & pour trouver un moyen de tâter ma bourse de tems en tems, ils me proposoient de joüer. Moy qui ai toûjours aimé passionement le jeu, j'acceptois le party volontiers. On ne faisoit que s'amuser dans les commencemens, mais la suite devint plus serieuse.

FIDELE.

Je me piquois au jeu, c'est ce qu'ils cherchoient, & ils avoient peut-être cinq ou six pistoles de mon argent, lorsqu'un jour ils m'invitèrent à souper avec un de mes amis, pour me donner, disoient-ils, ma revanche : Ce fut bien pis, vraiment. A peine eûmes-nous soupé qu'on fit apporter des cartes : le jeu au commencement alloit & venoit, mais sur la fin il changea bien de face ; le sort se déclara absolument contre moy. Mon ami qui étoit de part prit le jeu, & ne fut gueres plus heureux ; nous nous piquons de maniere, que nous perdîmes mil écus cet après-souper. Nous aurions poussé la chose plus loin, n'étoit une colique qui me prit, & qui m'obligea de m'aller coucher.

Nôtre avanture fut sçûë dés le lendemain ; apparemment par quelqu'un du cabaret où nous soupâmes, qui connoissoit nos prétendus Etrangers. C'étoit d'Angrely & Luneval, l'un fils d'un Fruitier, & l'autre d'un Marchand de vin, & tous deux des plus rusez filoux qu'il y eût dans Paris.

Si cette action meritoit châtiment, elle ne demeura pas longtems impunie, ainsi que bien d'autres dont nos filoux furent accusez. J'appris trois jours aprés qu'ils nous eurent attrapé nôtre argen[t] qu'on les avoit arrêtez pour vol de nuit; on les tint ainsi un mois enfermez, pui[s] ils furent jugez à mort par Sentence d[u] Châtelet. Je fus bien heureux de sorti[r] à si bon marché de leurs mains, & j[e] me promis bien à l'avenir de ne me po[int] engager si imprudemment.

Cette perte ne m'empêcha pas de re[-]prendre ma course ordinaire : ma curio[-]sité prévaloit sur tous les contre-temp[s] qui me pouvoient arriver. Je commen[-]çai donc ma route par le *Quay de l'E[-]cole*, où l'on vend des coterêts & du bled; puis par la Place du même nom: Ensui[te] j'enfilai la *ruë de l'Arbre-sec*, qui pren[d] depuis saint Germain l'Auxerrois, que je laissai à gauche, & dont je parlerai dan[s] son lieu, jusques à la *Croix du-Tiroir*, ou *Tiroër*, ou du *Trahoir*, selon quel[-]ques-uns, du verbe *trahere*, parce qu[e] c'est un lieu où l'on execute à mort l[es] criminels, & où l'on pretend que l[a] *Reine Brunehaut* fut traînée à la queu[ë] d'une cavalle indomptée, par ordre d[e] *Clotaire*; tous les Historiens néanmoin[s] ne conviennent pas de ce fait.

Il n'y a rien à remarquer dans la ru[ë]

de l'Arbre-sec que la Croix du Tiroir, qui est une décharge des eaux d'Arcüeil, pour être distribuée à plusieurs particuliers qui en achetent. Cet édifice fut bâti en 1604. par les soins de *François Mi-ron*, Prevôt des Marchands.

J'entrai de là dans la *ruë de saint Honoré*, qui prend depuis le cimetiere de saint Innocent, jusques à la Porte de saint Honoré. Il y a à gauche en montant les ruës *des Bourdonnois* & *des Déchargeurs*: dans celle-ci est le Bureau de la grande Poste, où l'on met les lettres, & le Bureau des Marchands de draps, dont le frontispice a de quoy flatter un Curieux par son architecture. Dans l'autre ruë se voit la maison de *Pajot*, Directeur General des Postes, dont la structure n'a rien de remarquable.

En revenant dans la ruë de saint Honoré, je continuai ma route, & vis à gauche l'*Hôtel du Grand-Conseil*, qui n'a rien de considerable dans sa construction. C'est une Jurisdiction Souveraine établie par Charles VIII. l'an 1497. en Jurisdiction particuliere. C'étoit autrefois une Assemblée de Notables qui donnoient avis au Chancelier des difficultez qui s'offroient sur le fait de la Justice, sur les Reglemens des Parlemens, &, autres cas semblables. Son pouvoir s'étend par toute la France, & il connoît des contrarietez d'Arrêts, des Jugemens entre Juges Royaux, des Benefices consistoriaux, des Indults, des Cardinaux, & du Parlement, des retraits des Biens Ecclesiastiques, & des affaires de plusieurs grands Ordres du Royaume par des attributions particulieres. Il est composé de huit Presidens, tous Maîtres des Requêtes, & de cinquante-quatre Conseillers, servans par semestre, qui étoient autrefois obligez de suivre la Cour.

Au-dessus on rencontre les *Peres de l'Oratoire.* C'est une Congrégation établie en France par le *Cardinal de Berule,* sous le titre de *l'Oratoire de Jesus* en 1611. Il y a en France plus de soixante Maisons de ces Prêtres. Ce Cardinal les plaça d'abord au fauxbourg S. Jacques, puis dans l'endroit où ils sont à present. Leur Eglise est assez jolie, on y trouve des morceaux d'Architecture d'un assez bon goût.

Ces Peres ont une Bibliotheque tres curieuse & tres nombreuse : ils en sont redevables à *Achilles de Harlay,* qui leur en fit un don, après avoir pris soin de la remplir, des choses singulieres qui ne se trouvent point ailleurs.

Il y a plus haut & de l'autre côté l'*Eglise de saint Honoré*, qui donne son nom à tout ce quartier. Ce sont des Chanoines qui la desservent. Ce vaisseau est d'une architecture fort grossiere, & qui ne merite pas qu'on y fasse beaucoup d'attention.

J'apperçus plus haut le *Palais Royal*, bâti par *Jean-Armand Duplessis*, Cardinal, Duc de Richelieu, en l'an 1636. On le nommoit d'abord l'*Hôtel de Richelieu*, puis le *Palais Cardinal*. En 1643. il prit le nom de *Palais Royal*, à cause que la Reine *Anne d'Autriche*, qui en prit pour lors possession, y vint faire sa résidence. Il est bon de sçavoir que le Cardinal par une donation entre-vifs, avoit laissé ce Palais à Louis XIII. avec plusieurs meubles & autres bijoux de tres grand prix.

Ce Palais quoique magnifique & fort étendu, n'a pas laissé de donner matiere aux gens de bon goût à raisonner sur son Architecture. Les appartemens en sont grands & vastes. Il a été long-temps occupé par *Philippe de France*

Duc d'Orleans, auquel Sa Majesté en avoit fait un don, à condition d'en joüir sa vie durant, & qu'il deviendroit propre à *Philippe d'Orleans* son fils. Ce Palais est accompagné d'un jardin orné de statuës sorties des mains de tres habiles Sculpteurs. Dans ce même Palais est la Salle où l'on represente l'*Opera*, qui est un spectacle dont les vers se chantent avec symphonie, accompagnée de ballets, avec des habits, des decorations superbes, & des machines surprenantes. C'est des Venitiens qu'on tient l'Opera à Paris.

Ce spectacle eut son commencement en l'an 1669. & l'*Abbé Perrin* fut le premier qui s'avisa d'en composer les vers. Le nommé *Champeron* en inventa les machines, & *Lambert*, fameux Musicien, en composa les airs. Cela changea dans la suite, & tomba en la possession de *Lully*, si celebre, & connu dans toute l'Europe pour le plus grand Musicien qui ait jamais paru: il l'a conservé jusqu'à sa mort.

Pour gagner la *ruë de Richelieu*, je traversai le Palais Royal. En entrant dans cette ruë se voit le derriere du *Palais Brion*, qui est un corps-de-logis augmenté au premier.

Cette ruë est une des plus belles & des plus longues qu'il y ait dans Paris. Je ne remarquai rien au commencement qui pût m'arrêter ; je dirai seulement qu'elle porte le nom du celebre Cardinal auquel elle est redevable de son agrandissement & de sa beauté.

En continuant à marcher, je vis l'*Hôtel de Louvois* ; on y consideré avec admiration l'escalier & la Salle d'audience. Tout le reste de la maison fait aussi plaisir à voir, non seulement par le bon goût qu'on remarque dans les dehors, mais par la magnificence des dedans.

Vis-à-vis est l'*Hôtel de Nevers* : C'étoit autrefois où étoit la Biblioteque du Cardinal Mazarin, qui a été transferée au Collège des Quatre-Nations. Cet Hôtel est tombé au *Prince de Vergagne*, fils du Duc de Nevers, qui l'a vendu depuis peu.

L'*Hôtel de Menars* se voit aussi dans la même ruë, & de l'autre côté. C'est une ancienne maison qui n'a rien de remarquable dans sa structure. On y voit seulement par curiosité la fameuse Biblioteque de Monsieur de *Thou*.

Plus haut est la maison de *Croisat* le

jeune, dont les vûës sont charmantes du côté du Boulevart : il y a une galerie qui est à voir pour les tableaux tres curieux, & les glaces qui en font l'ornement, ainsi qu'un Cabinet rempli de pieces tres rares.

Presque de l'autre côté en remontant on trouve la *ruë de saint Marc*, dans laquelle se voit la maison de *Thomas Rivié* ; quelques-uns estiment beaucoup cette maison pour sa construction : d'autres n'en pensent pas de même, & trouvent seulement son assiette fort avantageuse, à cause des belles vûës qu'elle a. Les dedans de cette maison sont tres bien distribuez, & fournissent de tres grandes commoditez pour toutes choses.

Monsieur *Desmarets*, Contrôleur General des Finances, a acheté cette maison, qu'il occupe aujourd'hui.

Je laissai cette ruë pour entrer dans la *ruë de saint Augustin*, qui aboutit à celle de Richelieu. Je trouvai dans la premiere beaucoup de maisons distinguées. Celle de *Doüilly*, Receveur General des Finances à Poitiers, est à remarquer.

Sur la même ligne est l'*Hôtel de Grandmont*, assez belle maison pour s'y arrê-

arrêter en passant. Elle appartenoit autrefois à *Monerot*, fameux Partisan, qui la fit bâtir à grands frais. Le Duc de *Grandmont* la possede à present, & l'occupe.

La *maison* de *la Toüanne*, autrefois Trésorier de l'Extraordinaire des Guerres, a quelque chose de remarquable. Les dedans sont tout magnifiques, & tres bien entendus : elle a été bâtie par *Cotte Blache*, riche Partisan : elle est à present occupée par Monsieur *Fariolles*, qui étoit Ambassadeur à la Porte.

Où la ruë de saint Augustin se termine, se trouve l'*Hôtel de Lorges*, fort considerable par la dépense qu'y a faite pour l'augmenter *Michel Chamillard*, autrefois Contrôleur General des Finances, qui l'a occupé longtems, ce qui fit prendre le nom à cette maison d'*Hôtel Chamillard*. C'est aujourd'hui l'*Hôtel d'Antin* ; ce Duc l'a acheté.

Je remarquai presque vis-à-vis la maison de *Joachim Seglier de Boisfranc*, je la trouvai d'un tres bon goût ; la regularité qu'on y a observée la rend un objet tres agréable.

Je voulus poursuivre ma route sans

me détourner, & vis d'abord la *Place de Louis le Grand*, autrefois appellée la *Place de Vendôme*, à cause d'un Hôtel du même nom que Henry IV. fit bâtir pour *Cesar de Vendôme*, legitimé de France : mais cette maison a été entierement abbatuë exprés, pour y faire une Place, que le Roy, qui avoit acheté le fond, fit commencer sur de tres beaux desseins.

Ce monument dura jusqu'en 1699. que tout fut changé. Il avoit été conduit jusques-là par les soins du *Marquis de Louvois*, qui avoit envie d'y placer la Bibliotheque du Roy. Tout le monde convient que le projet de ce Ministre étoit tres grand & tres utile pour le Public : mais tout a été renversé. Le Roy a donné cette Place & tous les bâtimens qui en dépendoient à l'Hôtel de Ville, à condition de faire construire à ses frais un Hôtel pour ses Mousquetaires. J'en parlerai en son lieu.

Pour se dédommager de cette dépense la Ville a vendu les places de l'Hôtel de Vendôme à plusieurs riches particuliers qui y ont fait bâtir. Cette Place dans sa construction n'est pas si estimée que la premiere qui y étoit.

FIDELE.

Au milieu de cette Place se voit la Statuë Equestre du Roy. Elle y fut élevée au mois d'Août 1699. avec beaucoup de ceremonie & de pompe. Cette figure avec le cheval est de bronze, & le tout d'un seul jet, ce qui en fait estimer beaucoup l'ouvrage. Cette statuë est placée sur un pied-d'estal posé sur des degrez, & chargé de plusieurs inscriptions.

La Place de Louis le Grand, donne sur la ruë de saint Honoré, & du côté de la *Porte Gaillon* qui a été abbatuë; le nom en est toûjours resté. Proche de là se voit le *Convent des Capucines*, bâti où il est aujourd'hui, aprés y avoir été transferé du premier endroit où il étoit, pour rendre la Place de Louis le Grand moins resserrée.

La maison des Religieuses est tres reguliere, & fort commode. On en jetta les fondemens en 1686. L'Eglise n'a rien de remarquable; elle renferme quelques tombeaux de personnes de consideration qui y ont été enterrées. On y voit à main gauche la Chapelle de *Charles, Duc de Crequy*, qui est ornée de tout ce qu'on a pû s'imaginer de curieux & de superbe. Celle du *Marquis de Louvois* qu

K ij

est vis-à-vis, s'y fait aussi remarquer par sa belle Sculpture, où l'on n'a rien oublié de ce qu'il y a de parfait & d'achevé.

De là je traversai la Place de Louis le Grand pour gagner la ruë de S. Honoré: je pris ma route à droite en montant du côté de la porte de ce nom. Je ne trouvai rien qui dût m'arrêter, si vous en exceptez l'*Hôtel de Luxembourg*, dont la porte est assez bien ornée. Le fameux Maréchal de ce nom, auquel il appartenoit, l'a occupé jusqu'à sa mort. C'est aujourd'hui le *Duc de Luxembourg*, son fils, Gouverneur de Normandie, qui en est en possession.

J'apperçûs à côté de cet Hôtel les *Filles de la Conception*, du Tiers Ordre de saint François. Je n'y remarquai rien qui meritât l'attention d'un Curieux, & continuai mon chemin jusqu'à la *Porte saint Honoré*, qui n'a rien de particulier.

Là je rebroussai chemin pour gagner les *Tuilleries*, & trouvai d'abord à ma main droite les *Filles de l'Assomption*. Elles demeuroient autrefois dans la ruë de la Mortellerie, & sont redevables en partie de la maison où elles sont au *Cardinal de la Rochefoucaut*, qui y donna tous ses soins, & les mit sous la Regle de Saint Augustin, qu'elles suivent aujourd'hui ; car autrefois elles n'étoient que des Hospitalieres sous le nom d'*Audriettes*.

L'Eglise de l'Assomption a eu ses critiques, sur-tout pour les dehors, car on trouve le dôme, qui en compose une partie, tres irregulier. On épargne un peu plus les dedans, quoique défectueux en bien des endroits. On estime la menuiserie du principal Autel, ainsi que les tableaux qui en font l'ornement, & qui sont les ouvrages de tres habiles Peintres. Les Filles de l'Assomption passent toûjours pour avoir de belles voix chez elles ; c'est pourquoy il y va un grand concours de beau monde dans le tems des Tenebres pour les entendre chanter.

Plus bas & du même côté sont les *Capucins*, qui dans leur Eglise & dans leur maison n'ont rien qui puisse flatter un Curieux.

Tout proché de ces Peres se trouve l'*Eglise des Feüillans*, commencée à batir en 1601. des aumônes que ces Religieux amasserent pendant le Jubilé universel de 1600. & achevée en 1608. à l'aide aussi d'autres bienfaits qu'on leur fit. Louis XIII y contribua beaucoup & fit bâtir le Portail de l'Eglise, dont la sculpture n'est pas fort estimée. On voit dans cette Eglise quelques Chapelles assez bien ornées, & principalement celle de *Rosting*, qui renferme quelques tombeaux des personnes de cette maison.

Le tombeau du *Prince de Guimené* se voit dans une Chapelle à côté du grand Autel. Il y a encore une autre Chapelle en entrant à gauche, qui est remarquable par les tableaux & les autres peintures qui y sont, & qui partent de la main de tres habiles Peintres.

Au-dessus, & dans la même suite se voit le tombeau de *Louis de Marillac*, Maréchal de France. On voit aussi dans cette Eglise celui du *Comte d'Harcour*; il est vis-à-vis la chaire du Predicateur, ainsi que celui d'*Alphonce-Louis de Lorraine*. Ces tombeaux sont d'une tres belle sculpture, & d'un dessein fort étudié. Les cendres de ces grands Personnages à la verité n'y reposent pas ; c'est seulement pour éternifer leur Memoire.

Ces obelisques de bon goût ayant en quelque façon satisfait ma curiosité, j'allai me promener dans le Cloître de ces Religieux, où j'y vis peinte, la vie

FIDELE. 119
de saint Bernard, leur Instituteur: mais je passai mes yeux legerement dessus, n'y trouvant pas la delicatesse que j'y aurois souhaitée.

Au sortir de ce Convent j'entrai dans l'*Eglise des Jacobins*; qui sont de l'autre côté un peu plus bas. Je n'y vis rien aussi qui pût m'arrêter: j'y remarquai seulement le tombeau de *Catherine de Rougé Duplessis Belieure*, veuve de *François de Crequy*, Maréchal de France. Cet Ouvrage n'est pas d'un dessein bien pensé, la sculpture en est meilleure.

Instruit que j'étois que ces Peres avoient une Biblioteque tres curieuse, je priai le Bibliotecaire de m'y vouloir conduire; il est vray que les livres n'y sont point en grand nombre, mais ce qu'elle en contient sont tous livres choisis.

L'*Eglise de saint Roch* est plus bas. On en jetta les fondemens en 1655. Ce vaisseau est assez vaste & fort éclairé. On l'a depuis quelques années augmenté derriere le Chœur, d'une Chapelle qu'on estime assez, ainsi que tout le reste de l'édifice.

Pierre Corneille, de l'Academie Françoise, & un des plus celebres Poëtes de nôtre tems. *Pierre Mignard*, premier Peintre du Roy. *Antoinette de la Garde*, surnommée *Madame Deshoulieres*, l'honneur de son sexe, & dont les Ouvrages de Poësie rendront le nom immortel. *André le Nôtre*, auquel on est redevable du bon goût dans la distribution des Jardins d'ornemens. Tous ces grands personnages, illustres chacun dans leur art, sont inhumez dans cette Eglise.

Bien plus bas & de l'autre côté, je trouvai l'*Hôpital des Quinze-Vingts*, bâti par *Saint Louis* en 1254. destiné pour y loger trois cent Gentilshommes aveugles qu'on avoit ramenez de la Terre-Sainte. C'est encore aujourd'hui l'asyle de la plûpart des Aveugles de Paris. L'Eglise n'a rien de remarquable que son antiquité.

J'allai de cet endroit au *Palais des Tuilleries*, nommé ainsi, parce qu'il fut bâti dans un endroit où depuis très longtems on fabriquoit de la tuile ; j'y entrai par la porte du côté du Manege. On jetta les premiers fondemens de cette maison en l'année 1564. par les soins de la Reine *Catherine de Medicis*, qui se connoissoit parfaitement bien en Architecture.

Ce Palais d'abord n'eut pas tant d'étenduë qu'il en a, il étoit seulement composé du gros Pavillon quarré du milieu, qui n'étoit pas si élevé qu'il est aujourd'hui : Le Roy en 1664. le fit beaucoup augmenter. L'architecture dont il est enrichi est toute des mieux entenduës & des plus belles.

Les appartemens de ce Palais sont fort beaux, & tres bien distribuez. On y voit la Salle des machines, où l'on representoit autrefois les spectacles pour la Cour. Les habiles Peintres y ont déployé leur art dans toute son étenduë, & les Sculpteurs les plus celebres n'ont rien oublié de ce que la Sculpture a de plus delicat & de mieux achevé.

Le Palais des Tuilleries a ses principales vûës du côté du Jardin qui l'accompagne; c'est une des promenades de Paris la plus agréable, & où l'on voit le plus beau monde. Il m'y arriva un jour une petite avanture dont voici le détail.

C'étoit la veille de *saint Louis*, fête du Roy, que la Musique de l'Opera pour bouquet à ce Prince, donne un concert tous les ans dans ce Jardin. Beaucoup de monde curieux d'entendre cette symphonie ne manque pas de s'y rendre. Gens distinguez, Bourgeois, Artisans d'un & d'autre sexe y font un mélange fort confus. Les chercheurs de bonnes avantures, & les coquettes s'y trouvent par-dessus tous les autres, ainsi que les Étrangers que leur curiosité amene à Paris.

Il étoit déja un peu tard, lorsque curieux d'entendre la Musique, deux que nous étions nous y allâmes aprés soûper : il faut remarquer que le concert ne commence qu'aprés neuf heures du soir.

Ce concert fini, que nous trouvâmes tres agréable, nous voulumes nous promener comme bien d'autres, pour respirer un air frais qu'il faisoit ce jour là, dans un bosquet du Jardin planté d'arbres en quinconce; nous apperçûmes une grande illumination, à la faveur de plusieurs lampes allumées, & posées à terre. Nôtre curiosité nous y conduisit; c'étoit un Caffé, où durant tout l'Esté on va boire des liqueurs : cela nous donna occasion de prendre chacun un verre d'Orgeat, puis nous continuâmes nôtre promenade. Il est bon de sçavoir que lorsqu'il est nuit, & durant que le monde se promene, il y a des gens aux Tuilleries, qui dans les bosquets les plus toufus & les plus éloignez, visitent s'il ne s'y passe point quelque avanture galante ; & c'est à cette occasion que la nôtre, qui étoit d'un genre bien different, nous arriva.

Il y a dans le Jardin la Salle des festins, & fort proche un theatre découvert, dont les décorations sont formées par des ifs & des maronniers d'Inde. C'est dans ces décorations qu'à la faveur de la nuit deux personnes de sexe different s'étoient glissées. L'endroit est secret, éloigné du monde, & tres propre pour les tendres mysteres : mais je ne sçai par quel malheur leur précaution fut trompée ; l'amour eut beau déployer ses aîles pour cacher leur petit commerce, ils furent apperçûs par un Suisse : c'est assez pour n'en esperer aucune misericorde: mais ce lourdaut qui voulut percer brusquement la palissade pour les surprendre, & s'en saisir (parce que ces petits jeux sont deffendus dans ce lieu) tomba le nez devant, ce qui donna le temps au galand & à sa belle de s'esquiver. Le Suisse qui n'en vouloit point avoir le démenti, courut aprés, mais inutilement.

L ij

Les ombres de la nuit fort épaisses ce jour-là leur furent favorables, & le Suisse par un *qui pro quo* tout des plus fatal pour nous, qui nous promenions de ce côté-là, voulut nous arrêter ; il appelle du secours, on vient, on se saisit de nous, & on nous fait passer ainsi en revûë devant tout le monde.

Nous avons beau crier, en venir aux supplications, point de raison : & où trouver de la raison dans des Suisses ? Il faut ceder à la force ; nous avons beau vouloir nous justifier, chansons pour nous : vous êtes de la partie, nous dit d'une voix rauque le maudit Argus qui se trompoit ; enfin il fallut le suivre avec sa troupe dans un endroit assez vilain, où ils vouloient nous faire passer la nuit ; c'étoit un mauvais gîte pour nous : mais comme il n'y a rien de plus interessé qu'un Suisse, nous trouvâmes le moyen de fléchir les nôtres par une couple de pistolles qu'il nous en coûta, & puis adieu.

Pour revenir au Jardin des Tuilleries, on peut dire que sa disposition est toute belle. Il est composé de parterres, de boulingrins, bosquets, & autres pieces d'ornement convenables à un Jardin magnifique. *André le Nôtre*, mort en 1700. en a donné tous les desseins.

Content que j'étois d'avoir vû les Tuilleries, je passai par le *Carousel*, qui est une grande Place vis-à-vis ce Palais. C'est là en 1662. où se firent les courses du superbe Carousel pour la Naissance de Monseigneur : cette Place à cause de cela en a toûjours retenu le nom.

Vis-à-vis cette Place, est l'*Hôtel de Créquy* : On n'en estime que la principale porte, dont l'Architecture est tres bien ordonnée. C'est où le Maréchal de Créquy a demeuré; il y a un autre *Hôtel de Créquy*, ruë *des Poulies*.

De l'autre côté de cette maison se voit l'*Hôtel de Bélinguen*. C'est un grand Edifice qui n'a rien de considerable dans sa structure. En continuant mon chemin je descendis la *ruë des Orties*, vers les Galeries du Louvre, où est l'*Eglise de saint Thomas du Louvre*. C'est une Collegialle tres mal bâtie.

Dans cette même ruë aboutit la *ruë de saint Thomas du Louvre*, dans laquelle se trouve l'*Hôtel de Longueville*. Je ne m'y arrêtai pas beaucoup, parce que je n'y vis rien qui meritât l'attention d'un Curieux. Cette maison autre-

L iij

fois s'appelloit l'*Hôtel d'Epernon*.

Non loin de là se trouve l'*Hôtel de Montausier*, qui n'a rien non plus de remarquable : de là je dressai mon chemin au Louvre.

Le *Louvre* est en France le Palais où demeure le Roy : il s'est dit premierement, du Palais magnifique qui est à Paris, qui est appellé dans les vieux titres *Lupara*. C'est François I. qui fit commencer le vieux Louvre en l'an 1578. mais ce Prince étant mort avant que d'avoir fait executer ses desseins, Henry II. son fils les poussa plus loin.

On appelle *vieux Louvre* les deux Corps de bâtiment qui forment un angle interieur, & dont les façades ont pour ornement une Architecture toute des plus achevées; ce qui se remarque aisément lorsqu'on est dans la cour. Successivement & d'années à autres le reste de cet Edifice qu'on voit à present a été bâti. Le Roy en a fait presque construire trois parties sans être finies, où pour cela on ne laisse pas que de remarquer bien du grand & du magnifique. On a commencé ce grand Ouvrage en 1667. & la conduite en a duré jusqu'en 1670.

Dans ce superbe Edifice, dont les Appartemens sont tres bien distribuez, & dignes de l'attention des Curieux, on y voit l'*Appartement des Bains de la Reine mere Anne d'Autriche*, qui est tres beau & bien décoré. La *Salle des Antiques* ; elle est proche d'un petit cabinet qui dépend de l'Appartement dont je viens de parler. La *Salle particuliere des Bains* ; elle n'est pas moins magnifique que les précedentes.

Il y a le *Cabinet des Tableaux du Roy*, qui autrefois étoit rempli de tout ce qu'il y avoit de plus curieux en ce genre ; mais ce qu'on a transporté à Versailles l'a bien dégarni.

Le vieux Louvre se communique avec le Palais des Tuilleries par une grande *Galerie* qui a d'étenduë 227. toises. Ce vaisseau a été bâti sous Henry IV. La sculpture en est assez bien travaillée, & l'architecture tres belle. L'interieur de cette Galerie est orné de peintures qui font plaisir à voir, & habité dans le bas par plusieurs particuliers distinguez dans les arts par l'habileté qu'ils y ont au premier degré.

La *Monnoye du Louvre* y est aussi logée, ainsi que l'*Imprimerie*, recommandable par les beaux Caractères qu'on y employe, & les habiles Ouvriers qui en ont la conduite. C'est *Rigaut* à present qui en est Directeur. Il y a plusieurs Academies qui ont aussi leur logement au Louvre; j'en parlerai en leur lieu: enfin on peut dire que cette maison a du grand, qu'il seroit à souhaiter qu'elle fût achevée, & que le Prince qui l'a fait bâtir le dernier, y fit son sejour ordinaire.

Au de-là du Louvre, & du côté de la façade neuve est l'*Eglise de saint Germain l'Auxerrois*. C'est un monument fort ancien qui doit sa fondation au Roy *Childebert*, mort en 558. sous le titre de saint Vincent, auquel ce Prince avoit beaucoup de devotion.

Depuis ce temps là cet édifice a changé de face & de titre : il y a environ deux cens ans qu'on le reconnoît sous l'invocation de saint Germain d'Auxerre. Cette Eglise est d'un dessein gotique assez regulier, & fort grande : c'est dommage qu'elle ne soit pas bien éclairée, ce qui provient en partie de son vitrail qui est peint en aprêt. Le *Jubé* qui partage le Chœur de la Nef est d'un assez bon goût, ainsi que les deux tableaux de la Chapelle de la Paroisse, dont l'un a pour sujet saint Vincent, & l'autre saint Germain Evêque d'Auxerre, tous deux Patrons de cette Eglise. C'est *Philippe de Champagne*, fameux Peintre, qui les a faits.

On trouve encore dans cette Eglise quelques tableaux où l'art n'a rien épargné pour les rendre dignes de l'attention des Curieux, entre autres un *Ange Gardien* de *Sebastien Bourdon*; & une *Cene* de *Leonard de Vinci*. On y voit aussi quelques Chapelles assez bien ornées: il y a entre autres la Chapelle de *Rostaing*, & celle de *Desmoulins*.

Il y a aussi dans cette Eglise plusieurs tombeaux de gens de merite & de consideration; celui d'*Etienne d'Aligre*, Chancelier de France mort en 1677. s'y fait remarquer par sa sculpture. Les autres personnes illustres qui y sont enterrées sont, *Louis Révol*, Secretaire d'Etat, mort en 1595. *Jean Picard*, Doyen de la même Eglise. *Pierre Seguin*, revêtu de la même dignité. *Pompone de Bélievre*, Chancelier de France; *Nicolas de Bélievre*, President au Parlement; & *Pompone de Bélievre*, Premier President au Parlement. Tous ces hommes illustres ont leurs sepultures dans saint Germain l'Auxerrois.

François *Malherbe*, celebre Poëte & de l'Academie Françoise. *Louis le Vau*, premier Architecte du Roy. *Jean Varin*, Intendant des Bâtimens. *Claudine Bouzonnet Stella*, tres habile dans le dessein & dans la gravûre. Le *Maréchal d'Ancre*, & quelques autres personnes distinguées dans les arts, y sont aussi inhumées.

On rapporte que cette Eglise devoit être renversée, pour donner tout l'embelissement qui convenoit au Louvre lors qu'il auroit été achevé, si on avoit suivi les desseins qu'on avoit proposez à *Jean Baptiste Colbert*, pendant sa Surintendance. On devoit faire à cet endroit une Place d'Armes.

Je laissai sur le Quay à l'extremité des Tuilleries la *Porte de la Conference*. Elle est fort ancienne; il n'y a rien d'ailleurs de particulier à remarquer: c'est par là qu'on passe pour aller au Cours, dont je parlerai dans la suite.

FIDELE.

VI. JOURNE'E.

FAUXBOURG S. GERMAIN.

Quartiers des Quatre-Nations, & d'une partie de saint Germain des Prez.

IL étoit environ six heures du matin, & par un beau jour d'Esté que je sortis de mon auberge. Pour commencer ma route je gagnai d'abord le *Quay Malaquais*, qui rend d'un bout au Quay des Grands-Augustins, & de l'autre au *Quay d'Orsay*, autrefois appellé la *Grenoüillere*.

Il n'y a rien de remarquable jusqu'à l'*Hôtel de Conty*, dont la principale Porte répond sur une Place située sur le bord de la Seine. On estime cette Porte par son architecture qui est d'un tres bon goût, & rend par là l'entrée de cet Hôtel fort apparente ; les dedans ne le démentent point. La Chapelle qui y est me fit plaisir à voir par le marbre qui la décore, & la maniere dont l'Architecte l'a conduite. Le petit Sallon qui a vûë sur le Jardin, est curieux par sa peinture. Cette maison d'ailleurs est fort commode, & tout y est assez bien distribué. Elle est accompagnée d'un Jardin assez grand qui en égaye la vûë.

Les *Ducs de Nevers* étoient autrefois en possession de cet Hôtel. *Henry de Guénegaud*, Secretaire d'Etat, homme très riche, l'acheta ensuite, & le fit augmenter de beaucoup. C'est lui qui a fait bâtir la ruë qui porte ce nom, & qui vient de la *ruë Mazarine*, sur le Quay dont j'ai parlé.

Plus avant est le *College de Mazarin*, fondé par le *Cardinal Mazarin* en 1668. & bâti après sa mort sur le plan dont il s'en étoit fait lui-même une idée : ses heritiers ont executé sa volontez comme on le voit aujourd'hui. La face exterieure de ce bâtiment frappe noblement les yeux par son architecture qui est de bon goût ; c'est dommage que les deux pavillons qui occupent le devant, avancent trop sur la riviere ; ils interrompent une enfilade de vûë qui s'étendroit fort loin.

Entre ces deux pavillons, & dans l'enfoncement d'une Place où regne tout

FIDELE. 135

e bâtiment en forme d'une demie-lune,
voit la porte de la Chapelle, d'une
rchitecture à faire plaisir aux Curieux.
Tout y est riche & bien ordonné; le Por-
il est decoré de plusieurs statuës qui
accompagnent fort agréablement.

On ne peut rien voir de mieux orné
ue la coupe de cette Chapelle, qui dans
structure a une justesse tres grande
ans son contour. L'interieur de cette
hapelle est aussi tres bien orné. Le
ardinal *Mazarin* y est enterré : on y
oit son tombeau fait par *Coizevox*, ce-
bre Sculpteur, avec une Epitaphe sur-
ontée des armes de son Eminence.

Ce College est fort étendu, & tous
s Appartemens tres bien distribuez. Ils
nt vûë sur deux cours, dont la premie-
est la plus petite, la mieux ornée,
celle par où l'on va à la fameuse Bi-
lioteque qui y est, & dont je parlerai
n son lieu : L'autre est beaucoup plus
acieuse ; c'est où sont les Classes & les
ppartemens. Ce Bâtiment magnifique
vûë sur le Louvre, ce qui donne re-
iproquement une perspective fort agréa-
le.

On appelle aussi cette maison le *Col-
ge des Quatre-Nations*. Ce nom

même est beaucoup plus usité que le premier, parce que ce Cardinal l'a fondé exprés pour soixante jeunes Gentilhommes de quatre nations différentes, originaires de Pignerolles & sa dépendance, d'Alsace, d'Allemagne contiguë à la Flandre, d'Artois, du Hainaut, Luxembourg, Conflans, Roussillon, Sardaigne, & autres païs conquis par Louis XIV. & qui ont servi de théatre à la guerre. Ce nombre de soixante a été reduit à moitié par Arrêt du Parlement.

Ce sont les Docteurs de la maison de Sorbonne, qui sont les Directeurs de ce College, & qui nomment le *Principal* sous le titre de *Grand-Maître*. Les jeunes Gentilhommes qui étudient aux Quatre-Nations, outre les études des Classes, doivent apprendre à monter à cheval, à danser, à faire des armes, & les Mathematiques : mais il faut avant cela que la fondation soit executée dans son entier.

Proche de ce College est la maison de *Dorat*, dont la face est de brique, & d'une assez agréable apparence, quoique grossiere dans son architecture. Elle étoit autrefois le dépôt de quantité de curiositez fort rares que les Curieux se

FIDELE. 135

faisoient plaisir d'aller voir : mais il n'y reste plus aujourd'hui que le bâtiment, où il y a un escalier d'un bon goût. Les meubles en étoient magnifiques & tres riches, mais tout cela a été vendu aprés sa mort.

Charles de Créquy, premier Gentilhomme de la Chambre du Roy, & Gouverneur de Paris, avoit une maison un peu plus avant, appellée l'*Hôtel de Créquy*. Il a changé de nom ; aujourd'hui c'est l'*Hôtel de Lauſun*. Ce Duc l'a acheté, & y a fait beaucoup travailler depuis l'acquisition qu'il en a faite.

Je passai de là devant l'*Hôtel de la Trimoüille*. Cet Hôtel n'ayant rien de remarquable, j'avançai, & m'arrêtai à l'*Hôtel de Boüillon*, construit par les soins & la dépense de *Macé Bertrand de la Baſiniere*, Trésorier de l'Epargne, qui n'y épargna rien.

La face de cette maison néanmoins n'a rien de considerable ; les dedans sont plus curieux que les dehors par les peintures, les tableaux, & autres meubles & bijoux qui en font la richesse & l'ornement.

Au-dessus se trouve la *rüe de Saint-Pere*, qui finit à la *rüe Jacob*, & au coin de laquelle est l'*Hôtel de Morstin*, autrefois grand Tresorier de Pologne. Cette maison est estimée par la regularité qu'on y trouve, & les ornemens dont elle est chargée ; elle est occupée à present par le *Maréchal d'Estrées*.

On voit dans la même suite l'Hôtel de *Porstmont*, qui est une maison qui a assez d'apparence, & qui a été restaurée par le *Président Perrant*, Intendant du Prince de Condé. Il y a une galerie qu'on estime beaucoup par les tableaux excellens qui en font l'ornement.

En continuant mon chemin je vis l'Eglise *des Theatins*, commencée à bâtir à l'aide de cent mille écus, leguez à cet effet par le Cardinal Mazarin, & sur les desseins du *Pere Camille*, venu exprés d'Italie, qui font voir une idée tout à fait bigearre ; elle est demeurée là dessus imparfaite. On la restaure aujourd'hui par les dons pieux de plusieurs particuliers, & une Lotterie qui leur a été accordée.

Les *Theatins* vinrent en France en 1644. & sont redevables de leur établissement au *Cardinal Mazarin*. Leur principal Institut est de vivre des charitez comme les autres. Mandians.

Plus haut est l'Hôtel de *Mailly*, estimé seulement par les belles vûës dont on y joüit tant du côté de la riviere & des Tuilleries, que du Cours la Reine qu'on découvre entierement.

Vis-à-vis cet Hôtel se trouve le *Pont Royal*, qui tend de l'autre côté à un Pavillon des Tuilleries. On en commença les fondemens le 25. Octobre 1685. sur les desseins de *Jules Hardoüin*, surnommé *Mansart*, mort Surintendant des bâtimens, & executez par un Jacobin originaire de la ville de Liege, tres expert dans la construction des Ponts. Cet Edifice, quoique chargé d'aucuns ornemens, a son merite particulier, & sa commodité. On a enfermé avec ceremonie plusieurs medailles dans le massif de la premiere pile du côté du Louvre, avec de belles inscriptions à la gloire du Roy.

En descendant de ce Pont à droite est le *Quay de la Grenoüillere*, aujourd'hui appellé *Quay d'Orsé*, du nom de d'Orsé qui a été Prevôt des Marchands, & qui pendant qu'il étoit en Charge en a fait jetter les premiers fondemens. Cet Edifice n'est qu'à peine commencé; on forme de grands projets pour sa perfection ; car on prétend l'embellir tout du long de maisons superbes, & le terminer par un Pont qui aura communication au Cours. *Germain Boffran* habile Architecte, a déja fait bâtir sur ce Quay une maison magnifique, où il a fait connoître le bon goût qu'il a dans l'art qu'il exerce.

A la descente du même Pont Royal est la *ruë du Bac* : elle est fort longue; on y trouve le *Seminaire des Missions Etrangeres*, d'où l'on tire les Missionnaires pour aller prêcher l'Evangile dans les Indes : cette maison fut établie en 1663. l'Eglise n'en est pas encore achevée.

On voit encore dans cette ruë les *Filles de la Visitation*. Leur Eglise n'a rien de remarquable, c'est pourquoy je ne m'y arrêtai pas : j'ai sçû seulement que l'établissement de leur Convent avoit été fait d'abord dans la ruë Montorgueil en 1660. puis qu'elles prirent la maison où elles sont aujourd'hui en 1678.

Au partir de là j'allai voir le *Convent des Recollettes*, j'entrai dans leur Eglise, où je vis un tableau d'un assez bon goût, c'est un Ouvrage de *La Fosse*, fort estimé aujourd'hui dans son art.

La *ruë de l'Université* est tout proche. Elle commence à la *ruë Jacob*, & prend son nom de l'Université même, dont je parlerai dans la suite : elle a deux grandes maisons dans ce quartier, qui lui furent données par les Benedictins de l'Abbaye saint Germain, à l'occasion d'un different considerable qui arriva entre les domestiques de ces Religieux & les Ecoliers.

A l'extremité de cette ruë s'offrit d'abord à ma vûë un Hôtel dont l'architecture n'a rien de delicat. Il n'y a que les dedans qui en sont curieux par les rares tableaux de *Rubens* qu'on y voit, & les riches emmeublemens dont elle est parée. C'est la *Marquise de Noailles*, aujourd'hui *Duchesse de Richelieu*, qui l'a fait bâtir.

L'*Hôtel d'Auvergne* n'est pas loin de là ; c'est le *Comte d'Auvergne* qui a fait construire cette maison ; elle est riante, & n'a rien de plus qui puisse être remarqué par les Curieux. Le *Prince d'Auvergne*, Abbé de la Charité, & le *Prince Frederic* son frere, tous deux fils du Comte, en sont aujourd'hui en possession. On voit à côté la maison du *Marquis de Louville*, qui frappe aussi tres agréablement la vûë.

Le *President Duret* a dans ces quartiers une maison tres bien ordonnée en toutes ses parties. Plus loin, & en tirant du côté de la ruë Jacob, se voit la magnifique maison du *Marquis de Clerambaut*, dont l'architecture merite l'attention des fins Connoisseurs en cet art. Tout y est commode, & tres bien pratiqué.

De l'autre côté en continuant cette route, se voit la maison de la *Presidente Brou*, dont les fondemens furent jettez en 1701. Elle est magnifique, & bâtie sur de tres bons desseins.

Laugeois d'Imbercourt, autrefois Fermier General, en a fait construire une qui, pour y avoir fait beaucoup de dépense, est d'un goût tres miserable dans toutes ses parties.

Mais ma curiosité fut bien dédommagée, lors qu'après de si mauvais goûts d'Architectes, je trouvai en avançant la superbe maison d'*Antoine Tambonneau*, President à la Chambre des Comptes. Tout y est regulier & bien conduit, & d'une architecture des mieux entenduës

Cette maison est tombée par acquisition au *Comte de Marsan*, de l'illustre maison de Lorraine. Il n'y a rien dans le reste de cette ruë qui soit considérable en fait de bâtimens.

Je pris de là à droite dans la *ruë de Saint Pere*, qui commence à la riviere de Seine, & finit à la ruë de Grenelle. Cette longueur est assez considerable, pour y avoir quelque chose à voir.

Ignace Pécoil Maître des Requêtes y a une maison assez belle & bien conduite. Le bon goût s'y fait remarquer en bien des endroits; c'est une acquisition qu'il a faite, & qu'il a augmentée de beaucoup.

Dans cette ruë se voit l'*Hôtel de Caveye*. Cette maison est fort propre; on en estime l'escalier, & puis c'est tout.

Non loin de cet Hôtel est la maison d'*Antoine Benoist*, Peintre ordinaire du Roy, & son premier Sculpteur en cire: C'est dans ce lieu où un Curieux trouve de quoy s'amuser agréablement à la vûë des portraits en cire qu'il a moulez. On voit dans le Cabinet de ce Peintre bien d'autres choses fort curieuses, tant en tableaux qu'en porcelaines, & autres raretez particulieres.

Je voulus de là aller aux *Petits-Augustins*, qui sont dans la ruë de ce même nom, vers la *ruë du Colombier*, & finit au Quay Malaquais. On ne remarque rien de beau dans l'Eglise de ces Religieux, à l'exception de la figure de l'Agonisant qu'on voit dans une niche au milieu de l'Autel, & qui merite qu'un Curieux y arrête ses yeux. Dans cette Eglise est inhumé le corps de *Marguerite de Valois*, premiere femme de Henry IV. & sœur de Henry III. C'est aux liberalitez pieuses de cette Princesse que ces Peres sont beaucoup redevables de leur riche argenterie, dont ils ornent le grand-Autel aux Fêtes solemnelles.

En continuant ma route j'entrai dans la *ruë de saint Guillaume*, où est l'Hôtel de *Montaterre*. Au sortir de cette ruë j'entrai dans la *rue de saint Dominique*, qui commence à la Charité, & va se terminer à la barriere des Invalides.

L'*Eglise des Jacobins Reformez* s'y fait remarquer par sa propreté & le bon goût de l'Architecte qui l'a conduite. Le Maître-Autel est d'un dessein de *Je*

FIDELE. 143

Brun, & tout cet Edifice est distribué avec bien de l'art. C'est aux liberalitez du Cardinal de Richelieu que ces Peres sont redevables de leur établissement à Paris. Ils furent d'abord logèz fort à l'étroit, & dans des jardins qu'il y avoit pour lors par-tout le terrein où ils sont aujourd'hui. Ce fut en 1633. qu'ils commencerent cet établissement ; en 1681. ils s'agrandirent considerablement, & firent bâtir, outre leur Monastere, plusieurs autres maisons de particuliers qu'ils loüent, & dont ils tirent un gros revenu.

Dans l'Eglise de ces Peres se voit lo tombeau de *Philippe de Montaul II. Duc de Navailles*, Maréchal de France. Le dessein en est assez bien inventé & executé. Ce Monument est derriere l'Autel, & renferme aussi les cendres de *Susanne de Beaudean de Neüillan*, veuve de ce Maréchal. Elle a laissé des sommes considerables pour construire cette Eglise, où l'on voit encore la Chapelle de *Barthelemy Mascarani*, décorée d'un assez bon goût.

Vis-à-vis cette Eglise est l'*Hôtel de Luine*, auparavant appellé l'*Hôtel de Chevreuse*, dont les faces satisfont beaucoup par l'art avec lequel ce bâtiment a été conduit.

Plus avant, tirant du côté des Invalides, se voyent plusieurs belles maisons bâties nouvellement : Entre autres on y trouve à gauche l'Hôtel de Bethune, auparavant appellé l'Hôtel de Neufchâtel, construit par la Princesse de ce nom. Cette maison est petite, mais assez bien conduite.

L'*Hôtel de Roquelaure* est de l'autre côté : Il n'a rien de particulier dans sa construction, ainsi que quelques maisons qui sont dans cette file, quoique construites depuis tres peu de temps : Il est vrai qu'on y observe bien de la propreté ; c'est tout ce qui en plaît.

Au-dessus de l'Hôtel de Bethune est une maison nouvellement bâtie par *Boffran*, Architecte. Elle est d'un dessein assez singulier, ce qui en fait le merite; les Appartemens en sont tres bien distribuez, ce qui la rend tres commode. Elle est occupée par *Amelot*, cy-devant Ambassadeur d'Espagne qui l'a achetée.

Dans cette même ruë se trouvent les *Filles de saint Joseph*. C'est une Communauté établie pour y élever de jeunes filles à des ouvrages convenables à leur

leur sexe. Cette maison n'est pas achevée, & n'a rien dans ce qu'elle est à present qui merite qu'on s'y arrête.

On voit de l'autre côté le *Convent de Bellechasse*, du titre de sainte Marie, dont le bâtiment est fort grossier. Ces Religieuses ont beaucoup de terrein occupé en jardins.

La maison du *Comte de Revel* est aussi dans cette même ruë; elle a son merite particulier par la grande idée qu'elle donne de sa construction. Il y a encore dans ce quartier d'autres maisons élevées à grands frais, mais qui d'ailleurs n'ont qu'un certain air de propreté qui plaît, sans rien avoir des parties que renferme la belle Architecture.

Ces endroits éloignez de toutes commoditez étoient autrefois très negligez, & aujourd'hui ils sont fort recherchez pour y bâtir, & coûtent bon à ceux qui les achetent.

Vis-à-vis la ruë de saint Guillaume dont j'ai déja parlé, est la *ruë des Rosiers*, au coin de laquelle se voit l'*Hôtel de Marignan*, dont la façade principale donne sur la ruë de saint Dominique. Cette maison n'a rien de remarquable.

C'est par cette derniere ruë que je deſcendis pour gagner la *ruë de Grenelle*, qui prend ſon nom au Carrefour de la Croix rouge, & va finir à une des barrieres des Invalides. J'y trouvai le Convent des Cordelieres, établi d'abord en 1683. dans la ruë des Francs-Bourgeois, & du depuis transferé en 1687. où il eſt aujourd'hui. C'étoit autrefois l'*Hôtel de Beauvais*. La maiſon, ni l'Egliſe de ces Religieuſes n'ont rien digne d'amuſer un Curieux ; c'eſt pourquoy je ne fis que la parcourir legerement des yeux.

On voit ſur la même ligne pluſieurs maiſons de particuliers fort bien bâties, & où un certain bon goût d'Architecture frappe aſſez agréablement la vûë.

Les Curieux trouvent chez l'*Abbé de Camps*, qui loge dans cette même ruë, de quoy le ſatisfaire en medailles antiques, en tableaux, & autres curioſitez de conſequence.

De l'autre côté eſt l'*Hôtel de Portugal* : quoique celui qui l'a bâti ait crû faire merveille en ne le conſtruiſant que de plâtre moulé en forme de brique, avec quelques ornemens d'Architecture, cependant il s'eſt trompé, car ce bâtiment ne contient rien qui flatte.

Plus loin est l'*Hôtel de Villars*, occupé aujourd'hui par le Maréchal du même nom qui l'a acheté. C'étoit autrefois l'*Hôtel de Navailles*, construit d'abord par *Jacques le Coigneux*, Président à Mortier. Cette maison est bâtie solidement, & a été augmentée & embellie considerablement.

Vis-à-vis est la maison d'*Auguieres*, nouvellement achetée du *Marquis de Rotelin*. Ce bâtiment est assez bien construit, les proportions en sont assez justes, & les appartemens tres bien ordonnez. *Auguieres* néanmoins a fait abbattre les dedans, pour y faire du changement & pour l'augmenter.

En tirant du côté de la barriere je rencontrai l'*Hôtel de Pompadour*. La distribution des appartemens est faite de maniere que tout y est commode. Cette maison est chargée de beaucoup d'ornemens qui ne font pas l'effet qu'on souhaiteroit.

J'entrai aprés cela dans la *ruë de Varenne*, qui tient d'un bout à une des barrieres des Invalides, & de l'autre à la *ruë de la Planche*, & qui coupe la *ruë du Bac*. La ruë de Varenne contient peu de maisons de consequence. On y voit celle du *Comte de Nogent*; elle est fort dégagée, & d'un bon goût. Le *Marquis d'Etampes* y en a aussi une qui n'est pas moins estimée.

A l'extremité de cette ruë, comme j'ai dit, est la *rue de la Planche*, qui vient se perdre dans la *rue de la Chaise*, au bas de laquelle sont les Petites-Maisons; la premiere de ces ruës n'a aucune maison qui merite qu'on s'y arrête.

J'ai déja parlé de la ruë de Saint-Pere, & dit ce qu'elle contenoit de curieux, si vous en exceptez l'*Hôpital de la Charité* qui en occupe l'extremité, & tient au coin de la *rue Taranne*. Cette maison commença son établissement en 1602. elle étoit située dans la ruë des Petits-Augustins, mais en 1606. on transfera cet Hôpital où il est aujourd'hui, & où il y avoit autrefois une Chapelle dédiée à saint Pierre, d'où la ruë de Saint-Pere a pris son nom.

Ce bâtiment est fort vaste & composé de trois longues Salles garnies de lits des deux côtez, sans les autres appartemens destinez pour les Religieux appellez les *Freres de saint Jean de Dieu*: ce sont eux qui servent les malades; on n'y reçoit que des hommes, qui y sont traittez dans la derniere propreté.

L'Eglise de cet Hôpital est fort simplement construite : on y voit quelques tableaux de *Gabriel Benoist*, & de *Jouvenel*, qui peuvent amuser assez agreablement. Le *Brun* en a fait un qui dément ses autres ouvrages, mais il est excusable en ce que, dit-on, c'étoit son premier ouvrage.

Le Pere Bernard mort en odeur de sainteté, est enterré dans cette Eglise : on y voit son tombeau, sur lequel ce pieux Prêtre paroît de grandeur naturelle, & dans une attitude d'un homme qui n'aspire qu'à Dieu.

La *rue Taranne*, dont je viens de parler, donne d'un côté dans la *rue du Sepulcre*, & de l'autre dans la *rue des Egouts*. Dans la premiere de ces ruës est l'*Hôtel de saint-Simon*, & plus bas l'*Hôtel Taranne*, d'où la ruë a pris son nom. Ces deux Hôtels n'ont rien capable d'arrêter un Curieux.

En continuant ma route j'entrai dans la *rue du Four*, où je ne trouvai rien qui me plût ; il y a bien l'Hôtel *Imperial*. C'est un Hôtel garni, une grande maison qui n'a rien de beau dans sa structure. La ruë du Four se termine vers la Place de saint Germain des Prez vis-à-vis la Justice du fauxbourg. C'est où se tient un marché de toutes sortes de denrées de bouche, qui s'étend aussi jusques dans la *rue de sainte Marguerite*, vis-à-vis le Portail de l'Abbaye, où j'entrai.

On appelle l'Eglise de cette Abbaye *saint Germain des Prez*, parce qu'anciennement ce n'étoit que des prez aux environs. Ce monument est fort ancien, puisqu'au rapport de l'histoire, c'est *Childebert* fils de *Clovis* qui l'a fondé. On a reconnu ce Monastere sous plusieurs noms ; on l'appelloit *sainte Croix & saint Vincent*, parce que le Prince son fondateur y avoit apporté une portion de la vraye Croix.

Ce qui reste de Childebert dans cette Eglise, est la Porte principale qui la termine, & le gros Clocher qu'on voit dessus. Cette Eglise est grossiere dans sa construction : son principal Autel est nouvellement bâti sur un dessein de tres bon goût. Il est isolé, & enrichi de figures tres bien disposées : la grille qui enferme le Chœur est aussi refaite entierement ; les dorures qu'on y a appliquées lui servent d'un grand ornement.

FIDELE.

Sur ce grand Autel paroît la Châsse de *saint Germain* Evêque de Paris; il mourut en 576. Le corps de cette Châsse est de vermeil doré, & chargé de plusieurs ornemens qui lui donnent beaucoup de grace; & quoique cette Châsse soit richement fabriquée, on peut dire que l'ouvrage en surpasse la matiere. C'est un present que l'*Abbé Guillaume* a fait à cette Eglise en l'an 1408.

Il n'y a rien de si curieux à voir que la menuiserie des chaises du Chœur, qui d'ailleurs est paré de tableaux d'un tres bon goût. Dans la Nef de l'Eglise on voit un grand jeu d'Orgues qu'on estime beaucoup; & aux côtez du Maître-Autel deux Chapelles construites sur de tres bons desseins.

Cet ancien monument renferme plusieurs tombeaux de personnes des plus illustres. *Chilperic*, *Fredegonde*, *Clotaire II.* & *Bertrude* y ont les leurs. Depuis ces Princes & Princesses, & pour venir à des temps moins reculez, ont été inhumez dans cette Eglise, le *Duc de Verneüil*, fils naturel de Henry IV. *Louis Cesar de Bourbon*, Comte de Vexin. Le cœur de *Casimir*, Roy de Pologne, Abbé de ce Monastere, &

N iiij

mort en 1669. son corps fut transporté en Pologne. On y lit les Epitaphes de tous ces grands personnages.

Dans la Chapelle de sainte Marguerite se voyent deux tombeaux chargez avec art de figures bien taillées: ils sont du dessein de *Girardon*, qui lui-même les a conduits à leur perfection.

Non loin de là on rencontre le tombeau du Comte *Ferdinand de Furstemberg*, neveu du Cardinal du même nom. Dans une Chapelle derriere le Chœur sont deux tombeaux où sont renfermez les corps de plusieurs personnes de la maison de *Duglas*, une des plus illustres qu'il y ait en Ecosse.

L'Eglise de cette Abbaye fut dédiée en 558. par saint Germain Evêque de Paris. Il y a dans la Sacristie des raretez antiques & de grand prix, & en si grand nombre, que les Curieux y trouveront de quoy se satisfaire.

La maison où demeurent les Religieux est considerablement restaurée depuis quelques années. Le Refectoire en est tres beau, & la Bibliotheque une des plus nombreuses qu'il y ait, & qui renferme ce qu'il y a de mieux choisi & de plus rare en livres: c'est aussi la plus riche en manuscrits.

Derriere l'Eglise de ces Peres se voit le Palais de l'Abbé, reparé & augmenté de beaucoup par le *Cardinal de Furstemberg*, pourvû alors de cette dignité. Le *Cardinal de Bourbon* en avoit fait jetter les premiers fondemens. Cette maison est fort agréable par les Bâtimens nouveaux qui ont été élevez en face.

De Bissi, Evêque de Meaux en est aujourd'hui Abbé.

Au sortir de cette Place j'entrai dans la *rue de Bussi*, vers la *rue des Boucheries*. Je n'y trouvai rien de quoy me satisfaire, ce qui fit que je passai vîte dans la *rue de saint André des Arcs*, qui va se perdre au bout du Pont saint Michel, & commence où se termine la rue de Bussi. Il y avoit autrefois une Porte de ce nom, mais elle a été abatuë en 1673.

Je laissai à gauche la *rue Mazarine*, autrefois appellée la *rue de Nesle*, du nom d'une Porte qui étoit à l'extrêmité du côté de la riviere. La premiere de ces ruës tire le sien du *Cardinal Mazarin* qui a fondé le College des Quatre-Nations.

Derriere cette rüe est la *rüe de Seine*. On y voit l'*Hôtel de la Reine Marguerite*. C'eſt un bâtiment ancien, nommé ainſi, parce que *Marguerite de Vallois* y avoit paſſé le reſte de ſes jours. C'eſt aujourd'hui un Hôtel garni.

La rüe de ſaint André des Arcs a ſon Egliſe Paroiſſiale de qui elle tient ſon nom. Cet Edifice n'étoit autrefois qu'une petite Chapelle ſous l'invocation de ce Saint, agrandie depuis quelques ſiecles en l'état où on la voit. Il n'y a rien de remarquable que quelques tombeaux de gens des plus illuſtres. *Chriſtophe & Jacques de Thou*, ſi renommez dans l'hiſtoire, y ſont enterrez dans une Chapelle à main droite en entrant. On y voit leur tombeau avec leurs Epitaphes gravées au-deſſus.

Dans le Chœur de cette Egliſe ſe voit une belle figure de marbre blanc, qui repreſente *Anne-Marie Martinezzi*, Princeſſe de Conty, morte le 4. Février 1672. *Armand de Bourbon, Prince de Conty, & François-Louis de Bourbon, Prince de la Roche-ſur-Yon,* y ſont auſſi enterrez.

Charles du Moulin, ce celebre Juriſconſulte, a ſon tombeau dans le Cimatiere de cette Eglise, nommée, comme on l'a dit, saint André des Arcs, d'un jardin où l'on s'exerçoit autrefois à tirer de l'arc. D'autres veulent, mais moins probablement, que ce nom lui est venu de quelques anciennes arcades d'un vieux bâtiment qui en étoit proche.

Le temps n'a pas encore si bien détruit un morceau que l'antiquité nous reservoit dans la ruë dont on vient de parler, qu'on n'y voye encore une porte sur laquelle est representé en sculpture un Elephant chargé d'une Tour. Elle appartenoit à *Jacques Coytier*, Medecin de *Louis XI*. & qui sçut trouver le moyen de s'enrichir, en tirant de ce Prince tout ce qu'il vouloit en le menaçant de la mort. L'Histoire raporte d'autres circonstances de cet adroit Medecin, que les bornes que je me suis prescrites dans cet Ouvrage ne me permettent pas de rapporter.

Proche de cette antiquité se voit l'*Hôtel de Châteauvieux*, qui a appartenu autrefois aux anciens Ducs de Bourgogne. Cette maison a un portail qui ne peut gueres moins compter d'années, que la Porte dont je viens de faire mention.

Aprés avoir satisfait ma curiosité sur tout ce que j'avois vû ce jour-là, je gagnai la *rue Dauphine* où est mon auberge, & qui aboutit d'un bout au Pont-Neuf, & de l'autre à la ruë de Buffi, où étoit autrefois la Porte de ce nom. La ruë Dauphine n'a rien de remarquable que plusieurs Hôtels garnis, où l'on donne à manger, & qui sont tres grossiers dans leur construction.

VII. JOURNE'E.

Autre Quartier de saint Germain, & le reste du Fauxbourg de ce nom.

L'Intervalle de cette journée à l'autre fut mêlé de bien des évenemens differens tantôt de joye, & tantôt de contre-temps tres fâcheux. On jugera sur le récit que j'en vais faire si j'avois lieu de tout craindre.

Il y avoit longtemps que deux Dames de ma connoissance me sollicitoient d'aller prendre un repas chez elles. C'étoit deux veuves qui demeuroient ensemble, femmes tres agréables, & fort enjoüées dans la conversation : enfin je leur promis un jour, & leur tins parole.

C'étoit à souper, & m'étant rendu chez elles, j'y trouvai de quoy faire partie quarrée. Bonne chere, bon vin, & encore meilleur visage, tout cela ne manquoit point à ce repas : petites chansons jolies, & bons mots y étoient entremêlez : enfin depuis le commencement jusqu'à la fin tout s'y passa le plus agréablement du monde.

Il étoit déja tard ; mais le temps dure-t-il en compagnie ? cependant il fallut se separer. Une heure aprés minuit sonnoit qu'on se divertissoit toûjours à table, qu'on quitta aussi-tôt. Nous soupions dans la ruë de saint Antoine : le quartier étoit un peu éloigné de mon auberge ; il est vrai que je ne fis pas seul le chemin jusques sur le Pont de Nôtre-Dame, où je quittai un jeune Cavalier avec lequel j'avois soupé.

J'étois à peine à cinquante pas de là que je vis deux hommes venir à moy, & me barrer le chemin par où j'allois : je m'en méfiai, & leur dis, Messieurs à qui en voulez-vous ? La bourse ou la vie, me répondirent-ils l'épée à la main. Moy aussi-tôt qui vis qu'il falloit là vaincre ou perir., je me mis en garde contre un mur pour mieux parer leurs coups. Nous nous battions à la lueur des lanternes; on ne ménageoit rien de part & d'autre, l'assaut étoit violent, lorsqu'un carosse qui venoit du côté du petit Châtelet, fit quitter prise à ces bandits.

Je ne songeai plus qu'à gagner mon auberge. Je marchois assez vîte, lorsque j'entendis derriere moy des gens qui précipitoient leurs pas : je doublai les miens, craignant que ce ne fût mes deux voleurs qui revinssent à la charge; je ne me trompai pas. Il n'étoit pas question pour lors de faire le brave, & de les attendre. Je gagnai une petite ruë qui me parut tres favorable par son obscurité pour éviter une seconde fois leur insulte. Ils avançoient à grands pas, & pour me dérober à leur poursuite, & les laisser passer, j'entrai dans une allée, dont par hazard je trouvai la porte entr'ouverte.

Je ne l'avois pas fermée à moitié, que j'entendis mes voleurs s'y arrêter, enragez qu'ils étoient d'avoir manqué leur coup. Franchement la frayeur me prit, & pendant qu'ils hésitoient s'ils entreroient ou non, (c'étoit un lieu suspect, dont ils étoient-les soûtiens, selon toutes les apparences) je trouvai un escalier que je montai doucement, résolu aprés tout de vendre ma vie s'il le falloit. A peine avois-je gagné le second étage, que les voleurs sembloient m'y suivre: je tiens mon épée nuë en cas de besoin; mais ces bandits s'étant fait ouvrir une porte au premier étage où ils avoient vû de la chandelle, ils y entrerent, & refermerent cette porte, ce qui me facilita ma sortie.

Echappé d'un danger où il y avoit tout à craindre pour moy, je gagnois mon auberge le plus vîte qu'il m'étoit possible: mais, comme on dit, un malheur n'arrive pas seul. A l'entrée de la ruë Dauphine du côté du Pont-Neuf, j'entendis quelqu'un qui s'étoit collé contre le mur pour mieux me surprendre en tournant, je m'en méfiai, & pris le milieu de la ruë en m'écartant.

Je n'y étois pas à peine entré, qu'un homme vient brusquement sur moy l'épée à la main, je recule deux pas, & m'étant donné un terrain fort large, je me sers de toute ma vigueur pour repousser les coups de mon ennemi. Il me blesse au bras gauche, ma fureur redouble, & lui ayant porté un coup au-dessous du sein, je le renverse. La vie, me dit-il, en me rendant les armes, pour peu qu'il me reste encore à vivre, quoique j'aye mérité la mort. Je suis Montalban ; j'ai voulu vanger Zerbine de l'insulte qu'on lui fit, & dont vous fûtes en partie la cause. A ces mots la pitié me prit, le nom de Zerbine, quoique infidelle, me desarma à son tour ; & prenant soin de Montalban, je le conduisis chez un Chirurgien qui nous pansa tous deux ; je lui laissai de l'argent, puis m'en allai me coucher. L'affaire fut secrete, Montalban ne mourut pas de sa blessure quoique dangereuse : il en resta deux mois au lit, & m'ayant rencontré un jour qu'il n'étoit que convalescent, il vint m'embrasser, me remercia encore, & me fit mille offres de service.

C'est ainsi que dans Paris on est exposé à bien des avantures perilleuses, lorsqu'on y pense le moins. Ma blessure, quoique legere, ne me permit pas si-tôt de suivre mon train ordinaire : mais en étant parfaitement guéri, je recommençai comme auparavant à suivre mon Guide.

De la ruë Dauphine nous entrâmes
dans

dans la ruë de Buffi jufqu'au *petit Marché*, puis de-là dans la *ruë du Four*, où nous trouvâmes une grande porte, qui fervoit d'entrée à une grande Place par où nous paſsâmes. J'appris que c'étoit l'endroit où ſe tenoit la *Foire de ſaint Germain*.

Elle ouvre le troiſiéme Février, & dure jufques à la ſemaine de la Paſſion. L'endroit où les Marchands ſont placez n'a de beau que les boutiques qui y ſont tres propres, beaucoup illuminées le ſoir, & remplies de riches marchandiſes, & de quantité de curioſitez, ce qui fait qu'on y vient en foule.

Cette Foire eſt franche tant pour les Marchands de dehors, que pour ceux de la Ville : les premiers, à la verité, n'ont que huit jours de cette franchiſe. Cette Foire eſt une Academie de jeu pendant qu'elle dure ; il s'y perd beaucoup d'argent. On y voit plusieurs ſortes de ſpectacles fort divertiſſans, principalement les *Danſeurs de Corde*, qui ſe ſignalent de plus en plus par leurs decorations de theâtre tres magnifiques, & leurs balivernes aſſaiſonnées d'un ſel qui fait rire. Cette Foire eſt un rendez-vous à bonnes fortunes, & où les coquettes sçavent des mieux plumer l'oy-son.

Je passai de là dans le bas de la ruë Tournon, dont je parlerai ailleurs ; j'entrai dans la *ruë du petit-Bourbon*, puis dans *saint Sulpice*. C'est une des plus grandes Paroisses de Paris ; il n'y a que le Chœur, dont l'architecture est grossiere ; les Chapelles qui sont autour n'ont gueres plus de quoy arrêter un Curieux. Entre tous les tableaux qui en font l'ornement, celui de *Halé* Peintre de l'Academie se distingue sur tous les autres: il represente l'apparition de Nôtre-Seigneur à la Madeleine sous la figure d'un Jardinier. Ce tableau est placé dans une Chapelle proche de la Sacristie, sur la porte de laquelle est un autre tableau representant saint Jerôme mourant. C'est une copie tres belle d'un des tableaux les plus estimez du *Dominicain*. Elle est de la main de *Gilbert de Sevé*.

Comme cette Paroisse est extremement étenduë, & remplie de beaucoup de gens de consideration & de merite, aussi y en a-t-il beaucoup qui y sont enterrez: en voici les noms.

Michel Marolles, Abbé de Villeloin, si connu par ses traductions. *Fran-*

çois *Blondel*, tres habile Mathematicien. *Barthelemy d'Herbelot*, auteur de la Bibliotèque Orientale, & plusieurs autres personnes de consideration.

Saint Sulpice, comme on en peut juger par la Nef, n'étoit qu'une Eglise fort mal bâtie; & de ce qui est bâti de nouveau, on en jetta les fondemens en 1646. puis on augmenta ce vaisseau en 1655. où il est resté ainsi qu'on le voit aujourd'hui.

A la descente de cette Eglise j'entrai dans la *ruë du vieux Colombier*: je laissai à droite la *rue des Canettes*, qui y aboutit, & continuant ma route, je trouvai à gauche le *Seminaire de saint Sulpice*.

C'est une maison qui a beaucoup d'étenduë, bien du logement, & pour la construction de laquelle on a dépensé de grandes sommes d'argent. On a l'obligation de ce Seminaire aux soins d'*Alexandre le Ragois de Bretonvilliers*, Curé de la Paroisse.

Ce qu'il y a de remarquable dans ce Seminaire est la Chapelle dont le plafond est peint par le *Brun*. C'est un de ses Ouvrages où il a apporté le plus d'art & de soin. On y voit l'Assomption de la Vierge. Le tableau de l'Autel a pour sujet la Descente du Saint Esprit: il est du même Peintre, & tres estimé des fins connoisseurs. Je ne trouvai rien de remarquable dans cette ruë que le monument dont je viens de parler.

A son extremité se voit la *Croix Rouge*, qui est un carrefour renommé depuis longtemps ; & vis-à-vis est l'*Eglise des Prémontrez*, qui n'est rien dans sa construction : c'est où commence presque la *rue de Seve*, qui s'étend jusques à la barriere.

Dans cette ruë on voit à gauche l'*Abbaye au Bois*, ainsi nommée, parce qu'anciennement cet endroit étoit planté de bois : cette maison n'a rien de remarquable.

Plus haut, & au coin de la *rue de la Chaise* est l'*Hôpital des Petites-Maisons*. Ce bâtiment a été fondé pour y nourrir & tenir enfermez ceux qui ont l'esprit blessé, & pour y entretenir de vieilles femmes qui y passent le reste de leur vie. C'est tout ce qu'il y a à remarquer dans cette maison.

Sur le même alignement en montant se voit l'*Hôtel des Incurables*, fondé par le *Cardinal de la Rochefoucault* en

1634. pour y soulager les malades de l'un & de l'autre sexe. Les Salles en sont assez bien bâties ; l'Eglise en est grande, mais de mauvais goût. *Jean-Pierre le Camus*, *Evêque du Belley*, y a son tombeau, ainsi que le nommé *Jean-Baptiste Lambert*, qui est un des bienfaiteurs de cette maison. Il n'y a rien de là jusques à la barriere qui merite d'être vû.

La *rue du Cherchemidy* est tout proche; quelques-uns disent *du Chassemidy*, mais mal. Elle commence au carrefour de la Croix-Rouge. On y trouve les *Filles du bon Pasteur*; c'est une Communauté qui subsiste par les charitez de bien des personnes pieuses. Elle fut fondée en l'an 1695.

Plus bas est le *Convent des Religieuses du Cherchemidy*, établies à Paris en 1634. Leur Eglise & leur bâtiment me parurent fort simples, c'est pourquoy je ne m'y arrêtai pas. On a depuis embelli cette ruë de quelques maisons assez d'apparence, mais l'Architecture en est d'un goût tres mauvais.

Je montai de-là par la *rue du Regard*, qui se termine à la ruë de Vaugirard. Dans la premiere on voit la maison du *Marquis de Vieuxbourg*; le deſſein en eſt aſſez bien recherché, & les proportions tres bien priſes. Cette maiſon eſt accompagnée d'un jardin qui en rend les vûës agréables. Je gagnai de là la barriere de Vaugirard, puis j'entrai dans la ruë de ce nom.

La *rue de Vaugirard* eſt fort longue, elle prend à cette barriere, & va finir à la ruë des Foſſez de Monſieur le Prince. La premiere choſe que j'y trouvai à gauche, fut le *Convent des Carmes Deſchauſſez*. Il fut fondé en 1611. Ces Religieux ſuivent la réforme établie en Eſpagne par ſainte Thereſe, de l'Ordre du Mont-Carmel. Ils ſont redevables de ce qu'ils ont aux liberalitez de pluſieurs particuliers; & principalement aux bienfaits de *Pierre Seguier*, Chancelier de France.

L'Egliſe de ces Peres eſt fort riante, quoique d'une Architecture mal entenduë. On y eſtime la peinture du Dôme, qu'on tient être trop reſſerré.

Les deux Chapelles ſous le Dôme meritent qu'on s'y arrête. Celle qui eſt à droite eſt dédiée à ſainte Thereſe: la conſtruction en eſt aſſez particuliere, les ornemens des mieux conduits, &

d'un dessein fort bien inventé.

L'autre Chapelle qui est vis-à-vis est dédiée à la sainte Vierge, dont on voit une figure en marbre blanc, tres bien travaillée, & dans une attitude d'un bon goût. Tout est riche dans cet ouvrage du côté de l'art, & rien n'y dément le ciseau de l'habile Sculpteur qui l'a taillée.

Plus bas sont les *Filles du Sang précieux*. L'Eglise & la maison sont anciennes & mal bâties.

On trouve plus avant la *rue Cassette*, qui aboutit à la rüe du vieux Colombier. Dans la premiere se voit le *Couvent des Filles du saint Sacrement*, fondé par *Marguerite de Lorraine*, seconde femme de Gaston de France Duc d'Orleans. L'Autel principal de leur Eglise a de quoy amuser en quelque façon un Curieux, tant par sa menuiserie, ses peintures, que par sa Sculpture.

Non loin de là est la *rue Pot-de-fer*, qui donne dans la rüe du vieux Colombier. J'y vis le *Noviciat des Jesuites*, dont l'Eglise merite l'attention d'un Curieux. Ce vaisseau n'est pas grand à la verité, mais l'architecture y est des mieux ordonnée, tout y est traité avec art. Elle est du dessein de *Martel Ange*, Frere

Jesuite, & d'ailleurs connu pour un fort habile Architecte.

On voit sur le grand Autel de cette Eglise un tableau du *Poussin*, qui represente *saint François Xavier* au milieu de plusieurs personnes, à la vûë desquelles il fait des miracles. On peut dire que le Peintre y a excellé, & que c'est un Ouvrage estimé generalement de tous ceux qui se connoissent le mieux en peinture.

Les Chapelles de cette Eglise ont aussi quelque chose de considerable. Les tableaux qui en font l'ornement ont été faits par *Voüet*, *Jacques Stella*, & *Champagne*, tous trois Peintres en tres grande reputation.

C'est aux liberalitez de *François Sublet de Noyers*, Secretaire d'Etat, que les Peres de la Compagnie de *Jesus* sont redevables de ce monument, ainsi que de leur maison, que ce pieux personnage fit bâtir à ses dépens.

Dans la même ruë de Vaugirard en continuant ma route, je trouvai le *petit Luxembourg*. Cette maison appartient aujourd'hui à la Princesse de Condé Doüairiere, qui l'a fait augmenter & embellir considerablement. C'est Boffran habile

habile Architecte qui en a eu la conduite.

D'un côté est le *Convent des Religieuses du Calvaire*. Marie de Medicis le fonda en 1620. Il n'y a rien de remarquable dans ce lieu. Ces Religieuses vivent sous l'Ordre de saint Benoît.

De l'autre vers la ruë de Tournon se voit le superbe *Palais du Luxembourg*, dit autrement le *Palais d'Orleans*, bâti de fond en comble par les soins & la dépense de la Reine *Marie de Médicis*. On peut dire qu'on n'a rien vû en architecture de mieux entendu ni de plus regulier que ce Bâtiment : on n'y voit que du grand sans confusion, & digne de *Jacques de la Brosse*, un des plus fameux Architectes qui jamais ayent paru.

Ce Palais est fort vaste, composé d'une grande cour, & d'un grand corps-de-logis dans le fond, accompagné de quatre pavillons, & d'un corps avancé au milieu, où l'escalier est construit. On voit à droite & à gauche de la cour de ce Palais deux grandes galeries, dont l'une qui est à droite en entrant, a été peinte par *Paul Rubens*, Peintre qui de tout temps a été tres en reputation. Il n'y a pas un tableau dans cette galerie qui ne

P.

soit un Ouvrage achevé, & digne de la curiosité des gens de bon goût.

Cette magnifique maison est accompagnée d'un Jardin d'une tres grande étenduë. Il est vrai qu'aujourd'hui il ne répond pas à la magnificence de ce Bâtiment, & qu'il est même negligé en bien des endroits : mais il faut esperer qu'un jour on lui donnera tous les ornemens qui y conviennent. C'est une promenade publique, & dont l'air est fort salubre. Outre sa principale entrée, il en a encore une du côté de la ruë d'Enfer.

Vis-à-vis la façade de ce Palais se voit la *ruë de Tournon* ; elle est large & fort droite, ce qui ne contribuë pas peu à découvrir le Palais magnifique dont je viens de parler.

Dans cette ruë je trouvai l'*Hôtel des Ambassadeurs Extraordinaires.* C'est un Bâtiment ancien, qui n'a rien de considerable : je dirai seulement que c'est là où les Ambassadeurs Extraordinaires sont logez & traittez aux dépens du Roy durant trois jours, lorsqu'ils font leur Entrée pour leur premiere Audience.

Au-dessous & dans la même suite étoit autrefois l'*Hôtel de Vertadour.* Cette maison appartient aujourd'hui à *Char-*

train, Tresorier des Etats de Bourgogne, qui l'a fait restaurer considerablement.

Plus bas est la maison de *Jean-Baptiste Terat*, Chancelier de Monsieur le Duc d'Orleans. Elle a été bien augmentée & embellie par ce Magistrat. Il n'y a rien de mieux entendu que les appartemens, & l'architecture qu'on voit sur la principale porte.

J'entrai ensuite dans la *ruë de Condé*, autrement dite, la *ruë neuve de saint Lambert*: J'y vis l'*Hôtel de Condé*, lequel, à le bien considerer, n'a rien de remarquable dans toute sa structure: c'est une masse de materiaux élevez & rangez sans aucun goût. Il est vrai que les appartemens de cette maison sont très bien distribuez, & tres richement ornez; elle est accompagnée d'un Jardin assez propre. On voit dans cette ruë d'autres maisons assez bien bâties pour des particuliers; ainsi que dans la *ruë des Fossez*, derriere l'Hôtel de Condé, qui anciennement appartenoit aux *Ducs de Retz*, qui l'ont fait construire en partie.

Au bas de la ruë de Condé est une autre *ruë des Fossez saint Germain*, qui répond d'un côté à la ruë de Bussi, & de l'autre vers la *ruë des Bouche-*

ries : on l'appelle communement aujourd'hui la *ruë de la Comedie*, à cause que la troupe des Comediens François y a fait construire un tres beau theâtre. C'est tout ce qu'il y a à considerer dans cette ruë.

Je gagnai la *ruë des Cordeliers*, & laissai à gauche la *ruë du Paon*. La premiere commence à la ruë de la Comedie, & finit vers saint Côme : celle-cy aboutit à la *ruë du Jardinet*, proche la *ruë de l'Eperon*.

Dans la ruë des Cordeliers se voit le Convent de ce même nom. son Portail est bâti sur la *ruë de l'Observance*, qui finit sur la ruë des Fossez de Monsieur le Prince.

Ce Convent est fort ancien, puisque les fondemens en furent jettez en 1217. lorsque *saint François*, l'Instituteur de ce grand Ordre, vivoit encore à Assise. L'Eglise est fort ancienne, & d'une architecture fort grossiere. Il n'y a de particulier chez ces Religieux que leur nouveau Cloître, bâti en 1683. Il est fort grand, & environné de fort beaux Coridors voûtez, & chargez des Armes des bienfaiteurs de cette maison.

On estime encore le Refectoire de ces

Religieux & leur Bibliotheque, qui, dit-on, est assez curieuse. Il y a eu dans leur Eglise plusieurs personnes de considération enterrées ; entr'autres, *Dom Antoine, Bâtard de Portugal*, mort en 1595. *Guillaume de la Moignon*, Premier Président au Parlement de Paris, mort en 1677.

On voit aussi plusieurs tombeaux dans cette Eglise. Il y a une urne faite par *Girardon*, elle est dans la Chapelle de *Bullion*. Les Curieux la trouvent d'un bon goût. Le grand-Autel a été restauré en 1703. mais tous les ornemens dont il est chargé y sont mal entendus.

Plus haut que ce Monastere se trouve la *Maison de saint Côme*. C'est où tous les Chirurgiens tiennent leurs Assemblées, & où l'on va pour les consulter sur differentes maladies : c'est aussi dans ce lieu qu'ils font des anatomies sur des cadavres humains.

En avançant du côté de la ruë de la Harpe, je trouvai l'*Eglise de saint Côme*. C'est une Paroisse qui est assez bornée, & dont la construction est fort grossiere. *Pierre du Puy*, Conseiller du Roy & Bibliotequaire de Sa Majesté, y est enterré.

Je finis ma course par la *rue Haute-feüille*, qui aboutit aux Cordeliers, & au coin de laquelle se voit l'*Eglise du Prémontrez*. Cette maison est un College où les Religieux de cet Ordre viennent pour prendre des degrez. Il n'y a de remarquable dans leur Eglise que la menuiserie & la grille qui est d'un assez bon goût.

VIII.ᵉ JOURNÉE.

Quartier de l'Université, & le Faux-bourg de saint Jacques.

IL faut avoüer que Paris est la ville du monde où l'on trouve le plus de quoy survenir à ses besoins. Rien n'y manque : plaisirs de toutes sortes, curiositez, jusques aux ressources pour avoir de l'argent ; car sans argent on est partout bien embarassé.

Ce n'est pas que rien me manquât pour vivre ; mais pour un Etranger qui vient exprés pour voir Paris, suffit-il de boire & de manger ? N'y a-t-il pas d'autres plaisirs à goûter, convenables à tout âge ? Voila le nœud qui me tenoit ; je n'avois plus d'argent, j'avois déja fait quelques emprunts, je n'osois plus retourner à la charge ; comment faire dans un lieu dont les secrets pour en avoir m'étoient inconnus ?

Je me trouvai un jour fort intrigué sur l'article, lorsque tout rêveur que j'étois dans ma chambre, je vis entrer Orphise : c'étoit une intriguante merveilleuse, de ces femmes adroites qui se fourent par-tout où elles sentent tirer du profit. Elle s'avança vers moy, & me dit : Monsieur, vous voilà bien pensif aujourd'hui. Tu as raison, Orphise, lui répondis-je, (on agissoit avec elle sans façon) je n'ai point d'argent ; si tu voulois m'indiquer quelque ressource, tu me ferois bien plaisir. Je croyois me railler, quand tout d'un coup elle me dit : Ouy-dà, Monsieur. Je la regardai en riant. Il n'y a pas à rire, poursuivit-elle, si vous voulez, je vous ferai trouver de l'argent avant qu'il soit nuit. Parbleu, ma pauvre Orphise ; je t'aurois bien de l'obligation, lui dis-je. Enfin nous vinmes au fait, il fallut l'interesser, sans cela point de service ; c'est de quoy vivent les intriguantes à Paris.

Orphife qui y trouvoit son compte me tira à quartier, & me demanda si je n'avois point quelque chose à mettre en gage ; que c'étoit une affaire de la main à la main, & que je ne devois rien craindre pour la sûreté de mon gage. La proposition me convint ; j'avois besoin d'argent ; il devoit bien-tôt m'en venir, & sur cette assûrance, je pris ma tabatiere qui valoit bien quatre cens écus ; elle étoit d'or, enrichie de brillans.

Nous voila partis pour aller faire affaire ; Orphife me mene chez une de ces femmes qu'on appelle *Prêteuses sur gages* : J'entre, j'y vois bel appartement, beaux meubles, une grosse Madone d'assez belle prestance, bien vêtuë : tout cela me donna dans la vûë, & me fit juger que je n'avois rien à craindre pour ma tabatiere.

Madame Pernelle, c'étoit le nom de la femme en question, nous fit beaucoup d'honnêtetez ; je tire ma tabatiere, elle la considere, je lui demandai dessus cinquante pistolles. Je le veux bien, me dit-elle, Monsieur, mais... Je vous entens, Madame, lui repliquai-je ; eh bien convenons des faits. Monsieur, volontiers ; vous sçavez que c'est à la semaine que cet argent se prête: A la semaine, soit; qu'y a-t-il pour vous ? Faut-il vous parler en conscience ?, me repondit elle d'un air serieux, je ne prens que cinq sols par écu; les cinquante pistoles font vingt-cinq livres par semaine. Ah, Madame Pernelle, lui dis-je, cela est un peu bien violent. Bon, Monsieur, vous mocquez-vous ? vous devez avoir obligation de cela à Madame, qui est de mes amies. Lorsqu'on me demande en conscience, je n'ai qu'un mot, oui, ou non: nous sommes plus couchez que debout, Monsieur: c'est ici la ressource des enfans de famille qui ont besoin d'argent; & si je vous faisois voir tous les gages que j'ai en dépôt, vous jugeriez par-là de ma probité: je suis honnête femme.

Il m'en fallut passer par où Madame Pernelle voulut. Je lui donne ma tabatiere, elle me compte cinq cent livres, sur quoy elle prit d'abord son contingent. Adieu, Madame Pernelle, lui dis-je, jusqu'au revoir.

Un mois s'écoula sans pouvoir retirer ma tabatiere: la conscience de Madame Pernelle m'inquietoit de tems en tems; & jusqu'à ce que je reçûs une lettre de change de mille écus qui me tira d'intrigue. J'allai aussi-tôt reprendre mon gage, dont la garde en conscience me coûta cent francs pour un mois. Voilà de ces ressources qu'on trouve à Paris, & qui menent souvent l'emprunteur à l'hôpital, & le prêteur à la Gréve, & de ces intriguantes qui vous perdent pour vous faire plaisir. Commençons le détail de nôtre huitiéme journée.

Mon Guide me conduisit d'abord dans la *rue de la vieille Bouclerie*, qui prend du Pont saint Michel jusqu'à la *rue de la Harpe* que j'enfilai, & où je trouvai à main gauche en montant un bâtiment fort antique & ruïné. Quelques Auteurs veulent que ç'a été autrefois le Palais de l'*Empereur Julien*, nommé anciennement la *Maison des Thermes*. C'est à la Croix de fer, où l'on voit ce monument qui peut donner matiére à raisonner aux Antiquaires, & de quoy contenter l'esprit d'un Architecte curieux de voir comment les Anciens qui se mêloient de bâtir, entroient dans la fabrique & la recherche des materiaux.

Je passai de-là devant quelques petits Colleges, & celui d'Harcourt, dont je parlerai dans l'article qui les regarde, ainsi que de la Sorbonne que je laissai à gauche pour gagner la *Place de saint Michel*. Il y aboutit quatre rues ; sçavoir la *rue de la Harpe*, & la *rue des Fossez de Monsieur le Prince* dans le bas ; & dans le haut, la *rue des Fossez*, & la *rue d'Enfer*.

Dans cette derniere il y a une porte pour entrer dans le Jardin du Luxembourg, & plus haut du même côté deux maisons contiguës l'une à l'autre, & bâties assez proprement.

De l'autre côté de cette ruë se voit le *Couvent des Feüillans*, sous le titre des *Anges-Gardiens*. C'est une petite maison tres simple, & dont on jetta les premiers fondemens en 1631.

Plus haut, & de l'autre côté est la *Maison des Chartreux*, où étoit autrefois le *Château de Vauvert*. On dit qu'il y avoit des Diables qui l'habitoient : mais qu'ils en furent chassez par les prieres, les jeûnes & les mortifications de ces Religieux, si-tôt qu'ils se furent emparez de ce Château que *saint Loüis* leur avoit donné. Voila la commune opinion au sujet des Diables, mais les Historiens les plus éclairez n'y donnent point créance.

L'Eglise des Chartreux n'a rien qui

mérite y faire attention ; c'est un vaisseau bâti fort grossierement. Les chaises des Religieux sont fort belles & bien travaillées ; on estime encore plus celles des Freres.

On y voit plusieurs tableaux d'un trés bon goût. Les Peintres qui les ont faits sont, *Boulogne* l'aîné, *Jouvenel*, *Boulogne* le jeune, *de la Fosse*, *Audran*, *Coypel* pere, *Coypel* fils, *Corneille* & *Champagne*.

Ceux qui se connoissent en Architecture font cas du petit cloître qui se voit à côté de l'Eglise. Il est orné de tableaux & de peintures, qui sont de tres beaux ouvrages, & dignes d'*Eustache le Sueur* qui les a faits.

On voit dans cette maison un Cimetiere autour duquel sont bâties les Cellules des Religieux. Leur réfectoire est beau ; ils n'y mangent que les Fêtes & les Dimanches, & selon l'Ordre de *saint Bruno* qu'ils suivent, il ne leur est point permis de sortir de leur maison, ni de recevoir des visites qu'à certaines heures prescrites.

Dans ce même quartier de l'autre côté est la *Maison des Religieuses de Port-Royal*, de l'Ordre réformé de *saint*

FIDELE. 181

Bernard. Leur Eglise est petite, mais elle n'en merite pas moins pour cela l'attention des Curieux. Elles sont redevables en ce lieu de leur établissement à la Reine *Anne d'Autriche.* C'étoit autrefois l'*Hôtel de Clugny.*

Champagne, fameux Peintre a fait le tableau de l'Autel. C'est un chef-d'œuvre au sentiment des fins connoisseurs, il represente la Cene. On en voit encore deux autres qui sont de lui, dont l'un a pour sujet une Vierge copiée d'après *Raphael*, & l'autre la Samaritaine.

En continuant la même ruë, jusqu'à la *rue de saint Jacques*, je trouvai vis-à-vis le *Couvent des Capucins*, qui ne contient rien de considerable.

Plus bas est la magnifique *Maison du Val-de-Grace.* Les Religieuses, qui l'occupent suivent l'Ordre de *saint Benoist*: elles sont réformées, & cette réforme est dûë à *Marguerite d'Arbouze*, Religieuse du même Ordre, qu'*Anne d'Autriche* fit venir de Lyon exprés.

On jetta les premiers fondemens de cette maison en 1645. Ce fut le Roy lui-même qui posa la premiere pierre. Il y eut plusieurs Architectes de commis pour la perfection de ce grand Ouvrage, qui a coûté des sommes immenses : mais aussi cet Edifice a des beautez dignes de l'attention des plus curieux.

Quant à l'interieur de l'Eglise, le principal Autel est d'un dessein tres recherché : On y voit l'*Enfant Jesus* dans la Crêche, à côté duquel sont la Vierge & saint Joseph, le tout d'un tres beau marbre & bien taillé, & dans une attitude des mieux étudiées. Ces figures sont accompagnées d'un tabernacle tout doré, qui y donne un relief.

Le dedans de cet Edifice ne dément rien du dehors : belles peintures, sculpture d'un bon goût, & plusieurs autres ornemens n'y manquent point. La Peinture à fresque du Dôme est une chose à voir pour sa beauté. Il porte pour sujet la Gloire des Bien-heureux dans le Ciel. C'est *Pierre Mignard* qui en a donné les desseins, & qui les a executez.

Il y a une Chapelle à gauche dans laquelle reposent les Cœurs de plusieurs Princes & Princesses du Sang, & particulierement de la Reine *Anne d'Autriche*, aux pieuses intentions de laquelle ces Religieuses sont redevables de leur Monastere. Il y a encore d'autres Chapelles qui ne font point achevées.

Le Convent n'est pas moins magnifique dans sa construction : les dortoirs en sont fort beaux, & les cellules tres bien distribuées. Le *Val-de-Grace* est une Abbaye Royale; l'Abbesse s'en fait par élection des autres Religieuses, & ne dure que trois ans.

Au sortir de ce bâtiment magnifique j'allai voir l'*Eglise des Carmelites*. J'avouë que le Val-de-Grace a de grandes beautez; mais aussi qu'il y a ici des peintures qui enchantent. Disons quelque chose de ces Religieuses, avant que d'entrer dans le détail de ce qui fait l'ornement de leur Eglise.

Les *Carmelites* sont de la reforme de sainte Therese. Cette maison est la premiere de cet Ordre qu'on ait établie en France, ce qui arriva en 1604.

L'Eglise de ce Monastere est d'un dessein fort grossier dans sa construction. Elle est fort ancienne, s'il est vrai, comme on le rapporte, qu'elle ait été un temple dédié à la *Deesse Cerés*. Il y a des Auteurs qui détruisent cette opinion : mais quoiqu'il en soit, son antiquité n'est que trop avérée. Le corps du bâtiment comme on le voit aujourd'hui, a été construit sous le regne de *Robert le Religieux*.

Il n'y a point d'Eglises dans Paris plus richement parées que celle des Carmelites : on y voit beaucoup de tableaux tous d'une beauté singuliere, & sortis des mains des plus habiles Maîtres en cet art. Il y en a douze rangez, six d'un côté, & six de l'autre, & dont les sujets sont tirez du Nouveau Testament.

Sur l'Autel principal de cette Eglise est placé un tabernacle qui est tout d'argent ciselé : il represente l'Arche d'Alliance. Le dessein en est beau & tres bien travaillé. Les Chapelles de cette Eglise répondent assez aux riches ornemens de cet Edifice. Les fermetures sont d'une menuiserie d'un bon goût, & tres bien dorée.

Dans la Chapelle dédiée à Madeleine Penitente, on voit à genoux la statuë du *Cardinal de Berule*, posée sur un pied-d'estal : le tout est de marbre, & travaillé avec tout l'art & la délicatesse possible.

On lit dans cette Eglise les Inscriptions de quelques Illustres dans les Belles-Lettres, qui y sont enterrez : tels sont

Fran-

François Vautier, mort en 1652. & *Antoine Varillas*, en 1696. Ce dernier a immortalisé son nom, par le grand nombre d'Ouvrages qu'il a donnez au Public. *Edouard le Camus* y est aussi enterré. C'est un de ceux qui a le plus contribué à l'embelissement de cette Eglise.

Fort content d'avoir vû l'Eglise des Carmelites, je poursuivis mon chemin, & entrai dans l'*Eglise des Benedictins Anglois*. Elle est petite, & n'a rien de particulier dans sa construction. On en jetta les fondemens en 1677. vingt ans après leur établissement à Paris.

Sur la même ligne je vis les *Feüillentines*. Leur Eglise n'a rien de remarquable. L'Autel en plaît assez. Ces Religieuses sont de l'Ordre de Citeaux réformé. La Reine *Anne d'Autriche*, à laquelle elles doivent leur établissement à Paris, les fit venir de Toulouse en 1622.

On trouve plus avant & du même côté le *Convent des Urselines*. Il n'y a dans leur Eglise que l'Autel qui merite attention ; il est orné d'un tableau dont le sujet est l'Annonciation. *Van-Mol*, Peintre fameux, & Flamand d'origine, est celui qui l'a peint ; on l'estime assez.

L'Institut de ces Religieuses est d'instruire de jeunes filles. Elles ont l'obligation de leur fondation à *Mademoiselle de Sainte-Beuve*.

En marchant on trouve de l'autre côté le *Seminaire de saint Magloire*, occupé aujourd'hui par les Peres de l'Oratoire. On y instruit les jeunes Ecclesiastiques dans ce qui regarde les ceremonies de l'Eglise. Cette maison a bien vû des changemens, parce qu'elle est fort ancienne. Elle fut d'abord un Hôpital pour les Pelerins de saint Jacques qui tomboient malades. Ensuite elle fut donnée aux Religieux de saint Benoist, puis aux Peres qui en sont aujourd'hui en possession. Il n'y a rien de remarquable dans ce Seminaire.

Tout proche est l'*Eglise de saint Jacques du Haut-pas*. C'est la Paroisse du Fauxbourg. L'Eglise est nouvellement bâtie : l'Architecture en est mal entenduë ; il n'y a que le Portail qui est d'un meilleur goût. Cette Eglise est redevable de son embelissement à *Anne-Genevieve de Bourbon Condé*, femme du *Duc de Longueville*, parce que cette Princesse a beaucoup contribué à la dépense.

Plus avant & de l'autre côté se voyent les *Filles de la Visitation de sainte Marie*. Il n'y a rien à remarquer que le tableau de leur Autel ; c'est un Ouvrage de le *Brun*. Ainsi sans m'arrêter beaucoup à ce Convent, je poursuivis mon chemin, & je laissai à droite l'*Estrapade*, qui est une grande Place où l'on donnoit autrefois l'estrapade aux deserteurs. Cette sorte de supplice est aujourd'hui abolie, quoique le nom en ait resté à cette Place ; où l'on punit encore les deserteurs d'une autre maniere.

Plus avant je trouvai l'*Eglise de saint Estienne des Grés*, une des plus anciennes de Paris ; puisque, si l'on en croit quelques Historiens, c'est saint Denis Evêque de cette Ville qui l'a fondée. C'est tout ce qu'on en peut remarquer de particulier : elle aboutit d'un côté sur une ruë à laquelle elle a donné son nom.

De là j'allai aux *Jacobins* non réformez : Leur Eglise, par ce qu'on en voit, marque beaucoup son antiquité. L'histoire rapporte qu'elle fut fondée en 1217. auquel temps vivoit *saint Dominique*, dont ces Religieux suivent la Regle, & qu'ils furent nommez *Jacobins* du nom de *saint Jacques le Majeur* auquel cette

Q ij

Eglise étoit d'abord dédiée, lorsque le Doyen de saint Quentin en Vermandois la leur ceda.

On voit dans cette Eglise plusieurs tombeaux, entre lesquels se remarque celui de *Humbert*, dernier Prince Souverain du Dauphiné, qui se fit Religieux de cet Ordre pour des raisons diverses que rapportent les Historiens; il mourut en 1345.

Il y a encore dans une des Chapelles de la nef le tombeau de *Nicolas Coeffeteau*, qui a fait l'Histoire Romaine, & celui de *Jean Passerat*, Professeur Royal en Eloquence. On voit encore dans le Chœur quelques tombeaux de Princes bienfaiteurs de cette maison.

L'Eglise des Jacobins est d'une architecture fort grossiere. On en estime assez le Maître-Autel, parce que le dessein en est juste. C'est le *Cardinal Mazarin* qui l'a fait construire. Les Curieux en fait de tableaux font grand cas de celui qui est au-dessus de la porte du Chœur. C'est un Ouvrage de *Valentin*: il porte pour sujet la Naissance de la Vierge.

La Chapelle du *saint Rosaire* est à côté du grand Autel & dans la nef; elle est décorée d'une menuiserie d'assez bon goût, avec une dorure qui la relève.

Ce qu'il y a encore de curieux dans la maison de ces Peres est la Chaire de saint *Thomas d'Aquin*, qui y a debité de si grandes veritez. C'est dans cette maison aussi qu'il a enseigné la Theologie; la Classe où il donnoit ses leçons se voit proche de l'Eglise. Je considerai avec plaisir ces antiquitez.

Je descendis de-là dans la même ruë de saint Jacques, où je trouvai à droite le *College des Jesuites*, puis celui *du Plessis*. Je ne dis rien ici de ces deux Colleges, me reservant d'en parler en leur lieu, de même que du *College de Cambray* & du *College Royal* qui en est proche. Ils sont tous deux situez sur une Place appellée la *Terre de Cambray*.

De l'autre côté du College Royal est saint *Jean de Lairan*. C'est une Commanderie qui dépend de l'Ordre de Malte. On y voit une grande Place, remplie de maisons dont on tire un gros revenu. Ce lieu est franc pour tous les artisans qui y veulent travailler, sans qu'il soit besoin de maîtrise.

De-là je regagnai la ruë de saint Jacques, & entrai dans *Saint Benoist*, Paroisse & Collegiale, dépendante du Chapitre de Nôtre-Dame. L'Eglise en est fort ancienne, & tres grossierement bâtie. C'étoit autrefois une Abbaye sous le titre de *saint Baque.*

Il y a dans cette Eglise plusieurs personnes de distinction enterrées. *Claude Perrault,* de l'Académie Royale des Sciences; *Charles Perrault* son frere, de l'Académie Françoise, & *Jean-Baptiste Cotelier,* homme tres sçavant, y ont leur sepulture.

Au sortir de saint Benoist, je descendis dans la *rue des Mathurins,* qui a pris son nom des Religieux qui y ont leur Eglise. Ces Peres sont de l'Ordre de la Trinité, de la Redemption des Captifs : ils sont obligez d'aller racheter les Esclaves Chrétiens dont les Infideles se sont saisis.

On connût d'abord ces Religieux sous le nom de *Freres-Asnes,* parce que lorsqu'ils voyagoient il ne leur étoit pas permis de prendre d'autres voitures que ces animaux. Dans la suite des temps ils changerent de nom, & on les appella pour lors *Freres de Corfroi*; c'est là que s'est faite leur premiere Institution, puis on les nomma *Mathurins.*

Leur Eglise n'a rien de remarquable pour sa structure. On estime beaucoup le tabernacle du grand Autel, & pour les Chapelles qu'on y voit, elles sont assez bien ordonnées. On voit dans le Cloître de ces Peres le tombeau de *Sacro-Bosco* celebre Mathematicien, & celui de *Cujas*, le plus fameux Jurisconsulte qui jamais ait été ; il mourut en 1543.

Plus avant en tirant du côté de la ruë de la Harpe, est l'*Hôtel de Cluni*. C'est une maison fort ancienne, bâtie par le *Cardinal Georges d'Amboise*, mort en 1510. Elle appartient à l'Abbaye de Cluni. Si cet Hôtel n'a rien de remarquable dans sa structure, du moins est-il tout des plus logeables pour des personnes de consideration.

Au coin de la *ruë des Noyers*, qui rend à la ruë saint Jacques, se voit la petite *Eglise de saint Yves*. Elle est fort ancienne, & n'a rien de plus qui puisse arrêter un Curieux.

En continuant mon chemin j'entrai dans *saint Severin*, Paroisse Archipresbiterale, parce que le Curé a le titre d'Archiprêtre. Cette Eglise est fort ancienne, & bâtie d'un goût gotique qui ne plaît point à present. Le Maître-Autel est du dessein de le *Brun*. C'est *Mademoiselle de Montpensier* qui a fourni de quoy l'élever.

Il n'y a rien d'ailleurs de remarquable dans cet Edifice, où sont inhumez *Scevole* & *Louis de sainte Marthe*, si connus par leurs Ouvrages; ils étoient freres jumeaux. *Louis Moreri*, qui a jetté les premiers fondemens du Dictionnaire historique, y est aussi inhumé.

Non loin de là est le *petit Châtelet*, bâti, selon quelques-uns, du temps que Cesar vint à Paris, & selon d'autres, par le Roy *Robert Religieux*, qui le fit restaurer & augmenter pour servir de dépôt aux grands trésors qu'il avoit amassez pendant son regne. On prétend aussi que *Hugues Aubriot* Prevôt de Paris, le fit réparer pour arrêter les incursions que les Ecoliers de l'Université faisoient sur les Bourgeois.

Cette ancienne maison est à present une prison. On rapporte qu'il y avoit autrefois des tours, qu'on a abatuës pour faire la terrasse qui sert de promenade aux prisonniers.

Je passai de là dans la *ruë de la Bucherie*, qui prend à Petit-Pont, & va jusques à la Place Maubert. A droite se voit la petite ruë de *saint Julien le Pauvre*, où est une Chapelle du même nom dans une petite cour à gauche. C'étoit autrefois un Hôpital où Grogoire de Tours, fameux Historien, dit qu'il logea.

J'enfilai de là une petite allée qui me conduisit dans la *ruë Galande*, qui perd son nom à la *Place Maubert*, & qui commence vers la fontaine de saint Severin.

La Place Maubert commence depuis le pavé qui descend à la riviere, & s'étend jusqu'au pied de la Montagne de sainte Genevieve. Cette Place est le lieu où se tient un des plus grands marchez de Paris le Mercredi & le Samedi ; & on y vend tous les jours quantité de denrées necessaires à la vie : c'est aussi quelquefois le theâtre fatal des criminels qu'on y fait mourir.

Au commencement de la Montagne de sainte Genevieve, je trouvai l'*Eglise des Carmes*, où j'entrai. C'est un monument antique, bâti fort grossierement, & fondé par *saint Loüis*, qui tira ces Peres de la Palestine pour les établir à Paris.

Le grand Autel a été depuis peu restauré de marbre, mais le dessein sur lequel il a été élevé n'est point estimé des

Curieux, non plus que leur maison.

Au sortir de ce Convent, j'allai le long de la Montagne à *saint Estienne du Mont*, je laissai à gauche les *Colleges de la Marche* & *de Navarre*, dont il sera parlé en leur lieu, ainsi que de celui de l'*Ave Maria*. A droite & audessus des Carmes est le *College de Laon*, puis la *ruë Judas*, & plus haut la *ruë des Amandiers*, où il y a le *College des Grassins*, que je n'oublirai pas à l'article des Colleges.

Pour revenir à *S. Estienne du Mont*, c'est une Paroisse fort étenduë ; l'Eglise a son merite particulier. Elle fut commencée sous François I. & ne vint à sa perfection que longtemps aprés. La Reine *Marguerite de Vallois* y a beaucoup contribué par ses pieuses liberalitez.

Le Portail de cette Eglise est assez bien travaillé, ainsi que le dedans qui est fort éclairé. L'Autel du saint Sacrement merite l'attention des gens de bon goût, ainsi que la Chaire du Predicateur, qui est un des meilleurs morceaux de menuiserie qu'il y ait. La sculpture dont elle est chargée y répond trés bien. Elle est de *Claude Lestocart* d'Arras, qui l'a executée sur les desseins de *Laurent de la Hire*.

On voit dans cette Eglise plusieurs tombeaux de gens illustres. Celui de *Blaise Pascal*, cet homme si sçavant, & qui nous a laissé de si belles pensées sur la Religion, est derriere le Chœur.

Charles Labbé, Avocat en Parlement, & qui a commenté la Coûtume de Paris. *Eustache le Sueur*, Peintre fort en reputation. *Pierre Petit*, Medecin fort sçavant dans la langue greque; & *Pierre Barbay*, ce Philosophe si celebre, y sont enterrez.

Proche de ce somptueux Edifice se voit l'*Eglise de sainte Genevieve du Mont*, dont *Clovis* est le premier fondateur. Elle fut dédiée d'abord à saint Pierre & à saint Paul, & resta longtemps sous ce titre. *Odo* en fut le premier Abbé, depuis que la Regle de saint Augustin y a été introduite.

Entre les bienfaiteurs de cette maison *Robert* a été celui qui s'est le plus signalé. L'Eglise de sainte Genevieve est d'une construction fort grossiere: le corps de cette Sainte est élevé derriere le grand Autel sur quatre colonnes de marbre, & conservé dans une Châsse de vermeil doré, enrichie de pierreries de trés grand prix. Les Parisiens ont en singuliere veneration sainte Geneviève, qu'ils reconnoissent pour leur Patronne.

On voit encore dans cette Eglise le tombeau de *Clovis* premier Roy Chrétien ; il est au milieu du Chœur. On estime le tabernacle qui est sur le principal Autel, il est de marbre blanc, tres bien travaillé, & sur un dessein bien recherché.

A gauche en entrant dans l'Eglise se voyent deux grands tableaux qui representent les Prevôts des Marchands & les principaux Officiers de la Ville qui étoient en charge dans le temps qu'ils ont été peints. On les voit à genoux devant sainte Geneviève qui paroît dans une Gloire.

Le tombeau de *Clotilde*, femme de *Clovis*, s'y fait remarquer. Son corps est dans une Châsse placée derriere le chœur. La Chapelle à côté de la Sacristie renferme celui de *François, Cardinal de la Rochefoucault*.

On admire dans cette Eglise des figures de terre cuite d'une beauté extraordinaire pour le travail. Elles representent *Jesus-Christ* dans le tombeau, & ressuscité. Elles se voyent sous deux arcades proche de la porte qui sert d'entrée aux

Religieux dans le Chœur.

Jacques Robaut celebre Philosophe, & *René Descartes* dont il étoit sectateur, sont enterrez dans cette Eglise; il n'y a que le cœur du premier. Ces Philosophes sont placez l'un proche de l'autre.

La maison des Religieux est fort belle & bien commode. Il y a une Bibliotèque fort curieuse, & une des plus nombreuses en livres qu'il y ait. Ceux qui se connoissent le mieux en morceaux rares & antiques, y trouvent leur compte. Ils sont renfermez dans un Cabinet construit dans le milieu de la Biblioteque, & qu'on appelle le *Cabinet des Raretez.* Le Bibliotequaire qui en est le gardien, n'en refuse point la vûë à ceux qui la lui demandent.

Je sortis de cette maison fort satisfait, & passai dans une Place pour gagner la *ruë des Sept-voyes*, au bas de laquelle en tournant à gauche, est l'*Eglise de saint Hilaire* dans la *ruë d'Ecosse*. C'est une petite Paroisse, & le quartier des Relieurs. Cet Edifice n'a rien de remarquable.

Vis-à-vis est la *ruë des Carmes* dont j'ai parlé; comme il n'y avoit rien à voir, je la laissai à droite, & tirai du côté de la ruë de saint Jean de Beauvais, où je vis quelques Colleges que je rapporterai à l'article qui en traitera. Je descendis par cette ruë dans la *ruë des Noyers,* élargie une fois autant qu'elle étoit : elle aboutit à la Place Maubert d'un côté, & de l'autre à la ruë de saint Jacques, où je finis ma course ce jour-là.

Je renvoyai mon Guide, & entrai dans la boutique d'un Libraire que je connoissois. Nous parlâmes de plusieurs choses, & entr'autres des livres qu'on imprimoit nouvellement, & des réimpressions considerables qui se faisoient. Ce fut ainsi que durant deux bonnes heures je me reposai agréablement, étant bien aise d'apprendre ce qui se passoit dans la Litterature.

IX. JOURNE'E.

Quartiers & Fauxbourgs de saint Marcel & de saint Victor.

IL n'y a gueres de quartiers dans Paris où un Curieux ne trouve de quoy se satisfaire : mais il faut tomber d'accord qu'on en trouve qui interessent plus les uns que les autres. J'étois fort content de ce que j'avois vû dans ma derniere course, dont je ne donne ici qu'un leger crayon, les bornes que je me suis prescrites ici, ne me permettant pas de m'étendre plus au long, quoique j'en dise assez pour exciter un Curieux à voir tant de belles choses.

Comme il est peu de jours à Paris qu'il n'arrive quelque chose de nouveau, Orphise dont j'ai parlé, & qui étoit une fille d'intrigue s'il y en fut jamais, fille par consequent au fait de tout, aguerrie à tout, & sçachant tout ce qui se passe : (c'est la maniere de vivre des créatures de ce caractere) cette Orphise d'un air triste contre son ordinaire, racontoit à nôtre hôtesse un contretemps qui lui étoit arrivé : elle avoit une cousine, disoit-elle, cousine, ou non, il n'importe, avec laquelle elle demeuroit, fort jolie vraiment, & des plus huppées, paroissant sçavoir tres bien plumer l'oyson, mais elle fut plumée à son tour.

Elle avoit un Amant qu'Orphise lui avoit procuré ; c'étoit celle-ci qui prenoit le soin du ménage, & qui cherchoit par ses talens à mettre à profit les char-

R iiij

més de sa compagnie: Item, il faut vivre. Le commerce amoureux ne commençoit pas mal; grandes assiduités de la part de l'amant prétendu, bien des complaisances d'abord; tout cela ne manquoit point. Le galant jetta ses vûës, & fut moins tenté des faveurs de la belle, qui croyoit en arracher quelque aîle, que de certains bijoux qu'elle avoit, & qui lui convenoient bien mieux.

Jolivette, de son côté (ainsi s'appelloit la belle) tâtoit de plus en plus le cœur de Rocheraille son amant pour en avoir la bourse: mais bon, tirer la bourse à gens qui la prennent aux autres, c'est bien se mocquer. Rocheraille avoit l'esprit engageant, persuasif; c'étoit quelque chose pour Jolivette, mais non pas ce qu'elle souhaitoit tout à fait; rien ne tenoit de son côté pour de l'argent: il faut que le ménage subsiste; elle serroit le bouton au galant: mais celui-ci qui prévoyoit bientôt un congé de la part de Jolivette, s'il n'étoit plus liberal, resolut de se prendre lui-même. Voici comment.

Jolivette avoit plusieurs petits bijoux de prix, une toilette assez bien garnie, & autres choses de cette nature: Tout cela étoit dans un cabinet fort propre.

Rochetaille regarde ce tréſor d'un œil de concupiſcence, & ayant appris ſecrettement que Jolivette s'étoit un jour engagée à un rendez-vous, il ne manqua pas d'aller chez elle. Il n'y trouva qu'Orphiſe, c'étoit ce qu'il ſouhaittoit. On ne ſçait quelle affaire elle avoit dans le voiſinage, mais pendant ce temps-là Rochetaille joüa ſi bien ſon jeu, qu'il plia la toillette de Jolivette, & ſe déroba adroitement, ſans que du depuis on en ait pû apprendre aucune nouvelle.

Voila comme à Paris les coquettes qui veulent duper leurs galans ſont ſouvent dupées elles-mêmes. Ce fut un coup de foudre pour Orphiſe, qui ſuivant le ſort de la plûpart des femmes d'intrigue, fut obligée d'aller chercher fortune ailleurs. Je ne ſçai ce que devint ſa compagne; pour moy je ſongeai aprés huit jours d'intervalle, à recommencer mon train ordinaire accompagné de mon Guide.

Je gagnai d'abord la *rue de ſaint Victor*, qui prend à la Place Maubert, & va juſqu'à la *Croix Clamart*; Je laiſſai la *rue de Biévre* à gauche, & trouvai dans la premiere l'*Egliſe Paroiſſiale de ſaint Nicolas du Chardonnet*. Elle fut commencée en 1243. & reſta ainſi juſqu'en 1656. qu'on l'augmenta. Elle n'a été achevée qu'en 1710. à l'aide d'une lotterie que le Roy accorda pour cela à cette Paroisse.

L'interieur de cette Eglise est fort propre, & l'architecture passable. On y voit un Crucifix fort estimé des Curieux ; il est placé sur la porte du Chœur.

Il y a plusieurs gens de consideration inhumez dans cette Eglise ; entre autres *Jerôme Bignon*, Avocat General ; *Jerôme* & *Thierry Bignon* ses fils. On lit leur Epitaphe dans une Chapelle à côté du Chœur. *Charles le Brun*, ce Peintre celebre, y a aussi son tombeau dans une autre Chapelle. On voit dans cette Eglise la Statuë à genoux du *Cardinal de Berule*. Il y a encore quelques tableaux, ausquels un Curieux peut faire attention.

Proche de cet Edifice est un grand *Seminaire*. On prétend que c'est le plus ancien de Paris. La grande porte donne sur la ruë de saint Victor ; elle est assez bien entenduë : la petite porte de l'Eglise perce dans la *ruë des Bernardins*, où l'on trouve la maison de ces Peres.

Ce monument ne marque que trop son antiquité par ce qu'on en voit : il est vrai qu'il est imparfait, mais beau dans sa construction, & d'un dessein tres bien imaginé, C'est dommage que le Pape *Benoist XII.* qui étoit de l'Ordre de Cîteaux, & qui l'avoit fait commencer de ses revenus, soit mort trop tôt pour le conduire à sa perfection, & que l'argent destiné pour cela, qu'on apportoit exprés en France, ait été volé.

Les Curieux estiment dans cet Edifice un petit escalier à vis d'un dessein tout extraordinaire & tres bien imaginé: J'en fus charmé, & en admirai la structure. *Guillaume de Vair,* Evêque de Lisieux, & Garde des Sceaux, est enterré dans l'Eglise de ces Peres. On y voit son tombeau & une Epitaphe qui est au bas. Il y a dans cette ruë quelques maisons assez propres, mais qui d'ailleurs n'ont rien dans leur construction qui merite arrêter un Curieux.

Je revins de là dans la ruë de saint Victor, où ayant poursuivi ma route, je vis à gauche le *College du Cardinal le Moyne*; je reserve à en dire ce qui le regarde lorsqu'il en sera temps.

J'allai voir à droite le *Convent des Filles Angloises,* situé dans la *ruë des Fossez de saint Marcel.* Ces Religieuses commencerent leur établissement à

Paris en 1634. Leur Eglise est petite & n'a rien de remarquable.

Plus haut sont les *Peres de la Doctrine Chrétienne*, fondez en 1628. Leur Eglise n'a rien aussi qui puisse arrêter un Curieux.

On voit dans le même quartier l'*Eglise de saint André des Escossois*, où sont enterrées les entrailles de Jacques II. Roy d'Angleterre. Cette Eglise est assez proprement ornée.

En redescendant je vis la maison de *le Brun*, ce Peintre si en reputation, & dont les Ouvrages rendront le nom immortel. Cette maison est du dessein de *Boffran*, qui a fait voir le goût excellent qu'il a dans son art. Elle est ornée de sculptures d'un trés bon goût, executées aussi sur des desseins tres bien imaginez. Les belles peintures n'y manquent pas, puisqu'il suffit que le *Brun* lui-même y ait mis la main.

Depuis cette ruë jusques à *saint Victor*, je ne trouvai rien de remarquable. C'est une Abbaye dont le bâtiment est fort ancien. L'Eglise fut construite en 1113. sous le regne de *Louis le Gros* Roy de France.

Les Religieux de saint Victor suivent

la Regle de faint Auguftin, & cette Congregation eft redevable de fon Inftitut à *Guillaume de Champeaux*, Archidiacre de l'Eglife de Paris.

Mais comme leur Eglife n'avoit été que commencée dans le temps qu'on l'a dit, François I. la fit rebâtir en 1517. Cet Ouvrage jufques ici eft encore refté imparfait.

Il n'y a rien dans cette Eglife ni dans la maifon de ces Peres qui puiffe flatter un Curieux, fi vous en exceptez la fameufe Bibliotéque qu'on y voit, & qui eft une des plus nombreufes qu'il y ait à Paris. On en parlera plus au long dans l'article des Bibliotéques.

Entre les grands hommes qui fe font diftinguez dans cette Congregation, il y a *Hugues* & *Richard de faint Victor*, fi connu par fes ouvrages de Theologie. *Adam de faint Victor*, qui a donné plufieurs Profes qui fe chantent dans l'Eglife en bien des endroits, & *Jean-Baptifte de Santeüil*, ce Poëte fi en reputation par les ouvrages que nous avons de lui.

Au fortir de cette Abbaye je vis à droite l'*Hôpital de la Pitié*, deftiné pour y inftruire de jeunes filles à des ouvrages convenables à ce fexe; c'eft tout ce qu'on en peut dire.

Je laissai derriere cet Hôpital l'*Eglise des Religieuses Hospitalieres de la Miséricorde de Jesus*, sous l'invocation de *saint Julien*. Cet Hôpital est situé dans la grande ruë du fauxbourg saint Marcel.

Il y a une autre maison de *saint Antoine de la Misericorde*, du côté de la Croix Clamart, fondée par le *President Seguier*, pour l'entretien de cent jeunes filles.

Dans ce même quartier se voit encore la maison de *sainte Pelagie* : c'est une Communauté de filles repenties, où il n'y a rien de particulier à considerer.

Aprés m'être un peu promené pour visiter tous ces Edifices de peu de consequence dans leur construction, je dressai mes pas du côté du *Jardin Royal des Plantes medecinales*, établi en 1635. On y enseigne la *Botanique*, la *Chimie* & l'*Anatomie*.

La *Botanique* ou demonstration des plantes se fait dans le Jardin en Juin & Juillet, que la plûpart des plantes sont en fleur.

A l'entrée de la Cour à main gauche est un Laboratoire où l'on enseigne la

Chimie. Les leçons s'en donnent durant la démonstration des plantes.

Quant à l'*Anatomie*, c'est dans une grande Salle où s'en font les démonstrations. C'est *Joseph du Verray* qui en donne les leçons. *Guy Crescent Fagon*, premier Medecin du Roy, en a la direction. Ce Jardin sert aussi de promenade publique à ceux qui veulent y aller respirer l'air.

De ce Jardin j'allai aux *Gobelins* sans m'arrêter; je laissai en passant à droite la *Croix Clamart*, qui est un cimetiere où l'on enterre tous les pauvres qui meurent à l'Hôtel-Dieu. Mais revenons aux Gobelins.

Cette maison est veritablement une manufacture remplie d'Ouvriers excellens en differens arts. On croit qu'elle a pris son nom de *Gilles Gobelin*, qui vivoit sous François I. & qui avoit, dit-on, trouvé le secret de la belle écarlatte. La teinture des Gobelins est encore aujourd'hui fort estimée.

La curiosité qui attire aujourd'hui aux Gobelins, sont les belles Tapisseries qu'on y fabrique sur des desseins des plus recherchez, & exécutez par des Ouvriers les plus habiles en cet art.

On travaille aussi dans cette maison en Orfévrerie, en Sculpture, & en Peinture. Tous ces ateliers ne sont conduits que par de trés habiles Maîtres. Cette maison est toute des plus grossieres dans sa construction.

Non loin de là est l'*Eglise de saint Marcel*, ou *saint Marceau*, au bout du fauxbourg du même nom : elle est d'ancienne fondation ; le Saint dont elle porte le nom y est inhumé ; il étoit Evêque de Paris. C'est une Collegiale où il y a plusieurs Chanoines.

Dans le Cloître de saint Marcel est la Paroisse de *saint Martin* : elle est fort limitée, & n'a rien de considerable ainsi que saint Marcel.

La Paroisse de *saint Medard* se trouve au milieu du fauxbourg de saint Marcel. La construction en est fort grossiere. *Olivier Patru* Avocat en Parlement y est enterré ; il étoit de l'Academie Françoise.

Dans le même quartier est l'*Eglise de saint Hyppolite* proche de la fausse porte de saint Marcel. C'est une Paroisse qui n'a aussi rien de remarquable.

Je trouvai dans le même fauxbourg & aux environs de cette Paroisse l'*Eglise* des Religieuses de sainte Claire, autrement dites les Cordelieres. Ce Bâtiment est fort ancien. *Marguerite de Provence* femme de saint Loüis en fit jetter les premiers fondemens. Il fut augmenté de beaucoup par les soins de *Blanche* sa fille, qui s'y fit Religieuse aprés la mort du Roy de Castille qu'elle avoit épousé. Ces Religieuses suivent la Regle de saint François.

Il y a dans la *ruë des Postes* l'*Eglise des Religieuses de la Presentation de la Vierge*. Elle est tres petite, & n'a rien de considerable. Non loin de là, & dans la *ruë de l'Arbalete*, est le *Jardin des Apotiquaires*, où ils s'assemblent pour faire leur thériaque.

Au sortir de ce quartier & aprés l'avoir bien traversé, je gagnai la Porte de saint Bernard par la *ruë Moufiart* en montant; puis je descendis par les Fossez, & passai à travers le College du Cardinal-le-Moine.

Cette Porte bâtie tout à neuf depuis quelques années merite l'attention des Curieux. Elle est d'un bon goût, tant par son architecture, que par la sculpture dont elle est ornée; aussi le tout a-t-il été conduit par deux habiles Maîtres;

S

sçavoir, *Blondel*, Architecte, & *Baptiste Tuby*, Sculpteur. Cette Porte est le quartier de la *Halle au vin*, dont on parlera ailleurs.

Aprés avoir examiné la structure de cette Porte & les inscriptions dont elle est chargée, j'allai tout le long du *Quay de la Tournelle*, & passai devant la *Communauté de sainte Genevieve*, fondée par *Marie Bonneau de Miramion*, morte en odeur de sainteté le 24. Mars 1696. La maison est assez belle, sans néanmoins avoir de quoy satisfaire les fins Connoisseurs. Ce fut à cette maison que se termina ma course pour ce jour-là.

X. JOURNE'E.

Isle de Nôtre-Dame, & Quartier de l'Arsenal.

DE toutes les courses que j'avois faites dans Paris, celle-ci fut la plus petite, c'est pourquoy je ne me pressai pas beaucoup de la commencer. Cet intervalle de temps me servit à m'appliquer à d'autres curiositez. L'exercice à cheval, la danse, la musique, & quelques petites parties de mathematiques faisoient pour lors mes occupations ; pendant ce temps-là je ne laissois pas de me ménager des connoissances de gens de distinction, instruits dans les beaux arts, & versez dans la litterature. C'est ce qu'il faut à un Voyageur pour le bien dresser ; étudier outre cela les mœurs des peuples qu'il frequente, leur maniere de vivre, leur genie ; car enfin, comme dit le proverbe, à Rome comme à Rome, & lorsqu'on est ailleurs il y faut vivre comme on y vit.

La vie de Paris est bien différente de celle des Provinces & des Pays étrangers ; la liberté y regne beaucoup, on y vit comme on veut sans qu'on y trouve à redire : faites bonne ou mauvaise chere, on n'y prend pas garde, pourvû que d'ailleurs l'exterieur éclate, & tel y paroît aux yeux de bien du monde vêtu magnifiquement, n'ayant d'ailleurs ni qualité, ni bien, qui est plus estimé qu'un autre avec un habit simple & modeste, qui aura un fond d'honnête homme & des talens merveilleux. Cette apparence qui brille tient lieu de tout merite, particulierement chez les gens venus de fortune, qui ne connoissent pour veritables trésors que ceux qu'ils manient; mais aussi ne faut-il pas s'étonner si souvent ils sont les duppes de leur faux discernement.

Quoique j'aye déja dit quelque chose de Paris, j'ajouterai encore, que c'est une des Villes la mieux reglée qu'il y ait. Toute la Police est entre les mains d'un Lieutenant General, qui par la grande attention qu'il prête aux desordres fréquens qui peuvent y arriver, tient le peuple dans la crainte, & purge de bandits cette Ville, qui sans cette sage précaution seroit une retraite à voleurs fort dangereuse.

Et pour soûtenir cette tranquilité, il y a un Guet à pied & à cheval, commandé par le Chevalier du Guet, qui a des Lieutenans sous lui. Ce sont des gens armez qu'on disperse en divers quartiers, & qui rôdent depuis qu'il est nuit jusqu'à deux heures aprés minuit pour se saisir des malfaiteurs, & de ceux qui excitent des querelles mal à propos. Il y a aussi pour cela des Commissaires en chaque quartier, ausquels on va porter la plainte.

Il y a dans Paris plusieurs Cours Souveraines; sçavoir, le Parlement, la Chambre des Comptes, la Cour des Aydes, la Cour des Monnoyes, & le Grand-Conseil. Cette Ville a sa Jurisdiction particuliere. Il y a le Grand-Prevôt de Robbe-courte, qui a sous lui un Lieutenant Civil, un Lieutenant particulier, un Lieutenant Criminel, & un Procureur du Roy, avec plusieurs Conseillers qui composent ce Tribunal, qui porte le titre de Presidial.

J'ai déja dit qu'il y avoit une Université à Paris, & parlé même des quartiers differens qu'elle contient; voici à present quelque chose de son antiquité & de ses prérogatives.

On prétend que c'est Charlemagne qui l'a fondée. Elle reconnoît encore ce grand Saint pour son patron, dont elle celebre tous les ans la memoire le 28. Janvier.

Cette Université étoit autrefois toute puissante. Les Rois venoient la consulter dans les occasions importantes. Elle avoit sa Jurisdiction particuliere, n'étant pas permis à d'autres Juges publics de connoître des differens de tous ceux qui étoient membres de ce grand Corps: mais les choses ont bien changé de face depuis ce temps-là.

L'Université se divise en quatre Facultez ; sçavoir, la *Theologie*, le *Droit*, la *Medecine*, & les *Arts*. Il y a un Recteur qui est à leur tête dans les ceremonies. Je parlerai dans la suite des lieux où l'on tient école de toutes ces Sciences. On compte dans l'Université outre cela cinquante-cinq Colleges, entre lesquels il n'y en a que dix où l'on exerce les basses classes ; je rapporterai les noms de ces Colleges dans la suite de cet Ouvrage. Voila ce qu'on peut dire en abregé de l'Université ; & dont j'ai été bien aise d'instruire les Etrangers qui n'ont point vû Paris. Venons à present à ce qui me reste à rapporter des singularitez qui se voyent dans l'interieur de cette grande Ville.

Mon Guide ne manqua pas de venir le jour que je lui avois prescrit ; & comme la course n'étoit pas à beaucoup près si longue que les autres, nous ne la commençâmes qu'après dîner.

Je fus d'abord conduit sur le *Pont de la Tournelle*, qui conduit dans l'*Isle de Nôtre-Dame*, ainsi appellée de l'Eglise Cathedrale de Paris. Ce quartier n'étoit anciennement qu'une Prérie qui servoit de promenade, & où l'on voyoit une petite Chapelle dédiée à *saint Loüis*. C'est où l'on a bâti l'Eglise qu'on reconnoît aujourd'hui sous le même titre.

Cette Isle a bien changé de face depuis ce temps-là, puisqu'on peut dire que c'est à present un des plus beaux quartiers de Paris par les belles maisons qu'il y a. Mais avant que de passer outre, disons quelque chose du Pont de la Tournelle, appellé ainsi du nom d'une tour quarrée qui se voit proche la Porte de saint Bernard; & où sont renfermez ceux qui sont conduits aux Galeres.

Ce Pont fut construit en 1656. pour servir de passage dans l'Isle, où du Quay de la Tournelle on ne pouvoit aller qu'en batteau. Ce monument est solidement bâti, & fut conduit à sa perfection par les soins d'*Alexandre de Seve*, pour lors Prevôt des Marchands.

A la descente de ce Pont se voit le *Quay Dauphin*, autrement dit aujourd'hui le *Quay des Balcons*, à cause que la plûpart des maisons qui y regnent en sont ornées. Sur ce Quay est la maison qui appartenoit autrefois à *Forcadel*, Commissaire des saisies réelles, & en premier lieu au nommé *Husselin*. Le premier a beaucoup dépensé à réparer cette maison, qui est toute belle, & dont les dedans ont de quoy satisfaire un Curieux.

Jean Roüillé Conseiller d'Etat y avoit aussi une maison assez gracieuse, & d'un assez bon goût dans sa construction. Elle appartient aujourd'hui à ses heritiers.

J'allai de là dans l'*Eglise de saint Loüis*, qui est la Paroisse de toute l'enceinte de l'Isle. Cette Eglise a été bâtie à plusieurs reprises, & sur les desseins de differens Architectes. *Gabriel le Duc* est celui qui a conduit cet Edifice tel qu'on le voit aujourd'hui.

Les Illustres qui ont leur sepulture en cette Eglise sont, *Antoine d'Yn d'Herouval*, Auditeur de la Chambre des Comptes de Paris. On lit son Epitaphe sur son tombeau ; & *Philippe Quinaut*, aussi Auditeur des Comptes, mort en 1688. Il est d'ailleurs assez connu par le grand nombre d'*Opera* qu'il a donnez au Public, & dans lesquels il a tres bien réussi.

A la pointe de l'Isle je trouvai la maison de *Benigne le Ragois de Bretonvilliers*, President à la Chambre des Comptes, fils de celui qui l'a fait bâtir. Cette maison a coûté des sommes immenses;

menses ; on peut dire aussi qu'elle est tres magnifique, construite sur de tres bons desseins, & ornée de tout ce qu'il y a de meilleur en fait d'architecture & de peinture ; rien ne manque à cette maison où les Curieux trouveront de quoy pleinement se satisfaire.

Je vis encore dans cette Isle la maison de *Claude-Jean-Baptiste Lambert de Thorigny*, Président à la Chambre des Comptes. La grande porte de cette maison est placée dans la *ruë de saint Loüis*, qui traverse l'Isle de Nôtre-Dame d'un bout à l'autre. Ce bâtiment est des mieux entendus dans sa construction ; l'architecture en est reguliere, & les ornemens qui les accompagnent d'un tres bon goût. Tous les appartemens y sont tres bien distribuez, & enrichis de tres belles peintures ; aussi sont-elles les Ouvrages de *Pestel* & d'*Hermans*, si habiles dans les paysages ; & de *Romanelli* & le *Sueur* dont la reputation éternisera leurs noms. Le fameux le *Brun* y a aussi mis la main. Les vûës de cette maison sont fort riches, ce qui la rend aussi agréable qu'elle est magnifique.

L'Isle de Nôtre-Dame est encore embellie d'autres maisons assez grandes

T

& bien bâties, mais qui ne contiennent rien ou tres peu de choses de quoy arrêter un Curieux. Outre le Quay des Balcons, il y a encore le *Quay d'Alençon*, qui est à droite en allant sur le Pont-Marie, & le *Quay de Bourbon*, à gauche en descendant. Tous ces Quais, comme j'ai dit, sont ornez d'assez beaux bâtimens.

De-là j'enfilai le *Pont-Marie*, ainsi nommé de *Christophe Marie*, qui entreprit de le faire bâtir avec *Poultier* & le *Regratier*, qu'il avoit associez avec lui. On jetta les premiers fondemens de ce Pont en 1613. & ne fut achevé qu'en 1635. Il est chargé de maisons occupées par differens artisans. Cet Edifice n'a rien de remarquable, & qui puisse flatter un Etranger curieux de belles choses. En 1657. une partie de ce Pont fut emportée par un débordement d'eau terrible. Cet accident qui survint de nuit fut cause de la perte de bien du monde & de beaucoup de marchandises qui furent ensevelies sous les ruines de ces maisons, & emportées par le torrent des eaux. On a refait ce Pont depuis quelques années, sans y bâtir dessus des maisons.

Au sortir de ce Pont je laissai à gauche

la *Place aux veaux*, & plus loin le *Port au foin*, & j'entrai dans la *ruë de Fourcy*, ainsi appellée du nom de *Henry de Fourcy*, Prevôt des Marchands, qui l'a fait bâtir. Elle aboutit à la ruë de saint Antoine. A moitié de cette ruë je laissai à gauche la *ruë de la Mortellerie*, qui prend à la Greve, & va se finir à l'*Hôtel de Sens*. C'est un ancien bâtiment d'un goût gotique, construit par *Antoine du Prat*, Archevêque de la même Ville. L'histoire veut d'ailleurs que cette maison doive sa construction à *Salazar* fils de *Salazar* Capitaine Espagnol, & dont le fils fut Archevêque de Sens. C'est dans cet Hôtel que sont les carosses pour Lyon. Il appartient à l'Archevêque de Sens, qui en retire le revenu.

Proche de cet Hôtel se voit le *Convent des Filles de l'Ave Maria*, de l'Ordre de sainte Claire. Ces Religieuses vivent dans une tres grande austerité, & des aumônes que leur font les personnes pieuses, n'ayant point d'autres fonds pour vivre. L'Eglise & le bâtiment de ces Religieuses n'ont rien de remarquable.

De là je gagnai le *Quay des Celestins*, où je ne trouvai rien de considerable que l'*Hôtel de Fieubet*, bâti sur les desseins de *Jules Hardoüin Manfart*, autrefois Surintendant des Bâtimens. Cette maison a assez d'apparence, & les belles vûës dont elle joüit la rendent recommandable.

Proche de cet Hôtel on trouve le *Convens des Celestins*, établis où ils sont à present en 1318. Ces Peres d'abord ne joüissoient pas de grands biens ; mais Charles V. les en combla dans la suite, & fit bâtir leur Eglise comme elle est aujourd'hui. Quant à sa construction, on peut dire qu'elle est d'un goût antique.

Ce qu'il y a de plus remarquable dans ce vaisseau, sont differens obelisques d'une grande beauté. On voit dans la Chapelle d'Orleans, qui est à droite du côté du Chœur, le tombeau du *Duc d'Orleans*, qui en est le fondateur. Il est chargé de quatre figures : l'une represente ce Prince appellé *Loüis* ; l'autre, *Valentine de Milan*, sa femme ; la troisiéme, *Charles d'Orleans*, Pere de Loüis XII. & la derniere, *Philippe Comte de Vertus* son frere. Toutes ces figures sont de marbre, & tres bien travaillées.

A main gauche de cette Chapelle en entrant se voit une colonne torse de marbre blanc, sur le chapiteau de laquelle est posée une urne de bronze, dans laquelle est renfermé le cœur d'*Anne de Montmorency*, Connétable de France, mort en 1567. Ce morceau de sculpture est un ouvrage achevé en cet art, & fait par un nommé *Barthelemy*, qui employa vingt ans à le finir.

J'admirai encore dans cette Chapelle une autre colonne de marbre blanc qui semble jetter des flammes. Ce hyerogliphe est mysterieux, d'autant qu'il signifie la colonne de feu qui servit de guide aux Israëlites pour aller dans le desert. Cette colonne est surmontée d'une urne où repose le cœur de François II. & proche de laquelle on voit trois genies qui pleurent, & qui tiennent des flambeaux renversez. L'attitude de ces figures est des mieux pensées ; le tout est de marbre, travaillé hardiment, & d'une maniere à satisfaire ceux qui sçavent juger sans prévention de ce qu'il y a de plus beau dans la sculpture.

On voit à droite un autre tombeau dans lequel repose *Philippe Chabot*, Amiral de France, mort en 1543. Ce groupe seroit fort estimé des gens de bon goût s'il étoit moins chargé de figures, car la sculpture en est merveilleuse.

Du même côté est la sepulture de *Henry Chabot Duc de Rohan*, mort en 1655. On y voit son image representée au naturel, & dans tout ce que l'art a de plus fini.

Tournant les yeux de l'autre côté, j'apperçûs un autre monument qui me frappa. C'étoit le tombeau de *Thimoleon de Cossé*, fils de *Charles, Comte de Brissac*, chargé d'une colonne de marbre blanc, accompagnée de couronnes ducales & de chifres. Je trouvai encore cet ouvrage de bon goût.

J'en admirai aprés celui-là, un autre qui me sembla le surpasser de beaucoup. C'étoit le tombeau du *Duc de Longueville*, dans lequel sont enfermez les cœurs de plusieurs personnes de cette illustre famille. Ce beau monument compose un groupe chargé de trophées, & de quatre vertus de marbre blanc, accompagnées d'autres ornemens, le tout representant les faits héroïques du Duc pour lequel cet obelisque a été dressé.

Le tableau de l'Autel de cette Chapelle m'arrêta aussi, parce que je le trouvai assez digne de l'attention d'un Curieux.

Aprés avoir pleinement satisfait ma curiosité sur tous les beaux monumens dont cette Chapelle est enrichie, je passai dans le Chœur, où je ne trouvai rien de remarquable, puis dans le Cloître de ces Religieux, dont la construction me parut assez particuliere pour un ouvrage de l'antiquité. Quant à la maison de ces Peres, elle n'a rien de beau dans sa structure.

Proche de cette maison se voit l'*Arsenal*, qui est une maison Royale où on fabrique les armes & la poudre, soit pour la guerre, ou pour les particuliers qui veulent en acheter. Ce bâtiment a beaucoup d'étenduë ; il est distribué en plusieurs parties, séparées par des cours qui donnent l'une dans l'autre. Sa face exterieure n'a rien de considerable.

Toute cette grande maison est divisée en plusieurs corps de logis. Le principal est occupé par *Loüis-Auguste de Bourbon*, legitimé de France, & Grand Maître de l'Artillerie ; & les autres, par des Officiers préposez exprés pour la conduite des fabriques qui se font dans l'Arsenal.

Il y a une Fonderie dans ce lieu, où l'on fond des canons, & une autre pour des copies de plusieurs statues. Celle-ci a été établie par le *Marquis de Lou-*

vois, pour lors Surintendant des Bâtimens.

L'Arsenal, outre les ateliers qu'il contient, & où il y a beaucoup d'ouvriers employez, est encore accompagné de plusieurs jardins, dont le principal & le plus étendu sert de promenade publique. Ce jardin est orné de quelques allées d'ormes qui en font l'ornement, & qui fournissent en Esté un ombrage assez agréable pour y pouvoir prendre le frais; il n'a d'ailleurs rien de singulier. J'y fis deux ou trois tours, puis j'en sortis par une petite porte qui donne dans la *rue de la Cerisaye*, où est l'*Hôtel d'Esdiguieres*.

Si cette maison n'a pas l'apparence exterieure bien belle, & qu'on n'y voye rien pour l'architecture qui puisse beaucoup flatter les yeux, on trouve en récompense de quoy se dédommager dans les dedans, dont la distribution est tres bien imaginée, & les emmeublemens d'une richesse & d'un goût tout particulier. Ce bâtiment est accompagné d'un jardin qui en augmente l'agrément.

Ayant fini ma course ce jour-là à cet Hôtel, je renvoyai mon Guide, & allai trouver un de mes amis qui m'attendoit pour aller à la Comedie. On joüoit *Astrate*, & une petite piece nouvelle intitulée *les Fêtes du Cours* Jamais on n'y vit une plus grande affluence de beau monde: il est vrai qu'on en sortit fort content, pénétré des beaux endroits dont la piece serieuse est remplie, & de la maniere agréable dont l'autre fut representée.

XI. JOURNE'E.

Partie du Fauxbourg de saint Antoine, Bercy, Conflans & Vincennes.

Aprés avoir vû les Edifices somptueux qui sont dans Paris, & la plus grande partie des monumens qui y sont remarquables, je songeai à voir les dehors, c'est-à-dire les fauxbourgs, & quelques maisons particulieres qui en sont voisines. La course étoit trop longue pour la faire à pied ; c'est pourquoy je pris ce jour-là un carosse, un de mes amis, & mon Guide, & m'en allai ainsi faire ma course.

Je voulus pour cela choisir un beau

jour de fête, afin d'avoir le plaisir de voir cette grande affluence de peuple sortir la Ville, pour s'aller divertir aux environs. Il est vrai que cette journée ne me dura point, quoique j'eusse beaucoup plus de chemin à faire que dans les autres ; mais la variété des objets que j'y voyois, ce champêtre mêlé avec l'ornement, tout cela m'occupoit si agréablement l'esprit, que le temps se passoit insensiblement.

Enfin le jour prescrit étant venu, nous déjeunâmes fort bien mon ami, mon Guide & moy, puis nous montâmes en carosse pour gagner le fauxbourg de saint Antoine, & ayant pris nôtre route du côté de la *ruë de Charenton*, nous vîmes en avançant à droite l'*Hôtel des Mousquetaires*.

C'est un bâtiment vaste & étendu de maniere qu'il y peut demeurer plus de mille personnes sans y être incommodées. L'architecture à la verité n'y paroît pas dans son lustre ; c'est une maison bâtie solidement par les soins du Prevôt des Marchands, & des deniers de la Ville, à laquelle on avoit donné en récompense la Place de Vendôme, toutes les faces des maisons déja élevées jusques aux combles, & la statuë equestre du Roy.

Les fondemens de cet Hôtel furent jettez en 1699. & le bâtiment conduit à sa perfection en 1701. La dépense qu'on y a faite a été fort considerab'e. Les Etrangers qui n'ont jamais vû Paris seront bien aises de sçavoir ce qu'on entend par *Mousquetaires* ; & moy sans m'écarter de mon sujet, je puis bien les contenter là-dessus.

On appelle Mousquetaires deux Compagnies de gens à cheval qui portent le mousquet, & qui combattent tantôt à cheval, tantôt à pied, & font partie de la Maison du Roy. Ces deux Compagnies sont distinguées par leurs chevaux. Les uns les ont gris, c'est la premiere Compagnie, & la seconde les a noirs ; toutes deux commandées par des Capitaines-Lieutenans.

A peu de distance de là est le *Convent des Religieuses Angloises,* sous le titre de la Conception. On jetta les fondemens de cette maison en 1658. Elle n'a rien de remarquable.

En continuant nôtre route, je vis presque à l'extrémité de la ruë de Charenton & à gauche, la maison de *Richer de Rhodes*. Elle est assez agréable pour la maison d'un particulier : mais on pourroit en rendre les vûës plus belles quelque peu étenduës, si, au lieu du marais qui est derriere, on y dressoit un beau jardin d'ornemens ; c'est ce qui y manque avec toutes les reparations qu'on y a faites depuis peu.

Nous allâmes ensuite à *Rambouillet*. C'est une maison basse à deux petits pavillons accompagnez d'autres appartemens, le tout bâti fort simplement, avec un assez grand jardin qui en enrichit les vûës.

Nous gagnâmes aprés cela le bas de *Bercy*, où nous vîmes la maison de *la Croix*. C'est un bâtiment où il n'y a rien de considerable que le jardin, qui est distribué avec assez d'art, & qui en fait le principal ornement.

On voit plus loin & sur la même ligne quelques maisons de particuliers assez propres pour des maisons de campagne, mais qui d'ailleurs sont fort simples dans leur construction. Il n'y a que la maison de *Pajot des Postes* qui puisse en quelque façon amuser un Curieux.

Le bâtiment est fort logeable, mais tres simplement bâti. On y voit une Orangerie qui donne sur le jardin, dans laquelle il y a un buffet d'eau, orné de rocailles & de coquillages, avec de petits bassins de marbre soûtenus par des consoles de même matiere, & tres bien travaillées; le tout rangé avec beaucoup d'art, & tres bien exécuté sur le dessein du Pere *Sebastien Truchet*, Carme, de l'Academie Royale des Sciences, & qui est en reputation du plus grand Mechanicien qu'il y ait.

Le jardin de cette maison est fort propre : on y voit des oiseaux aquatiques venus de loin, & d'autres qui sont aussi étrangers, & qu'on nourrit en champ libre & dans une voliere. Il y a encore dans cette maison un laboratoire, où le Maître auquel elle appartient exerce la Chimie qu'il aime passionnément.

Proche de cette maison est celle du *Duc de Rohan*, où il n'y a rien de considerable à voir, & de l'autre côté de la ruë on trouve une grange où il y a un Fief attaché, qui appartient à *de Malon de Bercy*, Intendant des Finances, qui a vendu un long espace de terrein qui est aux environs à *Paris*, Receveur General des Finances du Dauphiné, pour y bâtir une maison qui paroît déja un peu élevée.

C'est sur les desseins du *Dulin* Architecte qu'on la construit. On ne peut encore rien dire de ce bâtiment, étant encore imparfait : mais si on en peut juger par l'ordonnance & la distribution du jardin qui doit l'accompagner, & qui partent du même genie, on peut s'attendre à un Edifice rempli de défauts très grossiers.

Dans cette même enceinte & sur une hauteur se voit le *Château de Berny*: c'est une maison bâtie sur les desseins de *François Mansart*, & où l'architecture paroît d'un goût achevé, & conduite avec tout l'art possible. Sa situation avantageuse par les vûës étenduës qu'elle lui donne, contribuë beaucoup à sa beauté. On l'a augmentée depuis peu d'une grande basse-cour qui répond au corps de logis dont on a refait entierement les dedans. Le tout a été construit par *Laguipieres*, fameux Architecte.

Le jardin en est fort spacieux, très bien conduit, & orné de tout ce que le jardinage a de bon goût : c'est dommage que l'eau manque pour y en avoir de jaillissantes.

A l'extrémité de ce jardin on trouve *Conflans*, maison de campagne de l'Archevêque de Paris. Elle n'a rien de remarquable dans sa construction. La situation en est charmante, les vûës fort étenduës & tres agréables, & le jardin qui l'accompagne des mieux ordonnez, avec jets d'eau.

Au partir de Bercy nous allâmes à Vincennes par une longue avenuë plantée de quatre rangées d'ormes, où nous vîmes un Château assez élevé, & entouré de murs avec des tours quarrées d'espace en espace. Il faut pour y entrer passer sur un pont-levis qui regne sur un fossé sec creusé au bas d'une grosse tour qu'on appelle le *Donjon*.

On jetta les premiers fondemens de ce Château sous *Philippe Auguste*, qui y fit construire un grand parc pour y conserver des bêtes fauves qu'on lui avoit envoyées. Ce bâtiment ne s'acheva point & resta en cet état jusques au regne de *Philippe de Vallois*, & du Roy *Jean* son fils, qui y firent beaucoup travailler sans l'achever; mais *Charles V.* qui vint aprés fit conduire ce Château à sa perfection.

L'Eglise a son mérite particulier, quoiqu'elle ait été bâtie sur un dessein gothique. Les vitraux en sont singuliers par la peinture en aprêt dont ils font chargez. On la reconnoît sous le titre de *Sainte-Chapelle*. Ce sont des Chanoines qui la desservent, & qui ont à leur tête un Trésorier & un Chantre.

Le *Cardinal de Mazarin* a beaucoup fait augmenter cette maison qui a une apparence de grandeur. Les dedans en sont tres bien distribuez & fort beaux. On y voit des peintures tres curieuses, ouvrages de *Manchole*, originaire de Flandre, & de *de Seve*, tous deux Peintres de tres grande réputation.

Vincennes a autrefois servi de sejour à nos Rois. Saint Loüis sur-tout y alloit souvent faire ses pieux exercices ; & si on en croit l'Histoire, il y rendoit justice assis sur un trône de gazon. Le village de Vincennes est en fort bon air, c'est pourquoy bien des gens en Esté s'y vont divertir ; nous fîmes comme les autres, puis nous retournâmes à Paris le long d'une autre avenuë qui se termine au *Trône*, autrement appellé l'*Arc de Triomphe*.

Nous nous arrêtâmes en passant à considerer ce beau monument. On en jetta les premiers fondemens en 1670. & on ne l'éleva qu'à la hauteur des pied d'estaux

taux des colonnes, où il est resté jusqu'à present. C'est dommage que cet ouvrage soit demeuré imparfait. Il seroit à souhaiter qu'on l'eût achevé sur le modele de plâtre qui subsiste encore. Les gens qui se connoissent en architecture auroient regardé cet Edifice par admiration.

La nuit qui survint pour lors ne nous permettant pas ce jour-là de rien voir davantage, nous fîmes coucher droit à l'auberge, où nous soupâmes. La soirée se passa assez agréablement ; on s'entretint pendant le souper de diverses choses. Une entr'autres qui nous divertit le plus, & qui donna une ample matiere à la conversation, fut l'avanture qui arriva à un jeune homme nouvellement débarqué à Paris, de ces étourdis qui s'imaginent en sçavoir plus que tout le monde, que tout leur est permis, & qui croyent que personne n'a assez d'industrie pour les duper.

Il y avoit à peine huit jours qu'il étoit arrivé, qu'il s'amouracha de la fille de son Hôte. C'étoit une jeune personne fort enjouée, assez jolie, & d'un esprit fort agréable dans la conversation. Le jeune homme y prit goût, en conta à la Belle, accoûtumée depuis longtemps à ces

V

sortes de fleurettes, jusqu'à lui faire un jour une déclaration de ce qu'il ressentoit pour elle. Il la sollicite par de belles promesses, il la presse ; la belle l'écoute avec son enjoüement ordinaire, le Cavalier ne lui donne point de repos. Isabelle (c'étoit le nom de la belle) fatiguée enfin de l'entendre, s'avisa d'un stratagême pour s'en débarasser, soit par sagesse, ou quelqu'autre consideration, il n'importe.

Proche de l'auberge étoit une vieille femme, faite au badinage depuis longtemps, mais qui n'étant plus propre à donner de l'amour, aidoit quelquefois à en faire valoir le commerce. Isabelle l'appellant un jour ; Claudine, lui dit-elle, êtes-vous femme encore à bonne fortune ? j'en sçai une, & il ne tiendra qu'à vous qu'elle ne réussisse. Pourquoy non, lui répondit elle ? Isabelle lui conte l'avanture. Mais écoutez, Claudine, lui dit-elle, c'est vous qui ferez le sujet de la scene, vous en aurez aussi toute la recompense. Il faudra que vous couchiez avec le galant ; une pistole vous saute au collet pour chaque fois, payée d'avance.

Claudine ne se fit point tirer l'oreille,

FIDELE.

accepte l'offre. Le Cavalier de plus en plus amoureux, languit, soûpire prés d'Isabelle, la conjure de répondre à son ardeur. La belle enfin joüant des mieux son rôle, fit semblant d'y condescendre, tombe d'accord de faits avec lui, à condition qu'il n'iroit dans sa chambre que de nuit, & lorsqu'il n'y auroit point de lumiere, étant honteuse qu'un homme la vît dans le temps qu'elle lui accorderoit les dernieres faveurs.

Nôtre nouveau débarqué donne dans le panneau ; il n'avoit garde de soupçonner que Claudine tinst la place de la belle: quelque temps se passa sans que la tromperie fût découverte. Claudine gagnoit toûjours sa pistole fort à son aise. Elle eût voulu que le commerce eût duré longtemps ; elle alloit presque toutes les nuits à la retribution, & le galant croyoit se divertir dans les bras d'Isabelle, qui l'enyvroit de plaisir & d'amour. Il s'ennuya pourtant d'être heureux, & voulut un jour voir dans sa chambre celle dont il étoit amoureux.

Il prit pour y réüssir une lanterne sourde, dans laquelle il mit une bougie allumée, qu'il couvrit d'un manequin qu'il trouva par hazard, resolu quand

V ij

la belle viendroit se mettre dans le lit, d'aller prendre sa lanterne, pour joüir à plein des plaisirs qu'il n'avoit goûtez qu'à l'aveugle.

Son dessein fut executé : mais quel étonnement de la part du galant ! de voir une momie tenir la place d'un objet charmant qu'il croyoit posseder. Le dépit le prend, Claudine se sauve comme elle peut, il est enragé d'avoir été la dupe d'Isabelle, lui qui se flattoit de duper les autres, il quitte l'auberge, & eut honte à l'avenir de paroître.

Cette avanture nous fournit matiere à rire, outre que nous connoissions le personnage. La conversation aprés cela roula sur d'autres choses, & ce fut ainsi que le temps se passa insensiblement jusqu'à minuit, que chacun songea à aller dormir.

XII. JOURNE'E.

Autre partie du fauxbourg de saint Antoine, Fauxbourgs de saint Laurent, de saint Lazare, de saint Martin, & de saint Denis.

NOus croyions le lendemain mon ami & moy, accompagnez de mon Guide ordinaire, prendre un carosse & aller voir ce qui restoit de curieux au fauxbourg de saint Antoine: mais une grosse pluye qui survint nous en empêcha; si bien que nous remîmes la partie à un autre jour.

Il étoit environ neuf heures du matin lorsque munis d'un bon déjeuner, nous commençâmes nôtre course. Nous allâmes d'abord aux *Enfans-Trouvez* dans la grande rue du fauxbourg, qui prend depuis la porte, & va finir vers le Trône. Nous ne trouvâmes rien de remarquable dans cette maison. C'est un asyle où l'on nourrit par charité des enfans qu'on a exposez, & qu'on tire de l'*Enfant-Jesus*, où on les porte d'abord pour les mettre en nourrice. C'est *Madame d'Aligre*, femme du Chancelier, qui a fondé cette maison, qui depuis ce temps-là a été beaucoup augmentée.

Plus haut & dans la même suite se voit l'*Abbaye de saint Antoine*, occupée par des Religieuses de l'Ordre de saint Bernard. Cette maison est fort ancienne. On en jetta les premiers fondemens en 1193. & demeura ainsi imparfaite jusqu'au regne de saint Louis qui la fit achever. L'Eglise n'est remarquable que par son antiquité. On y voit deux tombeaux; l'un de *Bonne*, & l'autre de *Jeanne de France*, toutes deux filles de *Charles V*. Roy de France.

En continuant nôtre route nous trouvâmes du même côté la *ruë de Neüilli*, qui prend dans la grande ruë, & va jusques à la barriere du même nom. C'est dans cette ruë que se voit la *Manufacture des Glaces de miroirs*. Elle est redevable de son établissement à *Jean-Baptiste Colbert*, Ministre d'Etat. Sa fabrique commença en 1665. On peut dire à la loüange de cette Manufacture qu'elle a trouvé le secret de donner des Glaces qui surpassent celles qu'on faisoit venir autrefois des pays étrangers.

FIDELE.

Nous allâmes au *Convent des Picpus*, ainsi appellez du village où ils sont établis aujourd'hui. Ces Religieux suivent la Regle du Tiers-Ordre de saint François. Leur maison est bâtie avec assez d'art ; & il n'y a rien à remarquer dans leur Eglise que le tableau du grand Autel, & un autre qui est dans leur Refectoire, qui a été fait par le *Brun*. Ce Convent a été fondé par *Vincent Mussart*, & on en jetta les premiers fondemens en 1544.

Aprés avoir vû l'Eglise nous allâmes nous promener dans le jardin, où nous trouvâmes des grottes de rocailles & de coquillages, qui nous parurent fort rustiques. Nous n'y vîmes rien autre chose que de fort simple, & conforme à la Regle de ces bons Religieux.

Non loin de là se trouve l'*Eglise des Religieuses Chanoinesses regulieres de saint Augustin*. Nous n'y trouvâmes rien qui pût nous arêter. Nous passâmes de là à un autre Convent appellé les *Chanoinesses regulieres de la Victoire*. L'Eglise en est petite, & n'a rien de considerable, ainsi que la maison.

Au sortir de *Picpus* qui est le village, nous gagnâmes la *ruë de Charonne*, qui donne dans la grande ruë du faux-bourg, & va jusques à l'extremité de Charonne. Dans cette ruë on trouve l'*Eglise des Religieuses de la Congregation*, construite assez simplement, le *Convent des Religieuses de Nôtre-Dame de bon Secours*; cette maison n'a rien de digne de l'attention d'un Curieux, non plus que l'*Eglise de saint Dominique de la Croix, & de sainte Madeleine de Trénel*. Toutes ces maisons étant d'une architecture mediocre, & où l'on a plûtôt cherché la commodité des lieux que l'ornement. On voit à *Charonne* même la maison de l'*Union Chrétienne*, qui est une Communauté de filles.

Nous vimes aussi en passant la maison du *Duc de Roquelaure*, qu'il a donnée aux Peres Théatins, pour en joüir seulement aprés sa mort. C'est une maison bâtie nouvellement avec assez de propreté, c'est tout ce qu'on en peut dire.

Nous trouvâmes aussi la maison de *Desnoyers*, du dessein de *Dulin* Architecte; il auroit pû, s'il eût voulu, ménager plus de terrein pour faire le jardin plus grand qu'il n'est. Cette maison bâtie sur un dessein mediocre, n'en auroit été que plus agréable.

Dans

Dans cette même ruë se trouve la maison de *Noury*, elle est bâtie sur les dessein de *de Lisle* fameux Architecte, & d'une apparence qui frappe agréablement la vûë, ainsi que la maison du *Baron de Breteüil*, Introducteur des Ambassadeurs.

De là nous allâmes à *sainte Marguerite*, qui est une petite Eglise qui n'a rien de remarquable dans sa structure : c'étoit autrefois une Aide ou Succursale de saint Paul, où il y avoit un Vicaire avec quelques Prêtres : mais depuis peu elle a été érigée en Cure. Il seroit à souhaiter qu'on trouvât des fonds pour agrandir cette Eglise, qui ne peut pas contenir le quart de ses Paroissiens.

Nous laissâmes à droite *l'incourt*, parce que j'y avois déja été. C'est une maison établie pour les Etrangers qui tombent malades, & où on les traitte moyennant une pension, & à bien meilleur prix que dans les auberges. Cette maison est située entre la Porte de saint Louis, & celle de saint Antoine, dans une grande ruë où il y avoit autrefois un hameau, & composée de deux aîles qui accompagnent le principal corps de logis. Au bout d'un grand jardin, & au-

X

dessus d'une grande terrasse s'éleve un pavillon en belveder, d'où l'on découvre differens objets lointains, qui forment une perspective fort agréable.

C'est aussi dans cette maison que plusieurs personnes, bons Bourgeois domiciliez même à Paris, vont pour se faire traitter lorsqu'ils sont malades ; ceux qui sont convalescens seulement choisissent ce séjour agréable pour y prendre l'air & de nouvelles forces. Il y a même des Dames qui y vont faire leurs couches, pour joüir d'un plus grand repos, & y trouver plûtôt qu'ailleurs les secours qui pour lors leur sont necessaires.

Il n'y a point de maladie qu'on n'y traitte, exceptez les maux veneriens. A cela prés on y reçoit tous ceux qui veulent y aller, de quelque condition qu'ils soient. Il y a aussi pour cela des pensions plus ou moins fortes, & proportionnées aux moyens des malades qui s'y font porter. On y est même traitté à forfait si on le souhaite, & le Medecin soir & matin n'y manque point.

Nôtre course ce jour-là finit d'assez bonne heure, n'ayant rien trouvé en nôtre chemin qui pût nous arrêter longtemps, outre qu'on va bien vîte lorsqu'on est en carosse. C'étoit au commencement du mois d'Août, que les jours sont fort longs, & que la *Foire de saint Laurent* est ouverte : nous n'y avions pas encore été, c'est ce qui nous détermina d'en faire la partie. Nous pri̇mes le boulevart pour y aller, & passâmes sous la Porte de saint Martin.

Cette Foire est fort ancienne, puisqu'elle doit son établissement à *Philipe Auguste*, qui en gratifia les anciens Religieux de saint Lazare ; c'est aujourd'hui les Peres de la Mission qui en joüissent avec les mêmes privileges & franchise qui lui avoient été accordez.

Ces Peres ont fait beaucoup de dépense pour la construction des loges qu'on y voit distribuées par ruës ornées de maroniers d'Inde plantez en allées. Ces loges sont autant de boutiques occupées par des Marchands qui vendent diverses sortes de marchandises. Les Caffez y sont magnifiques, tant par les illuminations qui les éclairent, que par la propreté des meubles dont ils sont ornez. Il y a d'autres loges qui sont occupées par des joüeurs de marionettes, & d'autres où l'on voit d'autres spectacles différens. Aux extremitez de cette place sont les danseurs de corde.

Rien ne manque à cette Foire pour goûter le plaisir qu'on souhaite. Spectacles agréables, bons cabarets, liqueurs excellentes, riches emmeublemens, & belles femmes, tout cela y attire une grande affluence de peuple de toute sorte d'états. C'est un lieu fertile en bonnes avantures, où les coquettes triomphent aux dépens de leurs amans qui en sont le plus souvent les dupes.

Il est vrai que j'eus bien du plaisir à cette Foire : une femme entr'autres accompagnée d'un galant me rejoüit des plus dans le cabaret où nous goûtâmes. Elle n'étoit séparée de nous que par une cloison de bois qui n'empêchoit point d'entendre tout ce qu'elle disoit. C'étoit une adroite à joüer un mari, & à lui tourner l'esprit comme elle vouloit. Le bon homme la croyoit la femme la plus fidelle qu'il y eût. Ses pas n'étoient point observez, & sous le voile d'une devotion affectée, elle sacrifioit à l'amant les droits que la foy conjugale n'autorise que pour le mari.

Il faut avoüer que cette passion est sujette à bien des revers : en voici un dont je fus témoin. A peine avions-nous à moitié goûté, que nous vîmes entrer deux Bourgeois d'assez bonne mine, qui prirent une table proche de nous. Nôtre prétenduë devote avec le galant aloit toûjours son train, & souvent entremêloit sa conversation de petits éclats de rire assez hauts. Falloit-il qu'elle rît si fort pour dévoiler un mystere qu'elle tenoit caché depuis déja bien du temps! Les Bourgeois dont j'ai parlé, ne prêtoient pas moins l'oreille que nous à tout ce qui se disoit dans l'autre chambre: Rencontre heureuse de la femme par le galant chez la Marton, où Venus tenoit academie; protestation de s'y revoir, rendez-vous donné, tout cela n'étoit point oublié dans l'entretien. Oriphile, c'étoit le nom qu'elle avoit emprunté, redoubloit toûjours ses éclats de rire, lorsqu'un de ces Bourgeois reconnoissant cette voix, resta tout pensif; & y donnant de plus en plus son attention, ne douta plus que ce ne fût sa femme: c'en fut assez pour sortir bien vîte du cabaret, & trouver moyen de la confondre de son infamie.

Il n'en avoit que trop entendu pour n'y point réussir; le nom, la demeure, & l'enseigne de la Marton, accompagnez d'autres circonstances qui la faisoient connoître pour ce qu'elle étoit, ne restérent que trop gravez dans sa memoire. Il y va de son pas ; chacun y est bien venu pour son argent ; & sans consulter personne, ni songer aux suites d'un expedient de cette nature, il entre, & s'informant des belles qui composoient ce serail, il demanda Oriphise : Oriphise soit, on la lui fait venir.

Nous qui avions entendu tout ce qui s'étoit dit entre le galant & la belle, & qui la vîmes sortir & suivre une femme qui venoit l'avertir, nous la suivîmes aussi ; elle nous parut fort agréable de visage ; elle entre, nous entrâmes aprés elle pour voir la scene. Marton honnêtement nous dit d'avoir patience : mais à peine fûmes-nous assis sur des sieges qu'elle nous offrit, que nous entendîmes en haut un grand bruit. Oriphise surprise, sans néanmoins se déconcerter, prit d'abord la parole, & s'adressant au mari : Quoy, lui dit-elle, voici donc de vos rendez-vous, infame que vous êtes ? c'est donc ainsi que vous répondez à l'amour que j'ai pour vous ? Heureux le sort qui a conduit ici mes pas pour vous voir entrer dans un lieu de prostitution, & vous y convaincre d'infidelité ! Le mari qui étoit un bon homme, tomba de son haut à ces mots ; il ne sçavoit s'il avoit tort ou raison. Cependant rappellant sa colere : Comment donc, mauvaise bête, lui dit-il, vous avez le front... Tout beau, lui répondit-elle, sans lui donner le temps d'achever, & mettant sa main comme de courroux sur ses hanches, journée de ma vie, poursuivit-elle, n'étoit le scandale que j'apprehende ici, je .... Taisez-vous, reprit-il, la fureur dans les yeux. Vraiment, interrompit Oriphise, ne voudriez-vous point, infame, m'imputer ce forfait ? Puis prenant un ton de beate : Que le Ciel me soit témoin de cette action, & veüille vous illuminer dans vôtre vie dépravée. Il fallut que le mari en passât par là ; il ne put tenir davantage contre l'effronterie de sa femme ; & soit par raison ou autrement, il sortit, & se contenta de l'emmener avec lui.

Voila des fruits de la Foire saint Laurent, & qu'il faut que bien des maris assez souvent avalent sans rien dire.

Avant que d'entrer dans la Foire nous avions pris la précaution de voir ce qu'il y avoit de curieux dans le *Fauxbourg de S. Martin.* Nous vîmes l'Eglise de *saint*

Laurent: c'est une Paroisse fort étenduë. Cet Edifice nous parut d'assez bon goût: La porte principale & l'Autel ont quelque chose de singulier dans leur construction, & je fus très content de la sculpture & des figures dont celui-ci est orné.

De là nous allâmes aux *Recolets*. Ces Religieux suivent la Regle de saint François, ne vivant que des aumônes qu'on leur fait. Ce Convent étoit peu de chose dans son commencement ; mais *Henry IV. & Marie de Medicis* contribuerent beaucoup à son agrandissement ; de maniere que cette maison, à present accompagnée d'un grand jardin ; fournit à ces Religieux beaucoup de besoins necessaires à la vie.

La construction de leur Eglise n'a rien de singulier ; elle est dédiée sous le titre de l'Annonciation de la Vierge. On estime leur Biblioteque ; comme étant trés bien assortie de livres qui regardent la morale. Ces Peres s'attachent beaucoup à l'édification des ames ; & vont en qualité de Missionnaires prêcher la verité de l'Evangile dans l'Amerique & le Canada. On en voit aussi beaucoup parmi eux qui sont Aumôniers d'armée.

Derriere ce Convent se voit l'*Hôpital*

de faint Louis, fondé par Henry IV. en 1607. pour ceux qui étoient atteints de la peste. Cet Hôpital n'a rien de particulier dans sa structure: il sert aujourd'hui de maison de campagne aux convalescens de l'Hôtel-Dieu, pour y prendre l'air & s'y fortifier.

Aprés cette course nous allâmes au *fauxbourg de saint Lazare*, qui est au bout du *fauxbourg de saint Denis*, où nous trouvâmes l'*Eglise de saint Lazare*. Elle appartient aux Prêtres de la Mission du même nom, qui reconnoissent pour leur premier Instituteur le Pere *Vincent de Paul*.

La fonction la plus ordinaire de ces Peres est de faire des Missions dans les villages, de diriger des Seminaires, & de rendre à l'Eglise beaucoup d'autres services pour sanctifier les ames.

Leur Eglise est bâtie tres grossierement. Il seroit à souhaiter pour eux qu'elle fût plus spacieuse. On voit dans le Chœur l'Epitaphe de *Vincent de Paul*, fort estimé de son temps.

La maison de ces Peres est fort étenduë, bâtie solidement sans beaucoup d'art, ayant d'ailleurs toutes les commoditez qu'on peut souhaiter pour l'utilité d'une

Communauté aussi grande qu'est celle-là. Le parc qui l'accompagne est extrêmement vaste ils en tirent bien des choses necessaires à la vie.

C'est dans cette maison qu'on envoye à la correction les libertins, & où l'on sçait les faire revenir de leurs déreglemens par des châtimens qu'on exerce sur eux avec toute la prudence possible. Le Parlement quatre fois l'année y envoye des Commissaires pour s'informer s'il ne se glisse point d'abus dans ces châtimens.

Vis-à-vis de cette maison on trouve les *Sœurs de la Charité*, dont les principales fonctions sont de servir les pauvres dans les charitez des Paroisses, & dans plusieurs lieux differens du Royaume. Ces filles sont redevables de leur établissement à *Louise de Marillac*, qui en fut la premiere Superieure en 1633. & c'est du Pere *Vincent de Paul* leur Instituteur qu'elles tiennent leurs Constitutions. Elles sont sous la direction des Peres de saint Lazare.

Les Sœurs de la Charité ne font point de vœux de Religion, leur étant permis de quitter quand elles veulent. On les employe dans les Paroisses à l'instruction des jeunes filles, ausquelles elles aprennent à lire, & d'autres ouvrages qui leur conviennent.

Derriere les murs du Parc des Peres de la Mission, est une petite Chapelle sous l'invocation de *Nôtre-Dame de Bonnes-Nouvelles*; elle est située à la *Villeneuve* proche de la barriere. L'Eglise est petite, assez mal bâtie; elle fut fondée par une personne de pieté en l'année 1656. exprés pour y enseigner le catechisme à vingt-cinq pauvres petits enfans de la Paroisse de saint Eustache dont elle ressort.

Il étoit tard ce jour-là, lorsque nous arrivâmes à l'auberge, parce que nous restâmes à la Foire jusqu'à ce qu'elle fût fermée. C'est le soir où elle paroît dans son lustre, par les grandes illuminations dont toutes les boutiques sont éclairées.

XIII. JOURNE'E.

De quelques Dehors de Paris qui en sont les plus proches.

JE laissai écouler huit ou dix jours d'une journée à l'autre, parce que j'avois quelques petites affaires d'ailleurs qui m'embarassoient l'esprit, outre que mon ami se trouva durant ce temps-là un peu indisposé. J'étois trop content de lui, & nos humeurs avoient trop de rapport l'une à l'autre pour achever mes courses sans lui.

Enfin le jour vint que nous partîmes: nous le choisîmes beau, & commençâmes nôtre course dés le matin, parce qu'elle étoit grande ce jour-là. Six heures sonnoient comme nous montions en carosse, conduits par un Fiacre qui pour lors nous servit de Guide, parce que le mien étoit tombé malade.

Nous sortîmes de Paris par la porte de saint Bernard, proche de laquelle est la *Halle au vin*, l'endroit où les Marchands forains en mettent en dépôt pour

FIDELE.

le vendre aux particuliers qui en souhaitent. Il y a du choix à faire, & à se méfier des Marchands, qui souvent vous vendent un vin d'un pays pour un autre.

Nous continuâmes nôtre route le long du Quay, & allâmes à l'*Hôpital de la Salpêtriere*, autrement appellé l'*Hôpital General*. Cette maison doit son principal établissement à *Pompone de Believre*, Premier President au Parlement de Paris, qui y apporta tous ses soins, & contribua beaucoup de ses deniers à le fonder. Le *Cardinal de Mazarin* lui aida considerablement, ainsi que la *Duchesse d'Aiguillon*. Il y eut encore d'autres personnes de distinction poussées par un motif pieux, qui fournirent beaucoup sous-main à l'execution de ce grand dessein.

Cet Hôpital est extremement vaste. C'est un bâtiment construit plûtôt pour la commodité de tous les pauvres qu'on y vouloit mettre, que pour la magnificence ; car enfin on fait compte tous les jours de plus de six mille personnes de tout âge & de tout sexe qu'on y nourrit & qu'on y entretient. Il faut que la Providence ait bien travaillé dans cette entreprise, pour fournir tous les jours & reglément aux besoins de tant de monde.

L'Eglise de cet Hôpital nous fit plaisir à voir. Le dessein en est beau & tres bien pensé. Son Autel est placé on ne peut pas plus avantageusement pour la commodité des pauvres : l'architecture en est fort estimée, & au sentiment des Curieux c'est un morceau d'un goût bien inventé & tres bien conduit.

Il y a plusieurs personnes préposées pour le gouvernement de cette petite populace, tant pour ce qui regarde la vie du corps, que celle de l'ame. Les jeunes filles, dont le nombre est tres grand, sont occupées à des ouvrages qui leur sont convenables, & dont la maison tire un revenu considerable.

Proche de là se trouve le *Marché aux chevaux*, par où nous passâmes; il se tient le Mercredi & le Samedi de chaque semaine. C'est en ce lieu qu'il y a bien du maquignonage, si on n'y prend garde, & où la marchandise est la plus trompeuse.

De là nous allâmes à *Bicestre*, qui est un ancien Château situé dans la campagne sur le côteau de Villejuif. C'est un autre Hôpital, aide de la Salpetriere, & où l'on ne met que des hon.mes. Cette maison n'a rien d'ailleurs qui merite l'attention d'un Curieux.

Une charte de l'an 1290. fait connoître qu'elle appartenoit autrefois à un Evêque de Paris, on l'appelloit la *grange aux gueux*. Ce Château tomba dans la suite dans la possession de Jean Evêque de Vvinchestre en Angleterre, qui y demeura : il fut pour lors appellé le *Château de Vvinchestre*, & du depuis par corruption *Château de Bicestre*.

On dit qu'ayant été démoli, *Jean Duc de Berry* le fit relever sous *Charles V.* & sous *Charles VI.* son fils & son successeur. Les Bouchers & les Ecorcheurs de Paris, suscitez & armez en faveur du Duc de Bourgogne, le pillerent & renverserent la plus grande partie de cet Edifice ; il fut encore relevé depuis, & tomba en ruine de nouveau. Loüis XIII. y fit bâtir un bel Hôpital pour y mettre les soldats estropiez, qui ont été tirez de ce lieu-là, où l'on renferme les mendians.

A quelque distance de là, en tirant du côté de la porte de saint Jacques, se voit l'*Institution*. C'est une maison qui appartient aux Peres de l'Oratoire, bâtie dans la campagne avec assez de propreté : c'est où se tient leur Noviciat. Ces Peres sont redevables de ce monument à *Nicolas Pineit* qui l'a fondé. L'Eglise n'a rien de curieux qu'une niche de marbre dans laquelle on voit à genoux le *Cardinal de Berule*, il y a un de ses bras qui y est enfermé.

Cette maison a ses agrémens particuliers ; car outre le bâtiment, elle consiste en une grande étenduë de jardin, orné d'un beau couvert, distribué en bosquets & autres ornemens de jardin, ce qui fournit à ces Peres une promenade toute agréable.

Nous vinmes de là à l'*Observatoire*, qui est une maison Royale bâtie exprés pour y faire des observations astronomiques & physiques. On en jetta les premiers fondemens en 1667. Cet Edifice est construit fort solidement, mais d'une architecture tres simple. L'escalier en est fort estimé, étant d'un dessein d'un tres bon goût.

Ce bâtiment a trois voûtes l'une sur l'autre, & est surmonté d'une terrasse dont la vûë s'étend fort loin. Il y a une Salle où l'on voit quantité de modeles de de machines inventées tres ingenieusement, & un miroir de métal tres grand & fort curieux.

Comme cette maison est destinée pour y observer les astres, aussi est-elle la demeure des habiles Mathematiciens qui y ont le plus de connoissance. Le celebre *Jean Dominique de Cassini* y a brillé de son temps : *Philippe de la Hire* qui y a actuellement son appartement, s'y distingue tous les jours de plus en plus par les découvertes importantes qu'il fait dans la science qu'il professe : Il est de l'Academie Royale des Sciences.

Vis-à-vis l'Observatoire est la *Maison des Eaux*, ou le *Regard de saint Laurent*, construit exprés pour recevoir les eaux qu'on tire du village de *Rongis*, pour être distribuées dans plusieurs quartiers de la ville. Ces eaux passent par l'Aqueduc d'Arcüeil dont je parlerai ailleurs : cette espece de réservoir est assez bien imaginée.

Au sortir de cette maison nous allâmes aux *Invalides*. C'est un vaste & superbe Edifice, construit exprés pour l'entretien & pour la nourriture des Officiers & des soldats estropiez, qui ont servi quelque temps, ce qui leur tient

Y

lieu d'une espece de récompense.

On jetta les premiers fondemens de cette maison en 1671. elle est fort bien située, & le tout est remarquable par la magnificence qui regne dans toute sa construction, qui n'est digne que d'un aussi grand Roy qu'est le Prince qui en a fait la dépense.

Ce superbe Edifice est composé de cinq cours d'enfilade, toutes d'une même forme, & environnées de logemens à quatre étages. Celle du milieu a plus d'apparence que les autres, à cause de deux rangées d'arcades l'une sur l'autre qui forment des coridors tout autour.

A mesure qu'on avance on trouve dans la derniere cour la porte de l'Eglise. Ce vaisseau n'a rien qui surprenne dans sa construction, si vous en exceptez la nouvelle, dont la porte principale donne dans les champs. Il n'y a rien de plus grand, de plus magnifique, ni de mieux executé que cet Edifice : c'est un ouvrage achevé dans son genre, & dans le goût de saint Pierre de Rome.

Vancleve, Coizevox & Girardon, tous trois celebres Sculpteurs, s'y sont distinguez dans leur art. Le Dôme qui s'éleve au milieu est une piece achevée pour le dessein, dont l'exterieur n'a rien d'égal en architecture, ni de plus richement orné. Le dedans n'a pas moins d'apparence ni d'ornemens d'un aussi bon goût. Les peintures y sont charmantes; ce sont des ouvrages de *la Fosse* aujourd'hui si en réputation. *Noël Coypel* s'y est aussi distingué.

Enfin on voit dans ce magnifique monument tout ce que l'on peut penser de plus delicat, de mieux pensé & de mieux fini dans l'architecture, la sculpture, & la peinture. Il est tout pavé de marbre blanc, partagé par des compartimens de diverses couleurs; & c'est, pour en faire l'éloge en peu de mots, un des plus beaux Edifices qu'il y ait en France, & qui merite le plus l'attention des Curieux.

Pour revenir à present à la maison, les dedans en sont tres bien distribuez pour la commodité de ceux qui les habitent. Il y a une Salle du Conseil, ornée d'une riche tapisserie à la Turque; quatre grands Refectoires, des Infirmeries séparées du bâtiment par une cour, & d'une propreté achevée. Ce sont les Sœurs de la Charité qui y servent les malades, & les Perés de la Mission de saint Lazare qui conduisent le spirituel dans cet Hôtel. Les soldats y font tous les jours la Garde aux portes, & les exercices militaires ausquels ils sont accoûtumez. Tout y vit dans une discipline des mieux observées, & dans un ordre, tant il est bien reglé, que la grande multitude de personnes qui y logent ne peut interrompre.

Aprés avoir vû toutes ces curiositez nous retournâmes dîner à nôtre auberge, pour aprés reprendre nôtre route du côté de la *Porte de la Conference*, nommée ainsi à cause des conferences de paix qu'on y a faites autrefois. Elle est située à l'extrémité du jardin des Tuilleries. Cette porte conduit au *Cours-de-la-Reine* ; ainsi appellé, parce que la Reine *Marie de Medicis* l'a fait planter. C'est une des plus agréables promenades qu'il y ait autour de Paris, & le rendez-vous du beau monde & des coquettes à certaines heures. Ce lieu si charmant où l'on va pour se divertir, est planté de quatre rangées d'arbres qui regnent depuis la porte par où on y entre, jusqu'à Chaillot, & tout le long de la Seine.

Au milieu de ce cours on trouve une

grande esplanade ronde, bordée des arbres qui la composent. Proche de là se voyent les *Champs-Elisées*, qui sont plusieurs autres allées d'arbres plantez avec symetrie, se coupant les unes & les autres : elles s'étendent jusqu'au Roule, dont je parlerai dans la suite.

Et pour revenir au Cours, il est vrai que par la salubrité de l'air qu'on y respire, c'est un plaisir que de s'y promener. Autrefois on n'y alloit prendre le frais que depuis cinq ou six heures du soir jusqu'à dix : mais depuis peu on s'est avisé d'allonger ce plaisir jusqu'à quatre ou cinq heures du matin. On y donne le bal, ce qui y attire une foule prodigieuse de monde de tous états, de tout âge & de tout sexe ; & fait faire des parties de masques pour y goûter le divertissement avec plus de liberté ; car pour lors on y prend des grisettes pour des Dames de consequence, & des Bourgeois pour des Seigneurs.

Je voulus faire comme les autres, & lier partie pour y aller déguisé. Je ne trouvai rien de plus agréable que des illuminations qui éclairoient la campagne en pleine nuit ; rien de plus charmant que cet accés permis auprés du premier masque que vous trouvez, pour y dire mille petites folies enjoüées.

Là n'ayant pour tout siege que le gazon, on s'y asseoit sans ceremonie ; & comme le hazard dans ces rencontres préside toûjours plus que toute autre chose, il me tomba en lot une jeune femme fort agréable, qui s'étoit dérobée à son mari ce jour-là, sous pretexte d'aller veiller une de ses parentes qui étoit malade. Le mari de son côté voulut profiter de l'occasion du bal, & eût été bien fâché d'y produire sa femme, parce qu'il en étoit un peu jaloux ; mais je ne sçai par quelle avanture il arriva qu'ils se trouverent tous deux, comme on le verra.

La belle étoit accompagnée d'une autre femme non moins agréable qu'elle de visage & dans la conversation. Un autre masque qui n'étoit point de nôtre compagnie voulut lui en conter de trop prés ; elle s'en dégagea adroitement : nous continuons nôtre entretien ; la plaisanterie fait d'abord son personnage, les mots d'esprit & à double entente viennent s'y mêler : & enfin l'amour qui est toûjours le Héros de la piece, voulut y paroître.

FIDELE.

Nous allâmes danser: Pour mon ami qui n'étoit bon à rien ce jour-là parcequ'il étoit malade, nous attendoit sur l'herbe. Aprés la danse nous nous rejoignimes: les belles avec un homme qui les accompagnoit parlerent de reveillon; c'étoit un franc benêt, qu'elles n'avoient pris, je crois, que par politique. Nous nous offrîmes d'être de la partie, on ne nous dit mot; elles levent le siege, nous les suivons à Chaillot, & entrâmes dans le cabaret où elles étoient, & faisant comme si le hazard nous y avoit conduits, nous nouâmes partie, & fimes le réveillon ensemble.

Tout avoit bien été jusques-là, lorsqu'il arriva un contretemps qui gâta toute la fête. J'ai dit que le mari d'une de ces belles étoit aussi venu au bal du Cours: il étoit en partie quarrée, & dans une chambre voisine de celle où nous étions; & comme pour lors on ne déguise plus sa voix, il ne fut pas difficile au mari de distinguer celle de sa femme, ni à la femme de reconnoître son mari à la sienne. Voila deux personnes bien intriguées: le mari que sa jalousie poignardoit, ne peut se contenir; il vient le visage tout troublé : mais la femme.

avec plus de présence d'esprit le prévenant agréablement : Quoy c'est toy, lui dit-elle, mon ami, & qui croyoit te voir ici ? Et qui croyoit vous y trouver, lui répondit-il ? Il vouloit lui en dire davantage, lorsque sa femme lui sauta au col, le baisa, le caressa, & sçut si bien le prendre, qu'elle l'adoucit de maniere que nous nous joignîmes tous ensemble, & passâmes ainsi le reste de la nuit fort agréablement.

Ne faut-il pas avoüer qu'il y a de bons maris à Paris. Je ne sçai pas au reste comment l'histoire se passa : mais la femme me parut trop spirituelle pour ne pas sçavoir tourner l'esprit du mari comme elle vouloit. Il arriva bien d'autres avantures dans les Champs Elisées, ces champs bienheureux où la liberté regnoit sans crainte. Les maris jaloux y étoient dupez par l'apparence, & les Argus trompez ; les belles au clair de la Lune y changeoient souvent de favoris. Un Gardenottes assis prés de sa femme qui étoit déguisée, lui en conta : celle-ci pour profiter de son erreur en tira de l'argent, & lui accorda ce qu'il demandoit : nôtre homme fut bien sot lorsqu'aprés avoir joüi des faveurs de la belle

sous

FIDELE. 265
sous le masque, il vit à découvert que c'étoit sa femme. C'est ainsi qu'on passe une partie de la vie à Paris, ce qui fait qu'on y trouve le séjour bien agréable.

Proche de ces aimables lieux est le Reule, petit village situé à l'extrémité du fauxbourg de saint-Honoré. C'est là où est la *Pepiniere royale*, où l'on éleve des arbres verds, arbustes & arbrisseaux, & des fleurs curieuses de toutes espeçes pour fournir les Tuilleries & le Jardin de Versailles. Il y a aussi beaucoup d'orangers qu'on y cultive avec grand soin, & beaucoup d'intelligence en cet art.

Nous revînmes de là au *fauxbourg de saint Honoré*, où nous ne trouvâmes rien qui fût digne d'arrêter des Etrangers curieux. De ce fauxbourg nous gagnâmes *Montmartre*, qui est une haute montagne au haut de laquelle est une *Abbaye royale de Religieuses Benedictines*. Leur Eglise n'a rien de remarquable. Proche de là est la *Chapelle des Martyrs*, celebre par son antiquité, & par la devotion generale des peuples qui y vont en procession ou en pelerinage durant toute l'année.

Voila les dehors de Paris les plus pro-
Z

ches, il y en a d'autres plus éloignez, qu'on peut aller voir si l'on veut, & dont je parlerai en leur lieu. Ne sçachant que faire après cette course, nous nous avisâmes d'aller à L'Opera : on joüoit une Piece nouvelle ce jour-là, ce qui nous détermina à cette partie.

ARTICLE PREMIER.

Des Eglises dont on n'a point parlé.

PAris est une ville si grande & si recommandable par tout ce qu'elle renferme, que plus on en parle, plus on trouve matiere à en dire quelque chose. Il y a un ordre admirable établi pour la netteté des ruës, & les lanternes. Les Boüeurs payez pour cela vont par tous les quartiers de la Ville pour enlever les boües à huit heures en hyver, & à sept en esté, & une demi-heure après que des hommes nommez par les Commissaires ont été avec une sonnette à la main dans les ruës avertir les Bourgeois de faire nétoyer le devant de leurs maisons, & d'en tenir les immondices prêtes à charger dans le tombereau, à peine d'amende; ce qui fait que Paris, malgré la multitude prodigieuse du monde dont il est rempli, est toûjours propre; l'air aussi, par le moyen de cette belle police, n'a rien de mauvais.

Cette même clochette dont j'ai parlé, avertit aussi de l'heure d'allumer les lanternes qui éclairent les ruës jusques à deux, ou trois heures aprés minuit. C'est une commodité tres grande, pour ceux qui sont obligez de sortir la nuit.

On n'oublie depuis longtemps ni soins ni dépense pour l'augmentation & l'embelissement de cette Ville. Il n'y a point de Rois qui sous son regne n'y ait voulu voir quelque chose de nouveau : mais on peut dire que de tous ceux qui sont passez, le regne de Louis XIV. est celui qui a le plus contribué à sa magnificence & à son agrandissement.

Les Etrangers sont surpris de voir combien il y a d'Eglises & de Chapelles à Paris; c'est pourquoy on peut hardiment assurer qu'il n'y a point de Villes en France où les ames devotes trouvent mieux de quoy satisfaire leurs pieux desirs. Outre celles dont j'ai parlé jusques ici dans mes courses, on en compte une infinité d'autres que je n'ai pû rapporter

Z ij

alors, parce qu'elles m'écartoient trop de ma route ; m'étant reservé d'en faire un article particulier : le voici.

Dans la *ruë de la Colombe*, prés la *ruë des Marmousets*, au quartier de Nôtre-Dame, on trouve la Chapelle de *faint Agnan*, où il n'y a rien de remarquable.

Vis-à-vis le College de Navarre, montagne sainte Geneviéve, est la *Chapelle de l'Hôtel d'Albiac*, qui est un Seminaire fondé pour la nourriture de trente-trois pauvres garçons qui veulent étudier à Paris.

On trouve dans la vieille ruë du Temple l'*Eglise de saint Anastase*, celle de *sainte Anne* à la *Nouvelle-France*. Elle est fort petite ; il y a une Confrerie d'établie en l'honneur de cette Sainte.

Dans le *Cloître de Nôtre-Dame* est la *Chapelle de saint Denis du Pas*, remarquable seulement par son antiquité, & le premier martyre qu'on y fit souffrir à ce Saint, qu'on mit dans un four chaud, dont il sortit par miracle, sans y avoir reçû aucun mal.

On voit à côté de Nôtre-Dame l'*Eglise de saint Jean le rond*. Elle est fort petite & tres ancienne ; c'est la Paroisse du Cloître, qui est de peu d'étenduë. C'est là qu'est enterré *Gilles Ménage*, mort en 1692, le 23. de Juillet, cet auteur si celebre par tant d'ouvrages d'érudition qu'il a donnez au Public.

Prés de là & dans le même quartier se voit l'Eglise paroissiale de *saint Christophe*, où l'on ne voit rien de curieux. Cette Eglise a donné le nom à la ruë où elle est située.

Dans la *ruë-neuve de Nôtre-Dame* est la Paroisse de *sainte Geneviéve des Ardens*, appellée de la sorte à cause d'un miracle particulier qui s'y fit par l'intercession de cette Sainte, qui fit cesser une maladie épidemique, & en guérit ceux qui en étoient attaquez. On appelloit autrement ce mal *les Ardens*, parce que ceux qui en étoient tourmentez sentoient interieurement un feu si violent, qu'on ne pouvoit l'éteindre par aucun remede. Ce miracle arriva en l'an 1131. & en mémoire de ce bienfait on bâtit cette Eglise qu'on dédia à cette Sainté.

On trouve aussi proché de là *sainte Marine*, petite Eglise, mais fort ancienne. C'est la Paroisse de l'Archevêché, & au Curé de laquelle sont renvoyez les mariages ordonnez par Sentence de l'Official. Dans cette Eglise est inhumé *François Miron*, mort en 1609. il avoit été Lieutenant-Civil, & Prevôt des Marchands.

L'Eglise de *saint Pierre aux bœufs* est bâtie proche de Nôtre-Dame. C'est une petite Paroisse fort ancienne, dont le vaisseau n'a rien de remarquable dans sa structure. On appelle ainsi cette Paroisse, parce qu'on y fait toucher les bêtes à cornes d'un fer chaud, pour empêcher qu'elles ne soient attaquées de la rage. La ruë où cette Eglise est bâtie tire son nom du même Saint.

Au bout & derriere le Cloître de Nôtre-Dame se voit *saint Landry*, qui a donné son nom au port sur lequel il est situé. C'est une Paroisse de fort peu d'étenduë, & dont l'Eglise n'est remarquable que par son antiquité, & le tombeau de la Femme de *Girardon* fameux Sculpteur, qui le lui a fait ériger lui-même. Il suffit qu'il se soit mêlé du dessein pour en juger avantageusement: l'execution y a répondu. Cet ouvrage est digne de l'attention des Curieux.

En montant du côté de l'Hôtel des Ursins on gagne *saint Syphorien*, qui est une petite Chapelle, mais fort ancienne.

La Communauté des Peintres s'y est établie en 1704, & l'a embellie depuis peu des ouvrages de son art.

Saint Denis de la Chartre est vis-à-vis. C'est une maison occupée par des Religieux de l'Ordre de saint Benoist. L'Eglise en est fort ancienne ; c'est un Prieuré possedé ordinairement par un Abbé Commendataire. La Reine mere *Anne d'Autriche* a fait enrichir l'Autel principal de plusieurs figures qui representent le miracle qui arriva à saint Dénis lorsqu'on l'enferma dans ce lieu, chargé de chaînes & au fond d'un cachot, dans le temps qu'il vint prêcher l'Evangile en France.

Dans la *rue de la Juifverie* on trouve l'Eglise Paroissiale de la *Madeleine*. Le Curé a le titre d'Archiprêtre. Il y a une Confrerie qui autrefois étoit tres-celebre. On ne voit rien de remarquable dans cette Eglise.

Dans la *ruë de la Savatterie* est le Cul-de-sac de saint *Martial*, où se trouve l'Eglise du même nom ; elle est trés anciennement bâtie, & perce dans la *ruë au Fevre.* C'est une Paroisse limitée de fort prés, & où il n'y a rien de singulier.

Z iiij.

Vis-à-vis la *rüe au Fevre*, & dans la *rüe de la Calandre* est *saint Germain le Vieux*, dont le grand Portail donne du côté du Marché-neuf. C'est une Eglise des plus anciennes de Paris. On estime fort la menuiserie du principal Autel, & le tableau qui en rehausse le retable: il represente le Baptême de Nôtre-Seigneur. Cette Eglise fut en 886. l'asile des Reliques de ce Saint, pour les sauver des mains des Normans qui pour lors vouloient mettre le siege devant Paris.

On voit dans la *rüe de la Barillerie* la maison des *Barnabites*, de la Congrégation de saint Paul, & appellez ainsi parce que leur General a toûjours demeuré dans saint Barnabé à Milan. L'Eglise de ces Peres est assez propre, & nouvellement bâtie. On en estime beaucoup le Portail, parce qu'il est d'un dessein de bon goût, & tres bien executé; c'est tout ce qu'un Curieux y peut remarquer: elle est dédiée à saint Eloy.

Prés le Palais est l'*Eglise de saint Barthelemy*, Paroisse du Parlement Sa construction n'a rien qui flatte la vûë Elle est obscure, à cause des maisons élevées qui l'environnent. Son principal Autel est estimé par sa menuiserie, dont le dessein est assez bien imaginé, & la dorure qui la releve. On voit dans une Chapelle à main droite trois tableaux faits par *Heraut*, Peintre fameux. Dans la même Chapelle est enterré *Claude Clerselier*, fameux Philosophe de son temps, mort en 1686. on y voit son tombeau chargé de plusieurs figures, accompagnées d'autres ornemens du dessein & de l'execution de *Barthelemy de Melo*, Sculpteur Flamand. Le celebre *Louis Servien*, Avocat General au Parlement, est aussi inhumé dans cette Eglise.

Il y a encore beaucoup d'autres quartiers dans Paris, où il y a des Eglises dont il n'est pas fait mention jusques ici. Dans la *rue du Bac* est l'Eglise des Religieuses Benedictines de *Mouzon*. Proche de la Charité est la Chapelle du Reverend Pere *Bernard*, bâtie depuis quelque temps des deniers provenus de la dévotion de plusieurs particuliers.

L'Eglise *des bons Enfans* est construite où étoit autrefois la Porte de saint Victor; on appelle la maison le *Seminaire des bons-Enfans*. Les Peres de la Mission de saint Lazare en sont les Directeurs. Il y a beaucoup de jeunes Ecclesiastiques qu'on instruit dans les ceremonies de l'Eglise. Ces Peres ont considerablement ag: andi cette maison, qu'on nomme à cause de cela: & depuis cette augmentation le *Seminaire de la Congregation de la Mission*.

On trouve aussi dans la ruë de saint Honoré une *Chapelle des bons-Enfans*, dédiée à *saint Clair*, & fondée par *Jacques Cœur* Argentier de France.

Outre l'Eglise des Carmelites du fauxbourg de saint Jacques on compte encore d'autres maisons de ce nom: Sçavoir, les *Carmelites de la ruë du Buloy*, proche la Croix des petits-champs, & les *Carmelites de la ruë Chapon*, vis-à-vis le cimetiere de saint Nicolas des Champs.

Vis-à-vis les grands Jesuites se voit l'*Eglise de sainte Catherine du Val des Ecoliers*, autrement dite *de la Coûture*, bâtie sous le regne de saint Louis. Elle a été longtemps desservie par des Religieux du Val des Ecoliers. Ce sont aujourd'hui des Chanoines Reguliers de la Congregation de sainte Genevieve qui en font les fonctions.

Le Portail de cette Eglise merite qu'un Curieux s'y arrête pour le considerer. L'architecture en est estimée. Les illustres qui y sont enterrez sont, *Pierre d'Or-semont*, Chancelier sous le regne de Charles V. *René de Biragues*, aussi Chancelier. Sa femme est inhumée proche de lui. Son tombeau est dans une Chapelle en entrant à main droite; c'est un ouvrage de *Germain Pilon*, Sculpteur de son temps fort en reputation. On voit encore dans cette Eglise le tombeau de *Pierre de Ligneres*, President au Parlement de Paris sous le regne de Henri II. qui mourut le 11. d'Août 1556.

Il y a encore dans Paris plusieurs Chapelles particulieres. Les Cours Souveraines & autres Jurisdictions ont chacune la leur, où les Juges entendent la Messe avant que d'entrer, ou aprés la levée du Siege. Il n'y a point de College aussi qui n'ait sa Chapelle fondée.

L'Eglise des Religieuses Hospitalieres de la Charité des femmes, proche des Minimes de la Place Royale. C'est un Convent & un Hôpital où l'on ne reçoit que des femmes.

Proche des Peres de la Doctrine Crétienne dans la ruë *Coupeau*, est l'Eglise des Religieuses de la Congregation de Nôtre-Dame. Celle des *Nouveaux-Convertis* se trouve à l'entrée de la ruë de Seine, proche de l'Abbaye de Saint Victor; & dans le fauxbourg de saint Marcel est l'*Eglise des Religieuses de la Créche* auprés du *Puits l'hermite*, qui aboutit à l'Hôpital de la Pitié. Il n'y a rien de remarquable dans toutes ces Eglises.

On trouve à la *Ville-l'Evêque lez Paris*, où *petit Menilmartre*, l'*Eglise de Nôtre-Dame de Grace*. Proche des Incurables se voit la *Chapelle de Nôtre-Dame de Liesse*; & dans la rue du *Champ de l'Aloüette*, au quartier de saint Medard fauxbourg saint Marcel, est la *Chapelle de Nôtre-Dame de Bon-Espoir*.

La *Chapelle des Religieuses Hospitalieres de saint Gervais* se voit dans la vieille ruë du Temple, vis-à-vis la rue des Enfans-Rouges; & la *Chapelle des Andriettes* au bout de la ruë de la Mortellerie du côté de la Greve. On tient que c'étoit la chambre où demeuroit sainte Genevieve, & où elle est morte.

Au fauxbourg de saint Victor est la *Chapelle du Jardin Royal des Plantes*. Sa construction marque assez son antiquité. C'est tout ce qu'on y voit de singulier.

L'Eglise de saint Josse se voit dans la rue Aubri-le-Boucher. Il n'y a rien qui merite l'attention d'un Curieux. Celle des Religieuses de sainte Madeleine au quartier du Temple, rue des Fontaines, vis-à-vis la grande porte du Temple.

A la Porte de saint Bernard, & proche de la Halle au vin est la Chapelle ou Maladerie dépendante du College de Montaigu; & à Scipion est l'Eglise de sainte Marthe. C'est une des maisons du grand Hôpital, bâtie au fauxbourg de saint Marcel.

La Chapelle Collegiale des Religieux de la Mercy dans la ruë des Sept-voyes vis-à-vis la rue du Four. C'étoit autrefois le College d'Albret; il reste encore au dessous une Cour de ce nom pour marquer que ce College y fut construit : & dans la Cour du Palais se trouve la Chapelle de saint Michel, où les Huissiers tiennent une Confrérie.

On trouve la Chapelle de saint Nicaise dans l'enclos de l'Hôpital des Quinze-vingt; & celle des Orphevres dans la rue des deux Portes, qui finit dans le bas à la rue de saint Germain l'Auxerrois.

L'Eglise de saint Pierre aux liens est

bâtie dans le grand Hôpital; & la Chapelle de la Reine dans la ruë Coquilliere.

Au bout de la *ruë des Vignes* fauxbourg saint Marcel, on trouve la *Chapelle du petit Hôpital de la Santé*; & dans le même fauxbourg *ruë de l'Oursine*, celle de *sainte Valere, ou Valerit*. C'est une maison entretenuë des aumônes de plusieurs personnes de pieté.

Dans le même fauxbourg proche du Puits l'Hermite dans la *ruë du Gril*, se voit l'*Eglise du Verbe Incarné*, occupée par des Religieuses. Cette maison est bâtie tres simplement.

On voit dans la *ruë Geoffroy-l'Asnier* une petite Chapelle entretenuë par les Mariniers du Port au foin; on y fait un reposoir le jour de la Fête-Dieu: & au coin de la *ruë des Rosiers* une autre petite Chapelle sous le titre de *Nôtre-Dame d'Argent*; elle est située derriere le petit saint Antoine. François I. la fit bâtir, & y posa la premiere pierre avec beaucoup de ceremonie, y allant en procession, accompagné des Cours Souveraines. Ce fut pour expier le sacrilege commis par un Heretique, qui par mépris avoit brisé la tête d'une Vierge de pierre qui étoit au même lieu. On la porta à saint Gervais, & fut nommée *Nôtre-Dame des Souffrances.*

Tous les Hôpitaux & les Colleges ont chacun leur Chapelle particuliere, c'est pourquoy je n'en dis rien ici.

ARTICLE II.

De tous les Colleges generalement qui sont dans Paris.

Aprés avoir parcouru Paris comme j'ai fait, & avoir examiné avec attention tout ce qu'il contient, je ne me suis plus étonné que ce séjour ait tant de charmes pour les Etrangers, & que le renom de cette Ville s'étende si loin: C'est une seconde Athenes pour les Sciences ; & où les Ecoles & les Academies sont remplies d'aussi grands Maîtres. Il y a un tres grand nombre de Colleges, les uns où l'on tient exercice ordinaire des Humanitez, de la Rhetorique, & de la Philosophie ; & les autres où il n'y a que des Boursiers nourris des revenus que des Fondateurs y ont laissez exprés. Commençons à faire le détail des premiers.

Colleges où il y a exercices ordinaires des Humanitez, de la Rhetorique, & de la Philosophie.

Le *College de Louis le Grand* occupé par les Jesuites, est un des plus fameux Colleges qu'il y ait à Paris. On l'appelloit autrefois le *College de Clermont*, parce qu'il avoit été fondé pour les Ecoliers de cette Ville. Il est situé dans la ruë de saint Jacques, & fut établi en 1550. par *Guillaume du Prat*, Evêque de Clermont, qui pour fond d'abord y laissa trois mille livres de rente, & une somme considerable de deniers dont les Jesuites acheterent pour bâtir ce College, une place appellée la *Cour de Langres*, où les premiers fondemens de leur maison furent jettez; depuis ce tems-là elle a été bien augmentée.

Il est vrai qu'on ne trouve rien de remarquable dans la construction de ce vaste Edifice. On n'y regarde que le grand nombre de chambres qu'on y a si bien pratiquées pour loger toute la maison de ces Peres, & la quantité prodigieuse de Pensionnaires qui y sont nourris.

Cette

Cette maison est une petite République, parce que, outre les Ecoliers, dont la plûpart sont enfans de qualité, ou distinguez par leurs grands biens, il y a encore des Precepteurs & des domestiques qui leur appartiennent.

Les Classes de ce College sont dans une grande Cour quarrée, partagées en six, sans comprendre la Philosophie, la Theologie, & les Mathematiques. Il faut remarquer au sujet de la Philosophie, que tous ceux qui veulent prendre des degrez, & qui tendent au Doctorat, doivent en étudier une autre que la leur dans un College de l'Université.

Quant à leur Eglise elle est construite fort simplement ; c'est proprement une grande Chapelle où l'on a trouvé le moyen de contenir beaucoup d'Ecoliers lorsqu'ils vont à la Messe ; l'Autel de cette Eglise est richement paré les jours de grandes Fêtes.

Les Jésuites ont une tres belle Bibliotéque ; c'est une des plus nombreuses & des mieux remplies de Paris. On fait souvent dans ce College des actions publiques pour exercer les Ecoliers. Ce sont toûjours des Pensionnaires & des Ecoliers qui en sont les Acteurs.

En sortant des Jésuites on trouve en descendant le *Collége du Plessis*, fondé l'an 1322. par *Geoffroy du Plessis*, Secretaire du Pape Jean XXII. & de Philippe le Long Roy de France. Ce Collège est beaucoup redevable de son agrandissement au *Cardinal de Richelieu*, qui l'a fait rebâtir comme on le voit à présent. Il y a aussi un grand nombre de Pensionnaires & d'Ecoliers dans ce Collège. Les Docteurs de Sorbonne en sont les Directeurs ; le Principal & les Regens n'y sont mis qu'à leur choix, & rien ne s'y fait qu'il ne vienne à leur connoissance.

J'ai parlé du *Collège des Quatre Nations* & de sa fondation ; on peut voir ce que j'en ai dit dans l'article qui concerne cette grande maison.

Le *Collège de Navarre* situé au milieu de la Montagne de sainte Genevieve est un des plus anciens & des plus étendus de l'Université. Quelques-uns veulent qu'on l'appelle aussi le *Collège de Champagne*. Il fut fondé l'an 1304. par la Reine *Jeanne de Navarre*, & par *Philippe le Bel* son époux.

On tient que ce College étoit autrefois le plus fréquenté de toute l'Univer-

FIDELE.

fité; il y a exercice pour les Humanitez & la Philosophie. On y enseigne la Theologie, & il y a pour cela quatre Docteurs de Sorbonne nommez exprés.

L'Eglise ni la maison de Navarre n'ont rien de remarquable que leur antiquité. *Pierre d'Ailly* Cardinal & Archevêque de Cambray y est enterré; il a beaucoup contribué par ses bienfaits à l'entretien de ce College. Le celebre *Clamangis* Docteur en Theologie; *Jean Textor* si reconnu, *Jean Gerson*, *Jean Major*, *Papillon*, & quelques autres y ont aussi leur sepulture, ainsi que *Jean de Launoy*, ce grand & celebre critique, & dont nous avons quelques volumes de l'histoire ecclesiastique.

En descendant sur la même montagne & dans la même ligne, se voit le *College de la Marche*, fondé par *Guillaume de la Marche*. On l'appelloit aussi le *College de Wvinville*, parce que *Bonne de Wvinville* y avoit aussi donné une maison qui fut jointe à la premiere en 1423. Il est vray que le nom de la *Marche* est resté à ce College, & qu'on ne le connoît communément que sous ce titre. Il a fourni de tres habiles Professeurs dans les Humanitez, & dans la

A a ij

Philosophie. On y prend auſſi Penſionnaires.

On trouve dans la ruë des Sept-voyes le *Collège de Montaigu* ou des *Capets*, fondé par *Gille Aicelin* Archevêque de Roüen, iſſu de l'illuſtre famille de Montaigu ; c'eſt ce Prélat qui en a jetté les premiers fondemens. *Pierre de Montaigu* Evêque de Laon le fit rétablir en 1388. & *Louis de Montaigu* le fit beaucoup augmenter en 1392. mais *Jean Standon* Docteur en Theologie ne trouvant pas ce College de ſon goût, le fit rebâtir à neuf.

Il eſt ſous l'adminiſtration du Chapitre de Nôtre Dame & des Chartreux. Il y avoit autrefois une regle de vie fort auſtere qu'il falloit que de pauvres Ecoliers qu'on y recevoit y obſervaſſent mais cette diſcipline n'eſt plus en uſage, elle eſt plus adoucie. C'eſt dans ce College qu'ont étudié *Calvin* ce fameux heretique, & le grand *Eraſme* de Rotterdam, dont la réputation s'eſt répanduë ſi loin.

Dans la ruë de ſaint Jean de Beauvais eſt le *Collège de Beauvais* ou de *Dormans*, fondé par *Jean de Dormans* Evêque de Beauvais & Chancelier de France en 1365. Ce College n'a rien de remarquable.

FIDELE

Proche de là est le *College de Presle* fondé par *Raoul de Presle* Avocat en Parlement l'an 1313. Beauvais & celui-ci ne furent d'abord qu'un College à cause de leur proximité: mais en 1325. on les separa, soit que ce fût l'intention des fondateurs, ou autrement. Ces deux Colleges sont fréquentez de peu d'Ecoliers, non pas manque d'habiles gens qui y enseignent, mais plûtôt parce qu'ils ne sont pas à la portée de bien des Etudians.

Le *College d'Harcour* est bien plus celebre & de plus ancienne fondation; c'est *Raoul de Harcour* Chanoine de Nôtre-Dame qui en a jetté les premiers fondemens en 1280. La maison n'a rien d'extraordinaire dans sa construction; on n'en estime que le Portail qui est d'un dessein fort bien imaginé. Ce College a beaucoup d'Ecoliers tant externes que ceux qui y sont à pension, & est rempli de Professeurs tres habiles; il est situé dans la ruë de la Harpe.

On voit le *College du Cardinal le Moyne* dans la ruë de saint Victor, fondé par *Jean le Moyne* Evêque de Poitiers & depuis Cardinal, & Legat en France vers Philippe le Bel en 1303. Le bâtiment & la Chapelle marquoient encore leur antiquité; il n'y a rien au reste de remarquable. Ce Cardinal y est enterré avec son frere qui a beaucoup fait de bien à ce College qui a titre de Paroisse. Les classes y sont remplies d'assez d'Ecoliers & de Professeurs habiles qui leur y enseignent les Humanitez & la Philosophie avec tout le soin & l'exactitude possible.

Le *College des Grassins* est dans la ruë des Amandiers: on l'appelle encore le *College d'Ablon*. Il fut fondé en 1569. par *Pierre Grassin Sieur d'Ablon*, Conseiller au Parlement. Cette maison est aujourd'hui fort négligée, son Eglise fort ancienne, & ses classes fréquentées de peu d'Ecoliers, parce que peutêtre est il trop éloigné des quartiers de gens qui font étudier leurs enfans.

Autres Colleges de Communautez Religieuses.

Il y a encore des Communautez de Religieux qui ont des maisons collegiales dans l'étenduë de l'Université, où les nouveaux Profez sont instruits dans les Humanitez, la Rhetorique & la Philosophie.

On compte parmi eux les *grands Augustins* à la descente du Pont-neuf. Les *Cordeliers* proche de saint Côme. Les *Jacobins* ruë de saint Jacques. Les *Bernardins* au quartier de saint Victor. Les *Carmes* de la Place Maubert. Les *Prémontrez* ruë Hautefeüille. Le *College de Grammont* ruë du Battoir, où demeurent des Religieux de cet Ordre: & *Cluny* dont voici quelques circonstances, parce que je n'en ai encore rien dit.

Ce College fut fondé en 1269. par le *Pere Tves* Abbé de Cluni. Il est situé sur la Place de Sorbonne. La maison ni l'Eglise n'ont rien de remarquable; elle est desservie par des Religieux de cet Ordre non réformez. Il y a un *Grand-Prieur* & un *Prieur*. Ce sont les deux Dignitez auxquelles les autres Religieux sont soûmis.

Outre les exercices ordinaires de l'Université, on professe, comme j'ai dit, la Théologie à Navarre & au *College de Sorbonne*. Cette maison merite bien qu'on s'y arrête pour dire les particularitez qui la regardent.

Cette magnifique maison fut d'abord fondée par *Robert Sorbon* Chanoine de Nôtre-Dame & Aumonier du Roy saint

Louis, qui seconda par ses liberalitez les intentions de ce grand homme: c'est de là que ce fameux College a pris le nom qu'il retient encore aujourd'hui, & ce fut en l'année 1250 qu'on commença ce celebre monument.

Le Cardinal de Richelieu ce grand amateur des Sciences, pour lors Proviseur de cette maison, & qui n'a voulu rendre sa memoire immortelle que par de grands travaux, la fit rebâtir de fond en comble. C'est dommage qu'il n'ait pû survêcu à cette haute entreprise, pour joüir du fruit de ses liberalitez.

On ne voit rien de plus magnifique ni de mieux conduit que tout ce vaste bâtiment, & pour en donner une idée qui satisfasse en quelque façon, je dirai que l'Eglise a des beautez toutes singulieres.

Son Portail qui fait face à une grande Place est construit avec des proportions si justes & si bien entendues, que *Jacques le Mercier* sur les desseins duquel il a été conduit, y a fait voir jusqu'à quel point de perfection l'architecture pouvoit monter. Les colonnes & les pilastres accompagnez des niches qui sont au milieu, & remplies de grandes Statues de marbre, servent d'une belle décoration

coration à ce portail, parce que tout y est travaillé avec beaucoup d'art.

Au-dessus de cette Eglise s'éleve un Dôme qui flatte la vûë par tous les morceaux qui le composent & les ornemens qu'on y voit, & qui y sont placez dans une tres belle ordonnance. La porte de l'Eglise du côté de la cour est aussi d'un tres bon goût.

Les Curieux trouvent aussi de quoy se satisfaire lorsqu'ils sont entrez dans l'Eglise: ils y voyent les douze Apôtres & des Anges de grandeur naturelle, placez dans des niches pratiquées entre des pilastres. On estime assez ces figures; elles sont de *Berthelot* & de *Guilin*, tous deux fort celebres Sculpteurs de leur temps.

C'est le fameux *le Brun* qui a donné le dessein du Maître-Autel. Il suffit qu'il parte du génie de ce grand Peintre pour avoir tout le bon goût qu'on peut attendre dans les ouvrages de cette nature. Il est orné de colonnes & de figures de marbre tres bien taillées. L'une represente la sainte Vierge, & l'autre saint Jean-Baptiste. La premiere est de *le Comte*, & *Ca[s]ene* a fait l'autre: *Jean-Baptiste Tuby* s'y est aussi distingué. Ces

B b

trois Sculpteurs se sont assez acquis de reputation, pour rien faire qui en démente. Cet Autel, outre ces ornemens, est encore décoré de marbres & de bronzes sortis des mains de tres habiles Ouvriers.

Dans le retable de l'Autel se voit un grand Crucifix de marbre, d'une beauté & d'une delicatesse surprenante ; il est d'*Arguiere* tres celebre Sculpteur. La matiere qui compose le Tabernacle est de marbre, accompagné d'autres decorations qui font un assez bel effet.

Il y a dans cette Eglise la Chapelle de la Vierge, dont l'image est placée dans le retable de l'Autel, tenant l'Enfant Jesus. Ce morceau de sculpture est fort estimé. On voit encore d'autres Chapelles qui sont décorées d'un goût qui fait plaisir.

Mais ce qui me parut dans cette Eglise flatter le plus ma curiosité, fut le tombeau du *Cardinal de Richelieu*, placé au milieu du chœur ; il est de *Girardon* ce Sculpteur depuis si long-temps en reputation ; & chargé d'un groupe qui represente ce Cardinal à demi couché, la Religion qui le soûtient, & à ses pieds la Science toute désolée. Il n'y a rien de mieux imaginé que l'attitude de ces figures, ni de mieux travaillé que les deux Genies qui sont derriere : on les voit pleurant, & soûtenir les Armes de Richelieu des marques honorables du Cardinalat, & du Cordon du Saint Esprit. On peut juger aprés cela si j'eus lieu d'être content de tout ce que j'avois vû.

Du Perron de cette Chapelle je descendis dans une grande cour environnée de bâtimens qui ne répondent pas à beaucoup prés à la belle construction de l'Eglise. Ce sont des appartemens distribuez plûtôt pour la commodité de ceux qui les occupent, que pour la magnificence. Ils sont destinez ordinairement pour trente-six Docteurs de la Maison & Société de Sorbonne. C'est un droit qui leur est dû.

Cette maison contient une tres belle Bibliotheque : elle regne sur les deux grandes Salles où l'on fait les Actes publics. C'est un College des mieux fondez qu'il y ait en ce genre. En voici d'autres dont les revenus ne servent qu'à l'entretien de plusieurs Boursiers, placez dans chaque College par ceux qui en ont droit, & par la Ville ou Nation dont ils doivent être.

Colleges sans exercices, & où il n'y a que des Boursiers.

Dans le dénombrement qu'on fait de ces Colleges, il y a le *College d'Autun* ruë de saint André des Arcs, fondé l'an 1340. par *Pierre Bertrand*, Evêque d'Autun, & Cardinal, originaire d'Annoüay en Vivarez. Les bourses de ce College sont affectées au Diocese de Vienne & au Bourbonnois.

Le *College de l'Ave Maria* a été fondé par *Jean d'Hubant*, Conseiller du Roy, President en la Chambre des Enquêtes, en l'année 1339. il est situé proche de saint Estienne du Mont.

Au bout de la *ruë des Chiens*, derriere le College de Montaigu, se trouve le *College de sainte Barbe*, fondé d'abord & construit par les liberalitez pieuses de quelques Bourgeois, pour y entretenir des Ecoliers & des Directeurs. Les premiers fondemens en furent jettez en 1556. Depuis ce temps-là *Robert du Gast* Docteur-Regent en la Faculté de Droit à Paris, acquit une partie de ces heritages, & érigea cette maison en College, dont les bourses sont düës aux

Ecoliers originaires de Paris & de Beauvais.

Le *College de Bayeux*, rue de la Harpe, fut fondé par *Guillaume Bonnet*, Evêque de ce lieu, en 1308. Ce sont les Ecoliers du Maine & d'Anjou ausquels appartiennent les bourses de ce College.

Il y a le *College de Boncourt*, situé au-dessus de celui de Navarre, fondé en 1353. par *Pierre de Bonçourt*, ou *Bécourt* selon quelques-uns, natif de Theroüenne. Messieurs de Navarre l'ont acheté, & joint au petit Navarre.

On trouve derriere saint André des Arcs le *College de Boissy*, fondé par *Godefroy de Boissy* & *Etienne* son neveu en l'an 1356. C'est le Prieur des Chartreux qui en est le Collateur, & les Boursiers doivent être de la famille des Boissys.

Le *Collége de Bourgogne*, ruë du Jardinet, fut fondé en 1331. par *Jeanne* Reine de France, & femme de Philippe de Valois. Il n'y a que des Bourguignons qui peuvent prétendre aux bourses qui en dépendent.

Le *College de Cambray* se voit sur la terre de même nom, vis-à-vis l'Eglise de saint Benoist. Il fut fondé par trois Evêques, *Hugues de Hareticaco*

Evêque de Laon, & depuis Archevêque de Reims ; *Guillaume d'Anxena*, Evêque de Cambray l'an 1548.

Dans la ruë du Plâtre, quartier de la Place Maubert, se voit le *College de Cornoüaille*. Il fut fondé par *Galeran*, *Nicolas de Gravia*, & *Jean Guiscu*, Docteurs en Medecine, & tous originaires de Cornoüaille.

On trouve le *College des Cholets* dans la ruë Jean-le-Maître. Il fut fondé par *Jean Cholet*, Evêque de Beauvais, depuis Cardinal & Legat en France.

En l'an 1380. *Michel d'Aimville*, Chanoine & Archidiacre de Noyon, Conseiller du Roy en son Conseil d'Etat & Privé, fonda le *College d'Aimville*, situé ruë de la Harpe vis-à-vis l'Eglise de saint Côme.

Pierre Fortet natif d'Aurillac en Auvergne, & Chanoine de Nôtre-Dame de Paris, fonda le *College de Fortet* en 1391. si fameux par les Assemblées qui s'y firent durant la ligue. Les Bourses de ce College appartiennent à la famille des Fortets, & à son défaut Paris & saint Flour ont ce privilege. Ce College est situé ruë des Sept-voyes.

Le *College Royal de Maître Gervais*

Crétien, dit de *Nôtre-Dame de Bayeux*, fut fondé d'abord par ce *Gervais Crétien*, né au Diocese de Bayeux, en l'an 1370. & depuis par Charles V. Roy de France, qui y donna un reliquaire de trés grand prix en l'an 1374. En 1671. ce College fut rebâti tout à neuf comme on voit aujourd'hui la face qui donne sur la ruë du Foin où il est situé. On a depuis quelques années restauré l'interieur. Les étudians originaires de Bayeux ont le privilege sur les bourses qui en dépendent.

Le *College de Grammont*, surnommé *Mignon*, fut fondé en 1348. par *Robert Mignon*, Clerc du Roy en la Chambre des Comptes. Il est situé vis-à-vis les grands Cordeliers.

Dans la ruë de la Harpe, se voit le *College de Justice*, fondé l'an 1351. par *Jean de Justice* Chantre de Bayeux, & Chanoine de Nôtre-Dame de Paris.

Le *College de Lisieux*, situé dans la ruë de saint Estienne des Grecs, & dit anciennement le *College de Torchi*, fut fondé d'abord en 1336. par *Guido de Harcour* Evêque de Lisieux, & depuis par trois freres de l'illustre Maison d'Estouteville; *Guillaume* Evêque, *Estoul*

Abbé de Fescamp, & Colard d'Esteuteville, Seigneur de Torchy. Ce College a quelque apparence sur le devant, par une grande porte qui néanmoins est d'un dessein très mediocre.

Au haut de la ruë des Carmes est le *College des Lombards*, vis-à-vis saint Hilaire. Il fut fondé en 1333. par le Pere en Dieu *André Chiny* Evêque d'Arras, natif de Florence en Toscane.

Le *College du Mans* situé dans l'encoignure de la *ruë de Reims* qui regarde le College de Lisieux, fut fondé en 1516. par *Philippe de Luxembourg*, Cardinal & Evêque du Mans. Les Ecoliers de ce Diocese ont privilege sur les bourses qui en dépendent.

On voit dans la ruë de saint Jacques le *College de Marmontier*, fondé par *Geffroy du Plessis*, en l'an 1332. & nommé ainsi parce que ce Duplessis s'étoit fait Religieux à Marmontier. Il voulut aussi pour cette raison que ce College servît de refuge à tous ceux de ce Monastere qui viendroient étudier à Paris.

Le *College de saint Michel* situé ruë de Bievre, autrement appellé le *College de Chanac* & de *Pompadour*, fut fondé en 1404. par *Guillaume de Chanac*, quatrevingt-huitiéme Evêque de Paris & Patriarche d'Alexandrie. Il étoit de la maison de Pompadour.

Le *College de Narbonne* ruë de la Harpe fut fondé par un Archevêque de Narbonne, & par un fameux Jurisconsulte, dont l'histoire de Paris ne dit pas les noms.

Guy de Roye soixante-huitiéme Archevêque de Reims, fonda le *College de Reims* situé ruë des Sept-voyes au-dessus de la ruë du Four; ce fut en 1412. Ce College fut pris & pillé par les Anglois en 1418. & fut rétabli l'an 1443. par Charles VII. qui y joignit le College de Rhétel. Les Ecoliers du Diocese de Reims doivent en être les Boursiers.

Il y a dans la ruë de la Harpe le *College de Séés*. Il fut fondé en 1427. par *Gregoire Langlois* Evêque de Séés.

Dans la *ruë Serpente* est le *College de Tours*; fondé en 1333. par *Estienne de Bourgueil* Archevêque de Tours, pour les Etudians de la Touraine.

On voit le *College des Tresoriers* vis-à-vis la Place de Sorbonne. Il fut fondé par *Guillaume de Seana* Trésorier de Nôtre-Dame de Roüen.

Le *College de saint Vaast*, autrement dit le *College d'Arras*, est situé où étoit autrefois la Porte de saint Victor, & fut fondé en 1332. par *Nicolas* Abbé de saint Vaast d'Arras, des deniers qu'on lui avoit laissez pour être employez en œuvres pies ; ce qu'il exécuta glorieusement par Conseil tenu, & du consentement du Prieur & des Religieux de ce Monastere.

Tous les Colleges dont je viens de faire mention n'ont rien de remarquable que leur antiquité, & l'avantage qu'en tirent les Boursiers qui y sont logez. Que toutes ces fondations sont établies sagement, pour bien des Ecoliers, qui poussez d'un noble desir d'être instruits dans les Sciences, s'en verroient privez sans ce secours ! Il seroit à souhaiter que les bourses qui y sont annexées, ne fussent données, selon l'intention des Fondateurs, qu'à ceux qui en ont le plus de besoin.

ARTICLE III.

Des Ecoles publiques.

CE que j'ai déja dit de Paris est beaucoup à la verité ; mais voici encore matiere à y satisfaire la curiosité des personnes qui ont de l'amour pour les Sciences ; car son Université renferme la Theologie, (j'ai dit où elle s'enseignoit), le Droit, la Medecine & tout ce qui en dépend, les Langues Orientales, & les Mathematiques.

Les *Ecoles du Droit* sont d'une fondation tres ancienne ; leur établissement commença, autant que l'histoire nous le peut dire, en 1415. Elles resterent en leur premier état jusqu'en 1475. où par de nouvelles acquisitions qu'on fit, elles devinrent plus considerables. Elles ont augmenté de plus en plus jusques au point où on les voit aujourd'hui, par les celebres Professeurs qui en remplissent la Chaire. Cette Ecole est située dans la ruë de saint Jean de Beauvais.

On enseigne aussi le Droit François

au College des trois Evêques sur la terre de Cambray. Ces maisons n'ont rien de singulier dans leur construction ; & comme le Droit est divisé en Droit Civil & Droit Canon, il y a des Professeurs qui enseignent l'un & l'autre.

Dans la *ruë de la Bucherie* se voit l'*Ecole de Medecine*. Si on croit l'histoire de Paris, son établissement commença en l'année 1469. & on en jetta les premiers fondemens en 1472. par les soins de *Jean Amis* pour lors Doyen de la Faculté.

On voyoit autrefois dans cette Ecole une bibliotéque assez curieuse, parce qu'elle contenoit des livres sur des matieres singulieres, joint aux manuscrits dont elle étoit fournie. On prétend que la Faculté de Medecine étoit bien plus celebre autrefois qu'elle n'est pas aujourd'hui ; c'est qu'en ce temps-là elle se piquoit plus d'acquerir de la science, que d'amasser de l'argent. On ne manque point de Médecins à Paris. Il y en a de toutes sortes ; des Empiriques & des Charlatans, qui sont gens qui deshonorent le Corps, & ausquels on a souvent la sottise de se confier plûtôt qu'à un habile Medecin ; c'est la marotte de la plûpart des Parisiens.

L'*Ecole de Chirurgie* se tient ruë des Cordeliers dans la maison de saint Côme. J'en ai déja dit quelque chose. On y fait tous les ans & gratuitement durant l'hyver des demonstrations anatomiques, & pour faire en sorte qu'on puisse voir commodément ces operations, on a disposé le lieu en amphitheâtre composé de plusieurs bancs mis en guise de degrez. Il y a des Prevôts, Jurez & Gardes de la Communauté des Chirurgiens Jurez de Paris.

Il y a des Chirurgiens plus recommandables pour certaines operations que pour d'autres ; les uns étant réputez pour la saignée, les autres pour les dislocations ou fractures des os ; ceux-ci pour les accouchemens, ceux-là pour la pierre, d'autres pour les maux veneriens, les loupes, les dartres, & les porreaux.

On trouve à Paris outre cela des Oculistes, des Arracheurs de dents, & des Chirurgiens pour les descentes.

L'*Ecole d'Apotiquairerie* se tient chez chaque Maître pour les Apprentifs qui y demeurent. Ils ont un jardin particulier *ruë de l'Arbalète*, où ils tiennent leurs conferences & composent la

Thériaque. Chaque Apotiquaire tâche de se rendre recommandable par quelque nouvelle découverte qu'il fait dans son art.

Les Epiciers & les Apotiquaires ne composent qu'un même corps : ils ont leur bureau au Cloître de sainte Opportune. Il seroit à souhaiter que les premiers ne se mêlâssent que de vendre leurs drogues, sans s'ingerer de faire les Medecins, & de vouloir traiter des malades, qui loin de recevoir du soulagement dans leurs maux, les voyent devenir plus dangereux par l'ignorance de ces Charlatans.

En parlant du Jardin royal des Plantes, j'ai déja dit quelque chose de la *Botanique*, & des leçons qu'on y donnoit. Cela se fait publiquement & gratuitement aux dépens du Roy dans la saison où toutes les plantes sont en fleur. C'est ordinairement le matin ; chacun y est bien reçû, & jamais on n'y entre en épée ni avec une canne lorsqu'on fait la démonstration.

La *Chimie* est enseignée dans le même Jardin, dans un Laboratoire qui est à gauche en entrant, & bâti tout nouvellement. On donne aussi publiquement des leçons de cette science pendant la démonstration des plantes. Elles se font par un Docteur en Medecine, assisté d'un Apotiquaire le plus habile en cet art, & les extraits & autres remedes qu'on tire des plantes par la Chimie, sont donnez gratuitement aux pauvres qui en ont besoin.

Les *Mathematiques* s'enseignent aussi publiquement au College des Quatre-Nations, & aux Jesuites de la ruë de saint Jacques. Il y a outre cela des Professeurs qui enseignent chez eux les Mathematiques, & d'autres qui vont en ville, & le tout pour la commodité du Public. On trouve sur le Quay de l'Horloge & aux galeries du Louvre tous les instrumens qui concernent cette Science.

On trouve sur la terre de Cambrai le *College Royal*, où l'on enseigne publiquement les *Langues Orientales* & plusieurs autres Sciences. Il y a dix-neuf Lecteurs qui y font les leçons publiques; à sçavoir deux en *Hebreu*, deux en *Grec*, deux en *Philosophie*, deux en *Eloquence Latine*, deux en *Mathematiques*, deux en *Medecine*, deux en *Langue Arabique*, deux en *Droit Canon*, un en *Langue Syriaque*, & deux en

Chirurgie, *Anatomie*, *Pharmacie*, & *Botanique*. On va entendre ces Lecteurs le matin & l'apresdînér : les Classes sont à gauche en entrant ; & toutes ces Sciences s'enseignent gratuitement. Ma curiosité m'a porté d'y aller plusieurs fois, & j'en suis toûjours sorti tres content.

Ce College est de fondation tres ancienne : il est redevable de son établissement à François I. qui y institua les premiers Lecteurs en 1530. pour les Sciences dont j'ai parlé. Aprés la mort de ce Prince, *Henry II.* son fils seconda ses desseins ; & ce College resta dans son premier état à cause des broüilleries qui arriverent dans le Royaume jusqu'en 1609. Le Roy *Henry IV.* auroit poussé l'ouvrage à sa perfection, si la mort par un attentat imprévû n'en eût interrompu le projet.

Mais l'idée que ces Princes en avoient conçûë étoit trop importante à la posterité pour la laisser dans l'oubli ; c'est pourquoy en 1610. *Marie de Medicis* pour lors regente, fit jetter les premiers fondemens de cette maison, qui resta encore imparfaite comme on la voit à présent, n'y ayant qu'une aîle de construite sur le plan qu'on en avoit fourni, & qui

étoit

toit bien plus étendu. Et pour descendre des grandes choses aux petites.

Outre ces Ecoles dont je viens de faire mention, il y en a encore d'autres dans Paris qui ne sont pas moins utiles au Public, & où les Etrangers mêmes trouvent leurs interêts. Les Maîtres és Arts qui tiennent pension sont de ce nombre. On y met les jeunes gens pour aprendre les élemens de la Langue-Latine. Ces Maîtres font des répetitions du Latin, du Grec, de la Philosophie, des Mathematiques, du Droit. Ils sont dispersez dans tous les quartiers & les faux-bourgs de la Ville.

Il y a aussi dans Paris de petites Ecoles établies exprés pour les enfans d'un & d'autre sexe ; des Maîtres-Ecrivains & d'Arithmetique en titre, & qui sont distinguez des autres par leurs enseignes ; enfin rien ne manque dans cette grande Ville pour l'éducation. A-t-on passé tous ces premiers degrez qui nous donnent une entrée dans les grandes Sciences, on peut fréquenter les Academies pour tâcher d'en devenir membre si on en a les talens. Voici un détail de toutes celles qui sont à Paris.

ARTICLE IV.

Qui contient les Academies de toutes sortes d'Arts, de Sciences, & les Bibliotheques publiques & particulieres.

ACADEMIES.

L'Amour que j'ai toûjours eu pour les Belles-Lettres, me faisoit rechercher la connoissance des gens sçavans, que je cultivois autant qu'il m'étoit possible ; je n'entens pas de ces demi-Sçavans dont Paris est tres fertile, de ces esprits superficiels, de ces grands diseurs, qui se persuadent sçavoir tout & que rien n'échape à leurs lumieres, lorsque le plus souvent ce n'est que tenebres chez eux : je veux dire de ces personnes d'un jugement solide, de ces veritables Sçavans qui raisonnent à fond de ce qu'ils sçavent.

Le bonheur voulut qu'un jour étant en compagnie, je tombai à la connoissance de deux membres d'Academie, gens fort affables, & d'une conversation fort agréable. J'appris qu'ils étoient de l'Académie Françoise; c'en fut assez pour m'obliger à les cultiver avec tout le soin possible. Leur maniere aisée m'en facilita bien-tôt l'accez, en sorte qu'en peu de temps nous devinmes amis.

Cette liaison d'amitié devint étroite de plus en plus ; une honnête familiarité même s'y mêla, ce qui faisoit souvent que pour nous animer à dire de belles choses nous appellions Bacchus à nôtre secours.

Enfin aprés quelques jours de connoissance le discours tomba sur les Academies, leur établissement, & les illustres personnes qui les composent. Je prenois beaucoup de plaisir à les entendre : mais non content de cela, je les priai de vouloir m'en donner un memoire succinct, ce qu'ils m'accorderent honnêtement. C'est sur cette idée que j'ai établi la relation que j'en vais faire : je commencerai par l'*Academie Françoise*.

Cette Academie est la plus ancienne de toutes. Elle est composée de quarante Academiciens, tous gens illustres par leur merite & leur érudition, appliquez uniquement à mettre la Langue Françoise dans toute la pureté qu'on peut desirer, & à la rendre digne de la plus haute & de la plus sublime Eloquence.

Le *Cardinal de Richelieu* qui ne concevoit que de hautes idées, sollicita Louis XIII. à cette entreprise. Ce Prince la fonda en 1637. & ce Ministre secondant un si beau commencement, s'en declara le Protecteur, & en fit tenir chez lui la premiere Assemblée, composée de tout ce qu'il y avoit d'habiles gens dans le Royaume, qui pûrent venir à sa connoissance.

Ce noble Corps fut quelque temps sans avoir une demeure fixe. Aprés la mort du Cardinal le Chancelier *Seguier* le reçut dans son Hôtel, où il resta long-temps : mais enfin *le Roy* qui a toûjours eu du goût pour les grandes choses, voulut se rendre le Protecteur de cette Academie, & pour lui donner des marques de sa bienveillance, il la logea au Louvre.

Les Academiciens qui la composent tiennent leurs Assemblées trois fois la semaine ; le Lundi, le Jeudi, & le Samedi, & proposent aux Sçavans tous les deux ans deux sujets, l'un qui regarde l'Eloquence, & l'autre la Poësie. Le premier fondé par *Balzac*, doit rouler sur un passage de l'Ecriture que donne cette Academie, & l'autre sur un autre sujet qu'elle fournit aussi, & qui ne regarde que le Roy, à la loüange duquel les vers doivent s'en faire, dont le nombre est limité à cent grands ou petits, non compris une courte priere pour ce Prince.

Et pour couronner les travaux de ceux qui ont le mieux traitté ces matieres, on distribuë deux prix le jour de la fête de saint Loüis, l'un pour l'Eloquence & l'autre pour la Poësie. Cette distribution se fait dans la Salle où se tiennent les Conferences; & outre les sujets des prix dont on y fait la lecture, on a encore le plaisir d'en entendre d'autres faits par des Academiciens mêmes.

Le sort voulut que cette distribution se fit pendant mon séjour de Paris: je n'eus garde d'y manquer, & j'eus l'avantage même d'y être bien placé par le moyen de mes deux amis qui prirent soin de moy.

Non loin de là est l'*Academie Royale des Sciences*, établie par *Jean-Baptiste Colbert*, Ministre d'Etat. Elle tint d'abord ses Conferences dans la Bibliotheque du Roy: mais par le zele & les soins de *Jean-Paul Bignon*, Conseiller d'Etat ordinaire, Abbé de saint Quentin, qui semble n'être né que pour de grands sujets, elle eut un appartement au Louvre, que le Roy lui accorda.

Cette Academie tient Assemblée deux fois la semaine, le Mercredi & le Samedi ; elle commence à trois heures & finit à cinq. Il y en a deux qui sont publiques dans l'année, la premiere aprés l'Octave de Pâques, & l'autre aprés la saint Martin. Il s'y lit plusieurs Pieces qui roulent la plûpart sur les Mathematiques ou sur la Physique. Si durant cette année il y a quelque Academicien de mort, on en fait l'éloge. C'est au Secretaire de cette Academie qu'appartient ce droit. *Bernard de Fontenelle* qui en remplit aujourd'hui la place, s'en acquite d'une maniere digne de lui.

L'Academie des Sciences est composée de soixante Academiciens ; sçavoir, dix honoraires, vingt pensionnaires, vingt éleves, & dix associez. Il faut que dans chaque Conference qui se fait, chaque Academicien tour à tour apporte quelque production sur les sujets qu'on y a entamez. Les Mathematiques, la Physique & la Botanique en sont les principales matieres. On distribuë à chaque

Assemblée quarante jettons d'argent à tous les membres de cette Academie qui sont pensionnaires, comme une récompense dûë en quelque façon à leurs soins assidus.

J'allai encore à l'ouverture d'une autre Academie qui se faisoit aprés la saint Martin : c'étoit l'*Academie Royale des Medailles & des Inscriptions*, dont les matieres principales regardent l'Histoire & la Fable. Elle est redevable de son établissement au même Ministre qui a institué l'Academie des Sciences.

Elle commença ses Conferences en 1663. le nombre des Academiciens qui devoient la composer n'étoit point encore limité ; *Jean-Paul Bignon*, dont j'ai déja parlé, est celui qui la fixa à quarante, distribuez en quatre Classes ; sçavoir, dix honoraires, dix pensionnaires, dix Associez & dix éleves. On recompense aussi l'assiduité de ces Academiciens par des jettons que le Roy ordonne qu'on y distribuë à chaque Conference.

Cette Academie est logée par bas, & vis-à-vis la Salle de l'Academie Françoise. La premiere tient Assemblée deux fois la semaine, le Mardi & le Vendredi, & deux fois publiquement pendant l'année, où pour lors on lit des sujets sur l'Histoire ou la Fable, ou tirez de ce qu'il y a de plus remarquable dans l'antiquité.

Les grandes idées dont j'étois rempli au sortir de ces sçavantes Assemblées excitoient ma curiosité à en chercher d'autres. J'allai à l'*Académie Royale d'Architecture*, qui est aussi au Louvre dans l'appartement que le Roy lui donna en 1692.

Elle fut instituée en 1671. par *Jean-Baptiste Colbert*, qui ne cherchoit qu'à immortaliser son nom en procurant du bien au Public. Les membres qui la composent sont tous gens fort versez dans la belle Architecture, & connus pour tres habiles par les Edifices de bon goût qu'ils ont ordonnez. Ces Academiciens sont divisez en deux Classes, & s'assemblent pour leurs Conferences tous les Lundis. On y donne des leçons deux fois la semaine, le Lundi & le Mercredi ; & il y a pour cela un Professeur d'entretenu par le Roy. *Philippe de la Hire* fameux Mathematicien exerce cet employ. Ma curiosité m'a poussé quelquefois de me trouver à ses leçons, qui me parurent tres sçavantes & fort intelligibles.

Une autre fois je voulus voir l'*Académie*

demie Royale de Peinture, qui est aussi logée au Louvre proche du cabinet des Tableaux & la galerie d'Apollon. Elle étoit auparavant au Palais Brion, qui appartient à present au Duc d'Orleans.

Cette Academie est composée de tres habiles Maîtres en cet art. Elle doit son premier établissement à *Martin Charmois* qui excelloit en peinture. Le Cardinal de *Mazarin* s'en declara le Protecteur, & eut pour Viceprotecteur *Pierre Seguier* Chancelier de France. *Jean-Baptiste Colbert* Surintendant des bâtimens succeda à cet employ.

Les membres de cette Academie tâchent à l'envi de se distinguer par leurs ouvrages, & apportent un tres grand soin à instruire leurs éleves, leur fournissant continuellement pour le dessein des modeles de figures humaines sous differentes attitudes; & pour les piquer d'émulation, il y a des prix & des pensions destinez pour ceux qui ont le mieux reüssi, & qui leur sont distribuez le jour de la fête de saint Louis.

La même Salle où se tiennent les Assemblées des Peintres le dernier Samedi de chaque mois, est aussi celle où se tient l'*Academie de Sculpture*. Les Graveurs sont aussi de ce Corps. Il faut remarquer que dans l'Académie de Peinture chaque Peintre est obligé le jour de saint Louis d'exposer en Public quelque ouvrage de sa façon. On peut juger si pour lors on en trouve d'un bon goût, & si tous les Etrangers qui viennent à Paris peuvent s'empêcher d'avouer qu'on trouve dans cette Ville tout ce qu'on peut souhaiter de curieux. Cela me donna envie de faire faire mon portrait par l'*Argillière*, si en réputation dans cette partie de la peinture, que rien ne part de son pinceau qui ne soit un chef-d'œuvre achevé.

Conférences.

Toutes les Assemblées dont j'ai parlé ne sont pas les seules où il se trouve de beaux esprits; il y a encore des *Conférences* particulieres où ils brillent. J'ai assisté à quelques-unes, où il s'agita des matieres toutes singulieres, & des questions tres bien imaginées; j'y goutai du plaisir, & me divertis d'y voir certains petits-Maîtres infatuez d'eux-mêmes, s'y vouloir distinguer par-dessus tous les autres. Paris n'est que trop rempli d'esprits de ce caractere, qui servent de risée à ceux qui les écoutent.

Biblioteques.

Ma curiosité me porta encore d'aller voir quelques Biblioteques renommées qui sont dans Paris. Il y en a de publiques, & d'autres qui sont particulieres. Il est permis à tout le monde d'entrer dans les premieres les jours qu'elles ouvrent, au lieu que les autres ne se voyent que par amis. Voici quelles sont les Biblioteques publiques.

Il y a dans la ruë Vivien la *Biblioteque Royale*, qui jusques au commencement du Regne de *Louis XIV*. n'étoit pas fort considerable : mais depuis ce temps-là, par l'attention que ce Prince y a donnée, & les soins que *Jean-Baptiste Colbert*, Ministre & Secretaire d'Etat, y a apportez, cette Bibliotheque est devenue la plus remplie & la plus curieuse qu'il y ait, puisque l'on fait nombre aujourd'hui d'environ soixante mille volumes imprimez, & de plus de douze mil manuscrits en toutes sortes de langues. On y voit quantité d'Estampes fort rares & des plus recherchées. On y trouve tout ce qui peut satisfaire le goût & la curiosité des Sçavans, & tout ce qui a lieu de contribuer à l'étude des Sciences, de l'Histoire, & des beaux Arts.

On conserve encore dans cette fameuse Bibliotheque un grand nombre de Medailles antiques & modernes, où les Antiquaires de bon goût trouvent aussi de quoy contenter leur curiosité.

Camille le Tellier de Louvois Abbé de Bourguëil est le Directeur de la Bibliotheque Royale, sous le titre de *Bibliotequaire du Roy*. Il a sous lui des personnes qui ont la garde des livres & des médailles dont elle est considerablement enrichie. Elle étoit autresois ouverte le Mardi : mais la quantité prodigieuse de livres qu'il y a ne pouvant être rangée à cause de la petitesse du vaisseau où ils sont, on a cessé d'en donner l'entrée publiquement ; il est vrai qu'elle est encore permise aux Curieux & aux gens de Lettres, mais il faut être connu & y avoir des amis. Les Etrangers principalement y sont tres bien reçûs par l'honnêteté & l'affabilité de ceux qui en ont soin.

La *Biblioteque du Collège des Quatre Nations* se voit publiquement. Elle est ouverte deux fois la semaine, sçavoir le Lundi & le Jeudi matin & soir.

On prétend qu'elle est composée de plus de trente-six mil volumes, & enrichie de beaucoup de manuscrits de la Biblioteque de saint Vaast d'Arras. Cette Biblioteque contient un grand appartement, parce qu'elle est fort nombreuse. Elle est conservée dans des armoires d'une menuiserie tres proprement travaillée.

Il y a encore la *Biblioteque de saint Victor* qui est publique, & où les gens de lettres & les Curieux trouvent de quoy pleinement se satisfaire. Elle est fournie d'un grand nombre de livres de toutes sortes. On y fait état de plus de trois mil manuscrits. On y entre trois fois la semaine, sçavoir le Lundi, le Mercredi & le Samedi ; & s'il s'y trouve des fêtes ces jours-là, on l'ouvre le jour suivant. Elle a été depuis peu fort augmentée.

Feu Monsieur de Riparfonds Avocat en Parlement, homme fort en reputation, & qui s'est fort distingué dans sa profession, a laissé une *Biblioteque* assez nombreuse, en livres de Droit particulierement, pour la commodité des Avocats qui veulent y aller chercher les matieres dont ils ont besoin, & qu'ils n'ont pas

D d iij

parmi leurs livres. Cette fameuse Biblioteque est placée à l'Archevêché. On y entre tous les Mercredis, & il s'y trouve certain nombre d'Avocats nommez chacun à leur tour pour consulter des affaires qu'on leur va proposer. Ces Consultations se font charitablement pour ceux qui sont dans le besoin. Il y a des appointemens fondez pour un Bibliotequaire par Monsieur de Riparfonds même.

Des Biblioteques particulieres.

On trouve encore dans Paris d'autres Biblioteques particulieres. La *Biblioteque des Petits-Peres* est de ce nombre; j'en ai déja touché quelque chose à l'article qui les regarde, & tout ce que j'y puis ici ajoûter est de dire que si elle n'est pas publique, du moins les Etrangers & autres Curieux ont l'agrément d'y être bien reçûs.

La *Bibliotheque de sainte Genevieve* n'est point aussi publique. Quoique j'en aye déja dit quelque chose lorsque j'ai parlé de sainte Genevieve, j'ajoûterai ici que cette Biblioteque est redevable de sa richesse à *Claude du Moulinet*, homme très sçavant, & qui avoit un goût tout

FIDELE. 319

...rticulier pour la connoissance des bons livres, & la recherche de la belle antiquité. Le Bibliotequaire qui a la direction de tout ce que contient ce beau monument, est fort affable & en permet volontiers l'entrée aux honnêtes gens qui la lui demandent.

On met encore au nombre des belles Bibliotheques celle de *Jean-Paul Bignon* Abbé de saint Quentin, Conseiller d'Etat ordinaire, & Doyen de saint Germain l'Auxerrois, dans la place duquel il demeure. On y compte prés de quarante mil volumes tous des plus rares, par les matieres qu'ils contiennent, & des meilleures éditions. Cet Abbé fort versé dans les Belles-Lettres, & qui d'inclination considere beaucoup ceux qui s'y atachent, ne refuse point l'entrée de sa Bibliotheque aux Curieux, & y reçoit tres bien les Etrangers.

Le *Maréchal d'Estrées* fils du grand Maréchal de ce nom, qui a rendu des services si importans à la France, a aussi une Bibliotheque tres curieuse, & fournie de livres fort rares.

La *Bibliotheque des Jesuites* de la ruë de saint Jacques, dont j'ai déja parlé, est aussi ouverte aux Curieux, qui y trou-

D d iiij

vent de quoy se satisfaire.

Les Peres Benedictins ont aussi une *Biblioteque* tres belle & tres ample, & sur tout fort riche en manuscrits qu'on conserve tres soigneusement dans un cabinet. On y voit aussi beaucoup d'Estampes tres recherchées. On y conserve dans une armoire le pseautier de saint Germain & quelques autres livres particuliers & uniques en leur genre, entre autres un Missel, qui est un antique, dit-on, de plus de neuf cens ans; joint à quantité d'autres raretez qui meritent que les Curieux les aillent voir.

La *Biblioteque des Cordeliers* merite encore d'être vûë. Elle est remplie de tres bons livres curieux. Les Sçavans y trouvent de quoy se satisfaire.

La *Biblioteque de Sorbonne* est encore à voir. C'est une des plus belles & des plus remplies qu'il y ait. Le *Cardinal de Richelieu* a beaucoup contribué à l'enrichir. Il y a des manuscrits fort rares, & des livres des plus anciennes éditions qu'il y ait.

On peut encore aller voir la *Biblioteque des Jacobins* de la ruë de saint Honoré. Elle est remplie de livres fort curieux, & qui meritent par consequent l'attention des Sçavans.

Il y a encore plusieurs autres Bibliotéques de gens curieux, où l'on voit certain nombre de livres bien choisis, & fort bien conditionnez. Quoiqu'elles ne soient pas publiques on ne laisse pas que d'en donner l'entrée aux personnes de merite, & qu'on connoît sur tout pour Etrangers, ou gens versez dans les Sciences.

Toutes ces Bibliotéques ne contribuent pas peu au secours qu'en tirent non seulement ceux qui travaillent pour donner des ouvrages au Public; mais encore les personnes qui souhaitent lire uniquement pour leur plaisir. C'est ainsi que dans Paris les Curieux & les Sçavans ne manquent de rien pour satisfaire leurs nobles inclinations.

ARTICLE V.

Des Exercices pour la belle éducation.

SI on trouve dans Paris suffisamment de quoy se cultiver l'esprit, il n'y a pas moins d'occasions pour se former le corps aux nobles exercices. L'art de monter à cheval y est enseigné dans sa perfection ; & il y a pour cela des Academies de manege établies au fauxbourg de saint Germain, au carrefour de saint Benoît, & dans la ruë des Canettes. C'est dans ces Academies qu'on envoye la jeune Noblesse s'y exercer sous des Ecuyers habiles, & en réputation ; & y apprendre outre cela les arts & d'autres sciences qui lui conviennent. Il y a dans ces lieux des *Maîtres en Mathematiques*, gagez exprez pour en instruire les Academistes ; on y apprend à *dessigner*, à *danser*, & à *faire des armes* ; de maniere qu'un jeune homme au sortir de cette Ecole doit être tout dressé, s'il a voulu profiter des leçons qu'on lui a données.

FIDELE. 323

Il y a d'ailleurs en différens quartiers de Paris des *Maîtres en fait d'armes*, qui tiennent Salle chez eux, & qui sont fort estimez dans leur art. On y trouve aussi plusieurs *Maîtres de danse* dispersez en divers lieux, & dont l'habileté est connuë.

Ajoutez à ces arts le *Blason* & la *Geographie* qu'on enseigne dans ces Academies, & dont on trouve de très belles Cartes sur le *Quay des Morfondus*. Il y vient aussi des *Maîtres de Musique* & des *Joüeurs d'Instrumens* pour les Academistes qui y ont de l'inclination & de la disposition. Les Instrumens qui leur sont le plus convenables sont le *Clavecin*, la *Basse-de-viole*, la *Flûte douce*, le *Flageolet*, & la *Flûte Allemande*. On y a aussi, si on veut, des *Maîtres de Theorbe, de Guitarre & de Luth* : chacun choisit de tous ces Instrumens celui qui lui plaît le plus.

Plusieurs d'entre les Maîtres de tous ces Instrumens travaillent par excellence à la composition de la Musique, qu'on apprend si on y a du penchant : & si on veut joindre à tous ces arts la *Langue Espagnole*, l'*Italienne*, & l'*Allemande*, on ne manque point de Maîtres dans ces Academies qui viennent vous les enseigner. Avec les exercices dont je viens de parler, il y a encore le *Jeu de Paume*, qui est fort noble.

Pour moy, je l'avouë, j'ai cent fois admiré le bel ordre de Paris, & le grand nombre d'habiles gens qu'il y a ; les facilitez qu'on a d'y trouver tout ce qu'on y souhaite, & la maniere agréable avec laquelle vous y êtes servi pour de l'argent. C'est assez parler de tout ce qui nourrit l'esprit ; venons à present à d'autres choses qui n'interessent pas moins les Etrangers.

ARTICLE VI.

Des Hôtels garnis, & autres dont on n'a point parlé.

HOSTELS GARNIS.

ON est bien aise quand on vient à Paris de sçavoir où loger selon la dépense qu'on veut faire, & les quartiers où nos affaires nous appellent le plus. Il y a de quoy choisir dans cette

FIDELE.

grande Ville pour y être fort commodément. On y trouve des appartemens magnifiquement garnis pour les grands-Seigneurs.

Les plus renommez sont l'*Hôtel d'Entragues*, & l'*Hôtel de Treville* dans la ruë de Tournon. Il y a encore dans la même ruë l'*Hôtel d'Epernon*. L'*Hôtel de la Reine Marguerite* ruë de Seine. Il y a encore plusieurs Hôtels meublez en differens quartiers ; par exemple, le *grand Duc de Bourgogne* ruë des petits Augustins : l'*Hôtel d'Ecosse* ruë de Saint-pere : l'*Hôtel de Taranne*, l'*Hôtel de Lille*, l'*Hôtel de Baviere*, l'*Hôtel de France*, & la *ville de Montpellier* ruë de Seine : l'*Hôtel de Venise* & l'*Hôtel de Marseille* ruë de saint Benoît : l'*Hôtel de Vitri*, l'*Hôtel de Bourbon*, & l'*Hôtel de Navarre* ruë des grands Augustins.

On trouve l'*Hôtel de Perpignan* ruë du haut-moulin : l'*Hôtel de Tours* ruë du Paon : l'*Hôtel de Beauvais*, l'*Hôtel de Moüi*, & l'*Hôtel d'Anjou* ruë Dauphine : l'*Hôtel d'Orleans* ruë Mazarine : l'*Hôtel du Saint-Esprit* ruë Guenegaud : l'*Hôtel de saint Agnan* ruë de saint André : l'*Hôtel de Hollande*, celui de *Bezieres*, de *Brandebourg*, de *faint-Paul*, & le grand *Hôtel de Luine* ruë du Colombier. Il y a le petit *Hôtel d'Entragues* dans la ruë de Condé.

On mange à tables d'auberge dans presque tous les Hôtels dont je viens de faire mention: de dire fur quel pied, c'est ce qui est impossible; elles font reglées chacune en particulier, & felon que la cherté des vivres est plus ou moins grande.

Outre ces Hôtels qui font des plus fameux, il y a encore l'*Hôtel de Mantoue* ruë Montmartre: l'*Hôtel de l'Isle de France* ruë Guenegaud: l'*Hôtel de Luine* ruë Git-le-cœur: la *Galere* ruë Zacharie: l'*Hôtel Couronné* ruë de Savoye.

Les Etrangers encore peuvent aller, s'ils veulent, aux *Bœufs* ou aux *trois Chandeliers* ruë de la Huchette: au *petit faint Jean* ruë Git-le-cœur: au *Coq hardi* ruë de faint André: à la *Croix de fer* ruë de faint Denis: & au *Preffoir d'or* ruë de faint Martin; fans compter plusieurs autres auberges dont le détail feroit trop long & trop ennuyeux.

Il y a aussi des Auberges où l'on tient

trois tables différentes à différens prix, & où l'on choisit celle qui convient le mieux. Les personnes qui ne peuvent faire qu'une très mediocre dépense trouvent d'ailleurs dans tous les quartiers de Paris de petites auberges appellées *Gargotes*, où l'on vit à la portion à si petit prix que l'on veut.

Hôtels particuliers dont on n'a point parlé.

Voici quelques Hôtels particuliers, dont je n'ai point parlé, parce qu'ils ne se sont point trouvez sur ma route, mais dont je suis bien aise d'instruire ceux qui liront mon voyage; s'il n'y a rien dans leur construction qui soit digne de l'attention des curieux, du moins serviront-ils d'instruction pour des adresses au cas qu'on en ait besoin.

L'*Hôtel d'Aligre* ruë saint Honoré; quoiqu'il soit rebâti tout à neuf, il n'y a pourtant rien de remarquable dans sa construction.

L'*Hôtel d'Angoulême*. C'est un ancien Hôtel situé dans la ruë des Francs-Bourgeois.

L'*Hôtel d'Aubrai* ruë des Petits-champs. Il appartenoit autrefois à Messieurs d'Aubrai pere & fils, Lieutenans Civils.

L'Hôtel d'Arras rue de Seine. Il n'a rien de considerable.

L'Hôtel d'Anjou rue Betisi, qui aboutit à la rue de l'Arbre-sec.

L'Hôtel d'Anvers rue des Fossez, fauxbourg de saint Germain.

L'Hôtel ou *maison des Bains* dans la rue de Richelieu.

L'Hôtel de Bayeul rue du Paon, proche les Cordeliers.

L'Hôtel du *petit Bourbon* rue des Fossez de saint Germain.

L'Hôtel de Bouillon proche de la rue des Petits-Peres, quartier de Montmartre.

L'Hôtel des *bons-Enfans* dans la rue qui porte ce nom, & qui se termine dans la rue de saint Honoré.

L'Hôtel de Bourgogne rue des Cordeliers, vis-à-vis la porte du Convent.

L'Hôtel de Baviere proche de la Porte de saint Marcel.

L'Hôtel de Beauvais rue de Grenelle fauxbourg de saint Germain. Cette maison a été bâtie par Madame de Beauvais & n'a rien qui puisse arrêter un Curieux.

L'Hô-

L'*Hôtel de saint Benoist* dans la rue du même nom, proche la rue Taranne: Il y a encore un autre *Hôtel de saint Benoist* dans le cul-de-sac de l'Hôtel de Sourdis.

L'*Hôtel de Bretagne* rue neuve de l'Observance proche les Cordeliers. Autre Hôtel du même nom rue du Hurpois au bout du Pont de saint Michel.

L'*Hôtel de Brie* rue Cloche-perce, qui aboutit à la rue de saint Antoine.

L'*Hôtel de Brisac* rue Jacob, derriere la Charité, fauxbourg de saint Germain.

L'*Hôtel de Blois* rue des bons-Enfans, quartier de saint Honoré.

L'*Hôtel de Berdeaux* rue du Colombier, qui finit au Cherche-midi, fauxbourg de saint Germain.

L'*Hôtel de Besançon* rue Jacob, au même fauxbourg.

L'*Hôtel de Bautru* rue des petits-Champs, quartier de saint Honoré.

L'*Hôtel de Beliévre* rue Betisi, vers la rue de l'Arbre-sec, quartier de saint Germain l'Auxerrois.

L'*Hôtel de Cahors* rue des Cordeliers.

L'*Hôtel de Châlons* rue Galande, vis-à-vis saint Julien le pauvre.

L'*Hôtel de Charni* proche de S. Gervais. C'est où est le Bureau des Aides.

L'*Hôtel de Schombert* rue de saint Honoré.

L'*Hôtel de Clermont* rue de la Marche au marais du Temple, proche la rue de Bretagne.

L'*Hôtel de Coigneux* rue Git-le-cœur, qui aboutit sur le quay des grands Augustins.

L'*Hôtel de Cossé* rue de S. Pere, fauxbourg de saint Germain.

L'*Hôtel de la Coûture* rue de saint Jacques, au-dessous du College du Plessis-Sorbonne.

L'*Hôtel de la Coquille* proche de saint Landry. C'étoit anciennement l'Hôtel de Ville.

L'*Hôtel d'Albret* rue des Francs-Bourgeois, au marais du Temple.

L'*Hôtel d'Angoulmois* rue du Colombier, fauxbourg de saint Germain.

Le *petit Hôtel d'Anguien* rue champfleuri vers la rue de saint Honoré.

L'*Hôtel de saint Denis* rue des vieilles Haudriettes, dans la rue Michel-le-Comte, proche la rue du Temple.

L'*Hôtel d'O* vieille rue du Temple.

L'*Hôtel de Duras* sous les arcades

de la Place Royale. Cet Hôtel n'a rien de particulier dans sa construction.

L'*Hôtel d'Effiat* vieille rue du Temple.

L'*Hôtel d'Emeri* rue des petits-Champs, proche de la rue de S. Honoré.

L'*Hôtel d'Epernon* proche la vieille rue du Temple.

L'*Hôtel d'Epinoy* ruë neuve de saint Loüis, au Marais.

L'*Hotel du Saint-Esprit* proche de saint Roch, rue de saint Honoré.

L'*Hotel de la Fer* rue des Fossez, fauxbourg de saint Germain.

L'*Hotel de Flandres* dans la même ruë.

L'*Hôtel de Fleuri* rue des Bourdonnois, proche de la rue Betisi, quartier de saint Honoré.

L'*Hotel de Florence* dans la rue Tournon, proche de la Foire, fauxbourg de saint Germain.

L'*Hotel de saint François* entre le grand & le petit Hôtel de Longueville, rue de saint Thomas du Louvre.

L'*Hotel de saint Geran* à la Place Royale.

L'*Hotel de Guenegaud* rue des Francs-Bourgeois.

Ee ij

L'Hotel de Guiscar rue de saint Honoré, vis-à-vis les Jacobins.

L'Hotel de Guise proche les petits Augustins du fauxbourg de saint Germain.

L'Hotel de Grancé au bout de la rue de Richelieu, où étoit autrefois la Porte.

L'Hotel du Hallier rue des Bons-Enfans.

L'Hotel de Hessein rue Mazarine, vis-à-vis la rue de Guenegaud.

L'Hotel l'Hercules au coin de la rue des Augustins. C'est une ancienne maison remarquable seulement par son antiquité.

L'Hotel de l'Hopital rue des Fossez Montmartre.

L'Hotel de Hartai rue de saint Honoré.

L'Hotel du Havre rue des Cordeliers.

L'Hotel Jaune, appellé ainsi vulgairement au lieu de l'Hotel Zaune, qui est son vrai nom. C'est une ancienne maison située au bout du fauxbourg de saint Marcel, vers la rue de l'Oursine. Il y a une Justice en cet endroit où l'on plaidoit autrefois une fois la semaine, mais cette Jurisdiction ainsi que bien d'autres est réunie au Châtelet.

L'Hotel des Indes Orientales vis-à-vis saint Julien des Menêtriers. C'est où l'on s'adresse lorsqu'on veut s'embarquer pour les Isles de l'Amerique.

L'Hotel de Lion rue Garancé, devant le petit Luxembourg.

L'Hotel de Liancourt rue de Seine.

L'Hotel de Longueville rüe pavée, qui aboutit dans la rue du Roy de Sicile, derriere le petit saint Antoine.

L'Hotel de Longpont rue des Cordeliers.

L'Hotel de Lorraine rue Payenne, proche la Nativité de Jesus, au marais du Temple.

L'Hotel de saint Luc au quartier du marais du Temple, proche les Capucins.

L'Hotel de Lude rue du Bouloy, proche la Croix des petits champs, quartier de saint Honoré.

L'Hotel de Lusant rue des petits-Champs.

L'Hotel de Londres rue de saint Benoît, fauxbourg de saint Germain.

L'Hotel de Lille rue du Colombier, au même fauxbourg.

L'Hotel du fort Mardik rue des petits-champs.

L'*Hotel du Garde-meuble du Louvre* rue des Poulies, au bout de la rue des Fossez de saint Germain l'Auxerrois.

Le *petit Hotel d'Entragues* rue des Fossez de Monsieur le Prince.

L'*Hotel* ou *Bureau des Marchands* de drap d'or & de soye d'établissement, rue de saint Avoye.

L'*Hotel de Melusine* rue des Bons-Enfans.

L'*Hotel de Marli* ruë des Sept-voyes, vis-à-vis le College de Montaigu.

L'*Hotel de la Monnoye* rue de la Monnoye, qui aboutit d'un bout à la rue de saint Germain : il y a un autre Hôtel de la Monnoye bâti nouvellement devant saint Germain l'Auxerrois.

L'*Hotel de Montbazon* rue Betisi, proche de la Monnoye; cette maison est fort ancienne.

L'*Hotel de Montomort* vis-à-vis la rue de Braque proche la Mercy. Cette maison est bâtie avec assez de proportion & d'agrément.

L'*Hotel de Mont* au coin de la rue d'Enfer, place de saint Michel.

L'*Hotel du grand Moïse* rue Princesse, vers la *rue Guisarde*, fauxbourg de saint Germain.

L'*Hotel de Meklembourg* rue de saint Guillaume, au même fauxbourg.

L'*Hotel de la Marine* rue de l'Echaudé, vers la rue de Seine, au même fauxbourg, proche l'Abbaye.

L'*Hotel royal de la Marine* rue de saint André des Arcs.

L'*Hotel de Némond* à l'extremité de la rue des Bernardins, du côté du Quay de la Tournelle. Il n'y a rien de remarquable dans la construction de cette maison.

L'*Hotel de Nemours* rue pavée d'andoüilles, qui finit d'un bout dans la rue de saint André des Arcs, & de l'autre sur le Quay des grands Augustins.

L'*Hotel Nicolas* rue Bourtibourg, proche du Cimetiere de saint Jean ; elle finit dans la rüe de sainte Croix de la Bretonnerie.

L'*Hotel Notre-Dame* rue des Fossez, proche la rue de Guenegaud, fauxbourg de saint Germain.

Le *petit Hotel d'Orleans* rue des Fossez, & la même que la precedente.

L'*Hotel d'Osmeos* proche de la Porte de l'Abbaye de saint Germain des Prez.

L'*Hotel de saint Paul* rue des Balets, quartier de la rue de saint Antoine.

L'*Hotel de Perigort* rue de Condé, fauxbourg de saint Germain.

L'*Hotel de Picardie* proche de l'Opera, rue de saint Honoré.

L'*Hotel de Pologne* rue du Colombier, fauxbourg de saint Germain.

L'*Hotel de Rambure* rue de saint-Pere, au même fauxbourg.

L'*Hotel de la Rocheguyon* rue des Bons-Enfans, quartier de saint Honoré.

L'*Hotel de Rochefort* rue de Grenelle, proche de la rue du Bouloy, au même quartier.

L'*Hotel de saint Roch* rue des vieux Auguſtins.

L'*Hotel de Roſtain* rue du Coq, proche des Peres de l'Oratoire de la rue de saint Honoré.

L'*Hotel Royaumont* rue du Jour, vis-à-vis la rue Tictone, proche de saint Euſtache.

L'*Hotel Royal* rue de Seine, fauxbourg de saint Germain.

L'*Hotel de Silleri grand & petit*, dans le cul-de-sac de l'Hôtel de Conti.

L'*Hotel de Sourdis* rue d'Orleans, proche la rue d'Anjou au Marais.

L'*Hotel de Souvré* rue Frementeau, vis-à-vis le Palais Royal.

L'Hotel

L'Hôtel de Suide ruë Jacob, fauxbourg de saint Germain.

L'Hôtel de Stokolm ruë de Busli, au même fauxbourg.

L'Hôtel de Soleure rue de sainte Marguerite, vis-à-vis l'Abbaye de saint Germain.

L'Hôtel de la Trimoüille ruë de Vaugirard.

L'Hotel de Tresme ruë du Foin, aboutissant d'un bout dans la ruë de saint Jacques, & de l'autre dans la ruë de la Harpe.

L'Hotel de Touraine rue des Cordeliers.

L'Hotel de Tonnerre rue des Augustins du grand Convent.

L'Hotel de Toulouse ruë des vieux Augustins, vers la ruë Montmartre.

L'Hotel de Valantinai rue de saint Honoré, quartier de saint Roch.

L'Hotel de Vendome rue de saint Honoré.

L'Hotel de Valois. Il y en a trois de ce nom ; l'une est proche de la rue des Cordeliers ; & les deux autres au fauxbourg de saint Germain.

L'Hotel de Versil rue des Fossez, au même fauxbourg.

L'Hotel de *Venise* rue de Buffi, au même fauxbourg.

L'Hotel de *Treville* rue de Tournon.

L'Hotel des *Verrus* ruë du Bac, vis-à-vis les Filles de la Visitation de sainte Marie.

L'Hotel de *Vermandois* rue Frementeau ou Frementel, vis-à-vis le Palais Royal.

L'Hotel de *Vienne* rue des Augustins du grand Convent.

L'Hotel de la *Vieuville* rue de saint Paul, du côté de la riviere.

L'Hotel de *Villequier* rue des Poulies, qui aboutit dans la rue de saint Honoré.

L'Hotel de *Villeroy* rue des Bourdonnois. Il y en a un autre appellé l'Hôtel Salé dont j'ai parlé.

L'Hôtel de *Vitri* rue des Minimes, proche de la rue de saint Louis, au marais du Temple.

L'Hôtel des *Ursins* proche de saint Landry.

L'Hôtel des *Yvetaux* fauxbourg de saint Germain. Il appartenoit autrefois au nommé *des Yvetaux* Precepteur de Henri IV. l'un des excellens Poëtes de son temps.

Tous ces Hôtels, dont je viens de faire un détail, sont des maisons tres anciennement bâties, n'ayant rien dans leur construction qui puisse agréablement arrêter un Curieux ; c'est pourquoy le dénombrement que j'en donne est plûtôt pour servir d'adresse, que pour autre chose. Cet article a son utilité. Celui qui suit n'aura pas moins la sienne.

ARTICLE VII.

Qui concerne les Places publiques & autres endroits où se debitent toutes sortes de marchandises, denrées, & provisions de bouche.

J'Ai déja parlé de quelques Places publiques qui faisoient l'ornement de Paris : je viens à present à celles qui sont moins considerables, & qu'un Regnicole ou un Etranger est bien aise d'apprendre pour bien des commoditez de la vie, & du commerce auquel ces Places le conduisent. Paris est un petit monde où l'on a besoin de Guide pour s'y faciliter les recherches qu'on y veut faire. Ce n'est qu'en cette vûë que j'ai donné ce détail, dont j'espere qu'on sera content.

Places publiques.

La *Place de l'Abbaye de saint Germain des prez*, qu'on appelle le *petit Marché*, est proche de la Justice de ce fauxbourg. On y vend le pain & autres provisions de bouche, comme marée, poisson d'eau douce, legumes, herbages, œufs & fromages.

La *Place du marché au bled* à la Halle, proche de saint Eustache. On y vend aussi de la farine. Ce marché tient le Mécredi & le Samedi.

La *Place de la Bastille* au bout de la rue de saint Antoine ; elle est vis-à-vis ce Château.

La *Place du Palais Royal* ; elle est vis-à-vis. Il s'y tient un marché au pain, & c'est un des endroits de Paris où l'on trouve des carosses de fiacre.

La *Place du grand Châtelet*, à l'entrée de la rue de saint Denis, proche la Porte de Paris. C'est un petit marché où il s'y vend de la marée. Proche de cette Place est une des meilleures boucheries qu'il y ait dans Paris.

La *Place* dit *le petit Champ*, proche de saint Medard, quartier de saint Marcel.

La *Place de saint Honoré* dans la rue de ce nom. C'est une maniere de Cloître environné de maisons; il n'y a rien autre chose à remarquer.

La *Place* ou *terrasse de l'Hôtel-Dieu*; elle est du côté de la Salle du Legat, c'est où l'on fait secher le linge des malades.

La *Place* ou *carrefour de saint Gervais*, vis-à-vis l'Eglise, devant le grand Portail.

La *Place* & *petit Cloître de saint Jean en Greve*.

La *Place des Cordeliers*, appellée autrement la *ruë de l'Observance*. Cette Place est entourée de maisons qui y donnent assez d'agrément.

La *Place Dauphine* proche du Pont-neuf, vis-à-vis le cheval de bronze. Elle fut bâtie en 1606. peu d'années aprés la naissance de Louis XIII. Elle est de figure piramidale irreguliere. Les maisons qui regnent autour sont de brique. Cette Place est remplie de boutiques de Marchands qui vendent differentes marchandises.

La *Place de l'Ecole* derriere saint

Germain l'Auxerrois, sur le quay du même nom.

La *Place* ou *Cloître de saint Germain l'Auxerrois*, où demeurent le Doyen, le Curé, & les Chanoines de cette Paroisse.

La *Place de Greve*. J'en ai parlé ailleurs, ainsi que de la *Place de la Halle*.

La *Place & carrefour de saint Hypolite*, au bout du fauxbourg de saint Marcel, proche des Gobelins.

La *Place Maubert*. J'en ai parlé à la page 193.

La *Place* ou *Parvis de Nôtre-Dame*, vis-à-vis le grand portail de cette Eglise. Il y a un seul marché dans l'année, qui est le Mardi de la Semaine sainte, où il s'y vend beaucoup de jambons & de salé. On a transferé dans cette Place la Barriere des Sergens, qui étoit anciennement sur le Pont de saint Michel.

La *Place* ou *Marché-neuf* commence au portail de saint Germain le vieux, & finit au bout du Pont saint Michel; elle est agrandie depuis quelque temps par le moyen d'une boucherie qu'on a abbatuë, & qui la rendoit tres incommode. La Croix qui est au milieu étoit autrefois devant l'Eglise. On trouve dans cette Place un horloge assez singulier: lorsqu'il veut sonner quelque heure que ce soit, on voit les douze Apôtres qui sortent; saint Pierre qui est le dernier ferme la porte aprés que Nôtre-Seigneur est passé; puis l'heure sonne, & à chaque coup de battant il y a un More au-dessous qui frappe des deux mains; l'heure sonnée, Nôtre-Seigneur & ses douze Apôtres se retirent. On vend dans ce marché toutes sortes de provisions de bouche; il y a aussi une boucherie.

La *Place neuve* ou *Cour du Palais*: elle a été embelie d'un grand portique qui regarde la Place Dauphine, & de grandes boutiques tres commodes, pour des Marchands; à gauche en entrant dans cette Place est un escalier qui conduit aux Galeries neuves.

La *Place de Sorbonne* vis-à-vis l'Eglise du même nom; elle sert quelquefois de promenade pour les personnes du quartier.

La *Place* ou *petit marché du Marais du Temple*. C'est où l'on vend du beurre, des œufs, & autres provisions de bouche.

La *Place du Collège Royal*, autrement dite *Terre de Cambrai*, où est la fontaine de saint Benoît.

F f iiij

La *Place* ou *petit marché de saint Jacques* à la Porte de saint Jacques. On y vend du beure, du fromage & autres provisions de bouche les Mécredis & les Samedis.

La *Place* ou *carrefour de la Croix-rouge*. C'est un petit marché où se vendent du lait, du fromage, du beure, des legumes, & autres provisions de bouche.

La *Place* ou *carrefour de la Pitié*, vis-à-vis l'Hôpital, au fauxbourg de saint Victor.

La *Place* appellée *la Pierre au lait*, proche de l'Eglise de saint Jacques de la Boucherie. C'est un petit marché fort étroit, où il y va beaucoup de laitieres. On y trouve aussi des œufs frais, du beure, & autres denrées de cette sorte.

La *Place* ou *Carré de sainte Genevieve*, vis-à-vis l'Eglise du même nom; elle sert souvent de promenade pour les personnes de ce quartier.

La *Place de saint Estienne du Mont* devant la porte de l'Eglise du même nom.

La *Place* ou *Cloître de saint Benoit*. Elle a trois issues; la premiere & la principale regarde la rue des Mathurins, l'autre la rue de saint Jacques, & la troisiéme une petite allée qui perce dans la rue de Sorbonne.

La *Place* ou *carrefour du Pont de la Tournelle*, du côté de la Porte de saint Bernard.

La *Place* vis-à-vis les Jesuites de la rue de saint Antoine. Il y a une belle fontaine. On y tient marché, & on y trouve beaucoup de carosses à louer.

La *Place* ou *Parvis de saint Paul*, devant le portail de la même Eglise. Il y a marché un peu au-dessus, où l'on vend des œufs, du beure, & autres marchandises de cette nature.

La *Place aux veaux* au bout du Pont-Marie, en tirant du côté du port au foin qui y joint.

Il ne me reste plus ici pour remplir cet article qu'à marquer certains endroits où se vendent differentes marchandises tant pour la nourriture de l'homme, son entretien & son utilité, que pour satisfaire son ambition & ses plaisirs.

Il y a dans ces divers commerces un ordre merveilleux d'établi entre les commerçans & pour la Police; ce qui fait voir que Paris, quoique tres étendu & peuplé au-delà de ce qu'on peut croire, est la ville la mieux reglée qu'il y ai dans toute l'Europe, & la plus abondante en toutes choses.

Boucheries, & marché de la volaille, & autres viandes.

Pour commencer par ce qui se mange soit journellement, ou par occasion, voici les jours & les lieux où on les trouve.

Les Boucheries de Paris ordinaires se tiennent à la *Porte de Paris*, à la *Place aux rats*, au quartier des *Quinze-vingt* rue de saint Honoré, au *marché du Temple* dans le même quartier, au *coin de saint Paul* rue de saint Antoine, & dans cette rue même ; à la *Porte de saint Antoine* du côté de la Bastille, au *marché neuf* du côté du Pont de saint Michel, à la *montagne de sainte Geneviève* au-dessus du Collège de la Marche, à la *Place Maubert* proche de la fontaine, à la *fontaine de saint Severin* dans la rue de ce nom, au quartier *de saint Nicolas des champs* rue de saint Martin, dans la *rue Montmartre* du côté de l'égoût, dans la *rue Comtesse d'Artois*, à la *pointe de saint Eustache* derriere l'Eglise, dans la *rue de Bussi*, au *petit marché* fauxbourg de saint Germain, & proche de

FIDELE. 347
Abbaye, à la *Croix-rouge*, vis-à-vis la rue du Cherchemidy, & dans la *ruë des Boucheries* fauxbourg de saint Germain.

Ces Boucheries sont ouvertes tous les jours, si vous en exceptez les Vendredis, & les Samedis seulement depuis le Dimanche d'entre les deux Fêtes-Dieu jusques à la Nativité de la Vierge, où elles ouvrent les Dimanches ; hors ce temps c'est toûjours les Samedis ; & pour le soulagement des malades il y a toûjours dans chaque Boucherie un Boucher seul auquel il est permis de vendre de la viande les Vendredis & jours de Quatre-Temps.

On va pendant le Carême à l'Hôtel-Dieu pour en avoir ; c'est à cette maison qu'en appartient le détail, & où se tient la principale Boucherie. On y vend aussi le gibier & la volaille. On vend encore de la viande pour les malades & au profit de cet Hôpital à la Boucherie du petit-Marché de saint Germain, à celle du marché du Temple, de la Place aux rats, & à celle de la ruë de saint Honoré proche des Quinze-vingt.

Il y a pour la commodité des pauvres gens des *Détailleurs de tripes*, dispersez dans plusieurs quartiers. C'est chez eux que se trouvent les pieds & les langues de mouton, & tetines de vache. Ces Marchands les achetent en gros tous les jours à la Porte de Paris.

Le *marché de la volaille*, du gibier, agneaux & cochons de lait se tient tous les jours sur le quay des grands Augustins, mais principalement les Mardis & les Samedis.

La *chair de cochon*, se vend chez les Chaircutiers seulement; & il y en a de renommez parmi eux pour les jambons façon de Mayence, pour les andoüilles, cervelats & bon boudin. Il y a d'autres endroits où l'on fait un commerce particulier de boudin blanc. On peut aller pour cela à la porte de Richelieu, ou chez les fameux Traiteurs, qui vous fournissent si vous voulez des langues de porc fourées, langues de porc & de mouton fumées. On peut encore s'adresser en hyver au Messager de Blois, ou à celui de Troyes pour les bonnes andoüilles.

Marché du Poisson.

Le *marché du poisson d'eau douce* pour la vente en gros, se trouve au quartier des Halles à l'entrée de la rue de la Cossonnerie. La vente en gros du *poisson de mer* se fait à la Halle au poisson par les Officiers-Vendeurs de marée. Huit heures du matin passées on ne trouve plus de poisson de mer ni d'eau douce à la Halle, si ce n'est de la seconde main ; c'est pourquoy les Maîtres-d'Hôtels, Cuisiniers & Cuisinieres ont soin d'y aller du matin pour s'en fournir.

Outre ces endroits où se vend le poisson d'eau douce, il y a encore des batteaux & des boutiques sur la riviere où l'on en vend en gros ; c'est entre le Pontneuf & le Pont au Change ; & ce sont pour l'ordinaire des brochets & des carpes. Durant le Carême & les jours maigres ce poisson se debite en détail dans tous les marchez où se vendent le beure, les œufs, & autres fournitures de bouche. On voit même des femmes qui en promenent par les rües sur des inventaires qu'elles portent devant elles.

On trouve de tout à Paris pour de l'argent, & trés commodement. On y vend en gros & en détail le beure frais, salé & fondu, les œufs & des fromages de toutes sortes ; c'est à la Halle & aux environs que se fait ce commerce. Il y a dans la rüe de la Cossonnerie des Epiciers chez lesquels on trouve beaucaup de ces marchandises. On peut avoir du *beurre de Bretagne* par la voye du Messager ordinaire.

Les legumes & herbages se vendent en gros tous les matins jusqu'à huit heures dans la *ruë de la Lingerie*, qui prend depuis la ruë de saint Honoré jusqu'à la porte du Cimetiere de saint Innocent, & en détail dans tous les marchez. Les *fromages de Brie* se vendent en gros à la descente du Pont-Marie qui va au port de saint Paul. Les *fromages de Lorraine* arrivent au chariot d'or de l'autre côté de l'Abbaye de saint Antoine, & en d'autres hôtelleries du même quartier.

Il y a à Paris jusques à des *bouchons de bouteilles de liege* qu'on vend au cent ou au milier; c'est dans la ruë *Bertin-poirée* que le débit s'en fait.

On tient à la Halle les Mécredis & les Samedis un marché franc pour la *Chandelle*, où elle est venduë à meilleur marché que chez les Chandeliers. Il y a aussi des manufactures de chandelles dans le fauxbourg de saint Antoine, de saint Laurent & ailleurs; & le *marché au suif* se tient tous les Jeudis dans la vieille place aux veaux.

Les chantiers où se vend le *bois à brûler* se trouvent à la Porte de saint Antoine, à la Porte de saint Bernard, & à la Grenoüillere.

On vend le *bois-neuf*, les *coterets* & les *fagots* sur le quay de la Tournelle; sur le quay de l'Ecole, & sur celui de la Greve.

Le *charbon* se débite à la Greve; & on trouve quelquefois sur les ports & dans les chantiers du bois de rebut qui se donne à meilleur marché que l'autre.

Il ne faut pas s'étonner aprés cela si Paris a des charmes pour les Etrangers, qui sans s'embarasser beaucoup trouvent de quoy y dépenser leur argent fort agréablement. On y est servi tres promptement & d'une maniere gracieuse; ce n'est pas peu pour des Voyageurs, qui le plus souvent en d'autres endroits font bien de la dépense avec beaucoup de desagrément.

ARTICLE VIII.

Qui regarde la Patisserie, l'Epicerie & les Liqueurs potables.

IL est constant que Paris est un séjour bien délicieux ; on y trouve tout ce qui peut réveiller le plaisir de la bouche, & flatter les plus sensuels. La Patisserie, les Liqueurs, Sucreries & autres choses de cette nature n'y manquent point, le tout apprêté dans la derniere perfection.

Les *Confitures* de toutes sortes s'y trouvent en abondance. Il y a un grand nombre de Confiseurs dans la *ruë des Lombards* principalement, & dans quelques autres endroits de Paris, chez lesquels se vendent en gros & en détail toutes sortes de confitures seches & liquides, dragées, pâtes, conserves, & quantité d'autres marchandises de cette sorte. C'est dans cette ruë que je payai une discretion que j'avois perduë par galanterie contre deux femmes que j'eusse voulu qui eussent éprouvé ce que mon cœur ressentoit pour elles, aussi bien qu'elles se plûrent chez

ces

ces Marchands à pousser à bout ma generosité. Elles en sortirent tres contentés & moy aussi. C'est dommage que de pareilles avantures en restent à si peu de choses, & qu'elles n'ayent pas des suites où l'amour puisse être un jour de la partie.

On trouve encore à Paris de la *Patisserie* dans quelque quartier qu'on puisse être. Il est vrai qu'il y a des Pâtissiers plus renommez les uns que les autres pour certaines patisseries ; mais je laisse à s'en instruire ceux qui voudront être curieux de l'apprendre, n'étant pas une chose bien difficile : ajoûtez qu'en les nommant ce seroit dans leur corps susciter une envie les uns contre les autres qui ne rendroit pas cet ouvrage meilleur.

Les *fruits* se vendent en gros à la Halle au bled depuis trois ou quatre heures du matin jusqu'à huit. Sur la *greve de l'Arsenal* vis-à-vis l'Isle-Louvier, il arrive durant tout l'Esté, & tous les jours à même heure, des batteaux de fruits nouveaux qu'on vend en gros par paniers aux particuliers, & aux fruitieres, qui les debitent aprés en détail. On voit aussi arriver bien souvent au quay de l'Ecole des batteaux de pommes & de poires qui viennent de Normandie.

Les *melons* dans le temps ne sont point rares à Paris : on en voit des boutiques pleines, les banquettes du Pont-neuf en sont toutes garnies, on en voit d'autres petits étalages qui en sont tout chargez dans tous les quartiers de la Ville. Il y vient beaucoup de melons de Langez qui sont très excellens, sans compter tous ceux qui croissent dans les marais aux environs de Paris.

Les *fruits de Provence*, qui sont les oranges & les citrons, les figues & les raisins secs, les brugnons & les amandes, tout cela se vend chez les Epiciers, & particulierement chez les *Provençaux* qui logent dans le *cul-de-sac de S. Germain l'Auxerrois*. On y debite aussi des *fromages de Rocfort*, des *olives*, des *anchois*, du *vin de saint Laurent*, & des *capres*. Les Epiciers font aussi ce même commerce ; mais on ne les a d'eux que de la seconde main. On y trouve encore des *oranges de la Chine* & de *Portugal*.

Il y a aussi plusieurs fabriques de *Chocolat* dans Paris, les unes à la verité plus estimées que les autres. *Renaud*, rue & au-dessous de la Comedie est un de ceux sans contredit qui y excelle le plus : que cela soit dit en passant, sans rien diminuer du merite des autres : le *caffé* en graine & en poudre, & le *thé* s'y vend aussi, de même que chez bien d'autres Epiciers en differens quartiers.

Voila de quoy dresser un beau fruit, precedé d'un grand repas tant en gras qu'en maigre ; & si on veut ne point se donner tous les soins de le faire apprêter, il y a dans differens quartiers de la Ville & des fauxbourgs de fameux *Traiteurs* ou *Marchands de vin*, où l'on est servi tres proprement, & aussi magnifiquement qu'on le souhaite chez eux ou chez soy-même, où ils ont soin de faire tout apporter. Paris ne manque point encore de cabarets fameux où l'on fait de gros écots : Ces endroits ne s'apprennent que trop aisément quand on les veut sçavoir, sans qu'il soit besoin d'en faire un détail.

Les Liqueurs potables.

Sous ce mot de *Liqueurs* j'entens les *Caffez* où elles se debitent : & sous ce dernier mot certains endroits publics où l'on va pour en boire. Il y en a Paris qui sont tres magnifiques par les glaces

& autres meubles de prix qui en font l'ornement, & les illuminations qui les éclairent lorsqu'il est nuit. C'est le rendez-vous des Nouvellistes & de quelques beaux esprits qui s'y assemblent pour y tenir des conversations sur la belle litterature, & pour la mieux soûtenir on y prend tout ce qui peut le plus réveiller les idées qui en font le sujet : le caffé, le chocolat, le rossolis, l'eau clairette, l'eau d'anis, le populo, & autres boissons de cette sorte en forment le regal ; le tout au choix de ceux qui y vont pour en prendre.

Il y a des Caffez d'établis en plusieurs quartiers de Paris, & qui se font distinguer plus ou moins entre eux par leur magnificence. Il seroit à souhaiter que l'on y bût les liqueurs sans être alterées. Les Maîtres de ces Caffez prennent lettre de *Distilateurs*, parce que la plûpart distillent eux-mêmes & composent les liqueurs qu'ils vendent : & je puis dire qu'entre ceux qui y travaillent, *Liger* est celui qui y excelle. Il demeure rue de la Huchette.

ARTICLE IX.

Concernant le commerce pour les habits, la mercerie, & les meubles.

RIen n'égale Paris pour tout ce qu'on veut avoir d'une heure à l'autre: on peut s'y habiller à neuf, & s'y meubler, ce qui est une commodité la plus grande du monde pour des Etrangers. On y trouve des habits de toutes sortes à choisir, tant pour homme que pour femme, & des meubles & des étoffes à acheter. Voici les quartiers où l'on peut aller.

Marchandise de draps.

On trouve dans la ruë de saint Honoré des Marchands Drapiers qui ont de gros fonds, & qui ont de grandes fournitures. Il y en a aussi dans le même genre dans la ruë de l'Arbre-sec, ruë de Bussi, & ruë de saint Denis.

Les Marchands Drapiers qui ne vendent qu'en gros se trouvent dans la *ruë des mauvaises paroles*, au Chevalier du

Guet, dans la ruë des Prouvaires, de Montorgueil, de la Truanderie, & dans la ruë des Déchargeurs.

Il y a d'autres Marchands chez lesquels on trouve un grand assortiment d'étoffes d'Esté, & pour cela il faut aller dans la ruë des cinq-Diamans, ruë des Lombards, de la vieille monnoye, & autres endroits. Ce que je viens de rapporter regarde proprement le gros commerce entre Marchands.

Dans les mêmes quartiers on trouve aussi quantité de Marchands de drap en détail, lesquels sont tres-bien fournis de tout ce qu'on souhaite, & le tout fort à la mode. Voilà assez d'endroits differens pour choisir celui qui est le plus à la portée du quartier où l'on demeure.

Les Marchands de drap font le premier corps des Marchands de Paris. Ils ont leur Bureau dans la ruë des Déchargeurs, où ils s'assemblent pour traiter des affaires qui regardent leur Communauté.

Mercerie.

Le Bureau des *Marchands Merciers* en gros est situé dans la ruë Quinquempoix, qui donne d'un bout dans la rue Aubri-boucher, & de l'autre à la rue aux Ours. Qui dit Marchand Mercier à Paris, dit Marchand de bien des sortes de marchandises ; ils comprennent dans leur commerce la Joüaillerie, la Quinquaillerie, & plusieurs autres marchandises que voici.

Les uns vendent des *Etoffes de soye d'or & d'argent*. On en trouve à petit-Pont, dans la rue de saint Denis, & dans la rue des Bourdonnois. Il se trouve dans la derniere des *petites Etofes fabriques de Paris*, des *taffetas*, & autres Etoffes de Tours & d'Avignon, le tout en magasin.

Les *crêpes & crépons* se vendent en magasin dans la rue des Lavandieres & cul-de-sac des Bourdonnois. On en vend aussi en détail dans la rue de saint Denis, de saint Honoré & ailleurs, où il y a des Marchands Merciers en Etoffes : les *treillis d'Allemagne* se débitent rue des Bourdonnois.

La Mercerie en gros se fait par un grand nombre de Marchands qui ont des boutiques & des magasins dans la rue de saint Denis, depuis la rue des Lombards jusques à la rue du Petit-lion. On trouve chez la plûpart de tous ces Merciers un grand assortiment de Mercerie pour les détailleurs.

Les écharpes de femmes, les coëfes, les rubans, & plusieurs autres ajustemens qui regardent ce sexe, se vendent au Palais.

Les *Eventails* se vendent en gros derriere saint Leu & saint Gilles, & dans la rue du Petit-lion ; c'est où les détailleurs en vont prendre pour les vendre aux particuliers.

Les *Marchands de Bijoux* sont aussi du corps des Merciers. Les *bijouteries communes* pour les Savoyards, Colporteurs, & autres, se débitent dans le Cloître de saint Jean de Latran ; les *petits miroirs* pour ces mêmes Marchands se vendent dans le Temple : les particuliers peuvent aussi en acheter si bon leur semble.

Les *coffrets & miroirs d'écaille tortuë* se fabriquent dans la rue de saint Denis proche le coq croissant : c'est où la plûpart des Quinquailliers s'en fournissent, & dans la rue de saint Louis proche du Palais. On fait au tour des *Joyaux d'orfevrerie*, qui se débitent par les Merciers qui étalent dans le Palais.

Les *colifichets* ou *Joüailleries* qui servent d'amusemens aux enfans, se vendent dans

dans le Palais & aux Foires : on en fait un commerce en gros dans la rue de saint Martin devant la rue aux Ours, & dans la rue de saint Denis, vis-à-vis les Filles-Dieu. Ce même commerce se fait aussi à la Pierre-au-lait. On y vend d'ailleurs toutes sortes de *Boëtes d'Allemagne*, peintes & en blanc, servant pour le caffé.

Les bonnes *Epingles* & les fines *Eguilles* se fabriquent & se débitent en gros dans la rue de la Huchette, & proche de la Croix du Tiroir. C'est où s'en fournissent les Marchands du Palais & autres qui les vendent en détail.

Linge & Dentelles de fil.

Les Marchands qui veulent acheter du *Linge* ou des *Dentelles* pour les revendre en détail, vont aux magasins fournis de marchandises de cette sorte ; il y en a dans la *rue Troussevache*, vis-à-vis la rue de la Ferronnerie : dans la *rue du Plas d'Etain* proche la rue des Lavandieres : rue du Coq dans la rue de saint Honoré : rue Chanvrerie qui aboutit dans la rue saint Denis, rue Dauphine, de saint Antoine & autres.

Les Magasins pour les *Dentelles* sont dans la rue des Bourdonnois, & dans la rue de saint Denis, devant le Sepulcre. Si on souhaite avoir des *Dentelles* en détail, des *Garnitures de tête* toutes faites ou de commande, les *Engageantes* pour les accompagner, *Tours de gorge*, *Corsets*, *Chemises* de toile fine, il faut aller au Palais, sur le Quay de Gêvres, ou sous les galeries de saint Innocent, on y trouve des boutiques de Lingeres fort bien assorties : on y vend aussi des *Cravattes*, des *Mouchoirs*, & autres linges generalement parlant qui conviennent aux hommes & aux femmes.

Il y a aux Halles un marché franc pour les *Toiles*, & dans la Place aux chats des Marchands Lingers qui en tiennent magasin.

Les *vieux Linges de lit*, *de table*, *d'enfans*, pour *hommes* ou *femmes*, se trouvent chez les Lingeres de la rue de la Lingerie, qui prend depuis la rue de saint Honoré jusqu'à la porte du Cimetiere de saint Innocent. Il y a aussi quelques Lingeres sur le Pont-neuf, qui vendent des dentelles & beaucoup de linge de hazard.

Galons d'argent, & autres assortimens pour les habits.

Les *Galons*, les *Boutons* & les *Franges d'or* & *d'argent* ou *de soye*, se débitent en gros dans la rue de saint Denis, & les Marchands en boutique qui en font le commerce, étalent la plûpart dans la rue de saint Honoré, depuis la Croix du Tiroir jusqu'à la rue de la Ferronnerie. Il y a d'autres Marchands qui ont un grand assortiment de ces Marchandises dans la rue des Bourdonnois, & vis-à-vis l'Hôtel de la Monnoye.

Les *Galons de soye* se vendent principalement à Petit-Pont, & dans la rue au Fevre, où l'on trouve encore les galons de livrées.

Habits d'hommes & de femmes.

Ceux qui veulent s'habiller d'une heure à l'autre trouvent de quoy se satisfaire à Paris; ils n'ont qu'à aller aux Halles, & choisir ce qui leur convient. Ils changent bien-tôt de décoration ; c'est un magasin bien commode pour beaucoup de personnes : l'Officier y trouve

H h ij

son compte, bien des Bourgeois leur commodité, ainsi que le menu peuple. Il y a des habits de tout sexe, de toutes tailles, & pour toutes sortes de conditions, on n'a qu'à choisir ; & comme il y a un grand nombre de ces Marchands appellez vulgairement *Fripiers*, si l'un ne convient, & n'a pas ce qu'on cherche, on va chez l'autre.

Si on veut s'habiller à neuf, Paris vous fournit des *Tailleurs*, tant pour hommes que pour femmes, & d'un bon goût ; il y en a dans tous les quartiers de cette Ville. Il y a aussi des *Couturieres* tres fameuses & fort en réputation pour habiller les Dames ; d'autres renommées pour les habits d'enfans, d'autres pour les corsets ; ainsi du reste. Il n'est pas difficile de trouver leurs demeures pour peu qu'on veüille s'en informer.

Il y a d'autres Tailleurs & Couturieres qui travaillent parfaitement bien pour les *habits de theâtre*, auxquels ils donnent le bon goût.

Ceux qui souhaitent porter de la *broderie*, trouvent à Paris des ouvriers qui y travaillent parfaitement bien, tant pour les habits ordinaires d'hommes & de femmes, que pour les habits des spectacles; & puisque je suis sur cet article, il est bon de sçavoir qu'on vend dans la rue de saint Denis toutes sortes d'*Étoffes or, & argent* pour les *Balets, Comedies, Opera, & Mascarades*. On vend aussi pour cela des *Plumets* dans la rue de saint Honoré, & sur le Pont de saint Michel; c'est aussi dans ces endroits où les Officiers & ceux qui ont le privilege d'en porter, les vont acheter.

Tapisseries & meubles ordinaires.

Ceux qui ont de l'inclination pour les belles *Tapisseries*, trouvent de quoy se satisfaire à Paris. Il y a un magasin de *Tapisseries de Flandres* dans la rue de la Huchette; & un autre pour les *Tapisseries de Beauvais* dans la rue de Richelieu. Les *Tapisseries d'Aubusson* se negocient dans la rue de la Huchette & aux environs.

Au carrefour de saint Opportune se fait un commerce de *Bergames*, & *Tapisseries de Rouen*, façon de Hongrie; les *Tapisseries Bergames, Damas caffarts, petites Étoffes, & Satin de Bruges*, propres à faire des ameublemens, se vendent en détail en differentes boutiques & magasins proche de la Porte de Paris.

Il y a des Marchands Tapissiers en réputation pour les beaux meubles dans la rue Tictone, rue aux Ours, rue Michel-le-Comte, rue des Bourdonnois, fauxbourg saint Antoine & autres endroits.

Mais les plus belles Tapisseries qui se fabriquent sont les *Tapisseries des Gobelins*. On fait encore au Palais du Luxembourg des *Tapisseries* façon de Turquie; c'est une manufacture qui y est depuis peu établie.

On vend les *Tapisseries de cuir doré* dans la rue de saint Antoine proche de la Bastille: celles de *cuir doré de Flandres* se vendent dans la rue de saint Denis proche de la sellette.

On vend aussi dans un magasin proche des Quinze-vingt des *Tapisseries peintes sur basin, façon de Haute-lice*. On en trouve aussi de pareilles de hazard chez les Fripiers, avec d'autres meubles dont on peut avoir besoin.

Et s'il arrive que par la longueur du temps les Tapisseries se trouvent endommagées par les vers ou autrement, ou bien que leurs couleurs soient beaucoup passées, on trouve dans la vieille rue du Temple, & dans la rue neuve de saint Honoré, des ouvriers habiles pour les racommoder & les mettre en couleur.

Ceux qui veulent acheter des *Cabinets*, *Bureaux*, *Commodes à la mode*, *Armoires de bibliotheques*, & autres meubles de placage, de noyer, d'ebene, de cedre, & d'autres matieres, doivent aller au fauxbourg de saint Antoine. On en vend aussi sur le Pont de Nôtre-Dame, à la Porte de saint Victor, dans la rue Grenier saint Lazare, & rue du Mail: on en voit dans les Foires de saint Germain & de saint Laurent.

Pour avoir de *belles Glaces de miroirs*, on va à la manufacture où elles se fabriquent: c'est dans la rue de Reüilli fauxbourg de saint Antoine: on en trouve d'une grandeur extraordinaire, & à prix assez raisonnable.

Il y a d'ailleurs quelques Marchands Miroitiers qui en tiennent magasin sur le Pont de Nôtre-Dame & dans la rue de la Monnoye. On vend encore des miroirs dans plusieurs autres boutiques, soit neufs, ou de hazard, sur le Quay Pelletier, Quay de la Feraille, à une des portes de l'Hôtel de Soissons, au coin de la rue de Grenelle.

Ceux qui veulent faire mettre des Glaces au teint, doivent aller dans la rue du *Haut-moulin*, proche de saint Denis de la Chartre, & dans la *ruë de sainte Marguerite*. S'il y a quelque glace à racommoder, on trouve d'habiles ouvriers pour cela dans les mêmes endroits.

La plûpart des Fripiers vendent des *ameublemens tout-complets*, qui sont de hazard: ils en commercent aussi qui sont neufs, mais pour lors on ne les a que de la seconde main: c'est sous les piliers des Halles qu'il faut aller, dans la rue de la Truanderie, au quartier de la rue de saint Denis, à la Montagne de sainte Genevieve, à la descente du Pont-Marie, & au fauxbourg de saint Antoine.

Dans le même fauxbourg, dans la rue Dauphine, rue de la Verrerie, & autres endroits de la Ville, on trouve dans le besoin des *Argenteurs & Doreurs* pour les meubles de fer.

Les *Lustres de cristal* qui sont fort à la mode dans les beaux appartemens, se vendent en magasin dans la rue de saint Denis. On en loüe aussi pour servir d'ornement dans les Eglises aux Fêtes solemnelles, & dans plusieurs spectacles qu'on donne au Public, ce qui fait le plus bel effet du monde, par l'éclat qu'ils jettent à la faveur des lumieres dont ils sont chargez. Il y a des *Lustres de cristal de roche* qui sont d'une beauté extraordinaire & d'un tres grand prix: on n'en voit que chez les Princes, chez les gros Seigneurs, ou chez les Partisans, qui se piquent d'aller de pair avec eux.

ARTICLE X.

Des curiositez & du commerce qui se fait des ouvrages d'or, d'argent, de pierreries, & d'autres bijoux de cette sorte.

IL y a eu de tout temps des curieux dont les genies ont eu des goûts differens sur ce qu'on appelle *veritables curiositez*; les uns aiment les beaux meubles, d'autres les tableaux rares: ceux-ci ont du goût pour les médailles, ceux-là recherchent les estampes, & d'autres les fines porcelaines: c'est ainsi que chaque Curieux contente sa passion lorsqu'il est en passe de fournir à cette dépense ; c'est ce qui fait aujourd'hui qu'on voit tant de Cabinets qui sont si singuliers & d'un si grand prix par toutes les raretez qu'ils contiennent.

On voit dans Paris beaucoup de Curieux d'un & d'autre sexe ; il y a des *Broquenteurs* en curiosité, c'est-à-dire gens qui en trafiquent par argent ou par troque, & d'autres qui en font leur propre commerce, & qui en tiennent boutique.

On trouve de ces premiers Marchands à l'entrée du Quay de la Megisserie, sur le Quay de l'Horloge, dans la rue de saint Honoré, rue des Bourdonnois, rue des Assis, & dans d'autres quartiers : on y voit des *Tableaux*, des *meubles de la Chine*, *Cristaux*, *Porcelaines*, *Coquillages*, & plusieurs autres bijoux de grand prix.

Il y a d'autres Marchands de curiositez qui n'ont leurs marchandises qu'en chambre : plusieurs d'entr'eux ne commercent qu'en *Tableaux*. On tient magasin de bijoux, comme *Coffres d'Angleterre*, *Porcelaines*, *Pagodes de terre ciselées*, & *meubles de la Chine*, dans la rue Aubribouchcr : si ces derniers viennent à se gâter en quelque façon, il y a dans le fauxbourg de saint Antoine des ouvriers qui les racommodent parfaitement bien.

Pour passer de ces curiositez à ce qui regarde l'Orfevrerie, on sçaura qu'en cela rien ne manque à Paris. Parmi ceux qui se mêlent de mettre l'or & l'argent en œuvre, il y a des Orfevres dont le talent consiste à monter les Pierreries ; on trouve de ces ouvriers sur le Quay des Orfevres, & dans les autres quartiers où il y a des Orfevres. D'autres font commerce de *Pierreries* ; d'autres sont renommez pour la *fabrique des ornemens d'Eglise*. C'est sur le Quay des Orfevres & sur celui de Gêvres qu'ils se trouvent.

Dans la rue du Harlay & dans la rue Dauphine il y en a qui ont un talent particulier pour les *petits ouvrages & bijouteries d'or* ; & d'autres dans la rue des deux Ecus, & rue Bertin-poirée qui trafiquent de *barres, lingots & grenailles d'or & d'argent*.

Les *Garnitures & joyaux de fausses perles & pierreries*, se debitent dans le Temple, & l'on vend dans la rue du petit lion & rue de saint Denis les *fausses perles* de nouvelle invention, argentées en dedans, & approchant fort des naturelles.

Les Orfevres ont leur Bureau dans une Chapelle qui leur appartient rue des Lavandieres. Ils y font tous les Mardis & Vendredis l'essai de tous les ouvrages d'or & d'argent. C'est encore au même lieu que se tient le Bureau des *Controleurs de la marque d'or & d'argent*. Il y a encore bien d'autres marchandises qui se debitent dans Paris, & dont il est bon que les Etrangers soient instruits, ainsi que des quartiers où le debit s'en fait; c'est une commodité pour eux lors qu'ils sont dans Paris, soit qu'ils veuillent en acheter pour leur usage même, ou pour en faire commerce.

ARTICLE XI.

Qui instruit des lieux où se debitent certaines marchandises tres necessaires & fort utiles pour les besoins de l'un & l'autre sexe.

CEt article est plus interessant que les précedens, parce qu'il est plus necessaire, & qu'on y trouve plus sa commodité pour bien des besoins. Il est vrai que plus j'ai parcouru Paris, plus je l'ai admiré pour tout ce qu'il fournit à l'homme en abondance, soit pour lui divertir l'esprit, ou pour l'entretien de la vie & du corps. Voyons quelles sont toutes ces marchandises si interessantes.

Bonneterie.

Le trafic des *bas, bonnets*, & autres choses qui regardent la Bonneterie est considerable à Paris. Il s'en vend en gros & en détail, on en tient magasin au Chevalier du Guet, dans la rue de la Savonnerie, dans la rue de saint Denis, & sous les piliers des Halles.

Il y a d'autres Bonnetiers tenant boutiques, qui font en détail un grand commerce de bas & d'autres marchandises qui les concernent. On trouve de ces Marchands dans la rue de saint Denis, proche de saint Denis de la Chartre, à la Croix du Tiroir, & dans plusieurs autres endroits de la Ville.

Il y a au fauxbourg de saint Marcel un grand nombre d'Ouvriers pour les *bas-drapez*. Il se fabrique aussi des *bas drapez*, de laine de Segovie, & de plusieurs autres laines & de soye, chez plusieurs Manufacturiers du fauxbourg saint Antoine. On fait aussi de ces sortes de bas dans la Cour du Palais, où il y a de ces Ouvriers, ainsi qu'à la Porte de saint Marcel, de saint Denis & de saint Martin ; c'est ce qu'on appelle proprement des *bas au métier*. On trouve encore de ces gens qui travaillent au métier en plusieurs autres quartiers de la Ville.

Ces Manufacturiers sont en grand nombre ; c'est un Corps qui a ses Jurez, dont le Bureau est établi dans la rue des Canettes.

Gantiers.

Il se fait aussi un grand commerce de *Gants* de toutes sortes, & on trouve des Marchands Gantiers qui en sont très bien assortis; ils sont dispersez en plusieurs quartiers differens de Paris. Il y en a devant saint Merry qui sont fort renommez pour les bons *gants de peau de cerf*. Il se vend des *gants de cuir, de poules* proche de l'Abbaye de saint Germain, & dans la rue de saint Denis. Les *gants de daim & façon de daim* se debitent dans la rue Galande.

On vend des gants de *Rome*, de *Grenoble*, de *Blois*, d'*élan*, de *chamois*, & de plusieurs autres sortes de la meilleure fabrique, proche des Peres de l'Oratoire rue de saint Honoré, dans la rue de l'Arbre-sec, rue de la Limace proche de la rue des Bourdonnois, & sur le Quay des Orfevres: le debit de ces gants se fait en gros & en détail.

Il y a plusieurs autres Gantiers qui vendent des gants communs: Paris en est assez fourni, on en trouve presque dans tous les quartiers où l'on va.

Parfumeurs.

Les *Parfumeurs* y sont aussi en assez bon nombre : il se fait un grand commerce de *poudre* & de *savonnettes* au bout du Pont de saint Michel, à l'entrée de la rue de la Harpe, dans la rue du Hurepois, au bout du Pont au change, à l'entrée de la rue de Gêvres, dans la rue Bourlabé, & plusieurs autres endroits privilegiez.

Il y a des *savonnettes* de crême de *savon*, bien plus fines & bien meilleures que les communes : il s'en vend dans la rue du petit-lion proche de la rue Pavée. Pour les *essences* de *Rome*, de *Gênes* & de *Nice*, elles se trouvent devant la barriere de saint Honoré : ces essences sont bien plus spiritueuses que celles qu'on tire en France, & par consequent bien plus estimées.

Les Provençaux apportent à Paris l'*eau de fleurs d'oranges*, & les *essences pour les cheveux* : ils logent ordinairement dans le cul-de-sac de saint Germain l'Auxerrois, & vendent ces liqueurs en gros.

On en trouve en détail dans la rue de l'Arl'Arbre-sec, & chez beaucoup d'autres Parfumeurs, qui la plûpart surchargent ces eaux & ces essences, de manière qu'il ne leur reste plus qu'un esprit fort leger des odeurs qui leur sont naturelles.

Les Parfumeurs debitent aussi les *essences pour les tabacs*, les *eaux d'Ange odoriferantes*, l'*eau de millefleurs*, les *cassolettes*, le *lait virginal*, celui d'*Amarante*, dont on se sert pour parfumer les chambres, sans que l'odeur soit contraire à ceux qui sont travaillez des vapeurs: l'*essence d'ambre*, de *musc*, & d'autres choses qui concernent leur commerce. Il est vrai que depuis quelque temps que les odeurs ne sont plus en usage en France, ce commerce a bien diminué; mais il ne laisse pas encore que d'y avoir des gens qui en sont amateurs.

On debite dans Saint-Jean de Latran de tres fine poudre, & de tres bonne huile d'amande pour les cheveux, des essences & des savonnettes de toutes manieres, le tout à prix assez raisonnable, à cause de la franchise dont y jouissent les Marchands Parfumeurs.

Pelleterie.

De quoi que ce soit qu'on ait besoin dans toutes sortes de commerces, on le trouve à Paris: la *Pelleterie* & la *Fourure* s'y exercent en perfection. Les Pelletiers & Foureurs sont un des six Corps des Marchands; ils ont leur Bureau *rue de la Tabletterie*.

Les Pelletiers font grand commerce de peaux, & il y en a en magasin dans la rue des Foureurs, de saint Honoré, de saint Denis, rue de saint Martin, & ailleurs.

Les boutiques des Marchands Pelletiers qui vendent en détail, sont la plûpart proche la Porte de Paris, dans la rue du Crucifix saint Jacques de la Boucherie, de la Juifrerie, & aux environs de la Madeleine.

A l'entrée de la rue de saint Denis se debitent toutes sortes de *peaux de vrais & de faux chamois*; les *peaux de chagrin* se vendent dans la rue de la Coûtellerie; ce sont les Gainiers qui en employent le plus.

Les *peaux de varbres du Levant*, de *castor*, & de divers autres animaux étrangers, se trouvent en magasin dans la rue Bourlabé.

On trouve dans la rue de saint Denis, proche de la fontaine de la Reine, des *peaux de lapins* & *de lievres*, & autres propres pour les Chapeliers qui les y vont acheter. Ce même commerce se fait aussi dans la rue Quinquempoix: les *peaux de buffle* se vendent rue neuve de S. Merry.

Fourure.

Les Marchands Foureurs qui tiennent boutiques en détail de *manchons*, d'hermines, & generalement de tout ce qui regarde la Fourure, sont la plûpart établis dans la rue des Foureurs proche de sainte Opportune, & dans la rue de la vieille Bouclerie. Il y en a quelques-uns dans la rue de Gêvres, sur le Quay-neuf, & dans la rue de saint Antoine.

On trouve dans ces endroits de tres beaux *manchons* pour hommes & pour femmes, & des plus à la mode; & des *Palatines* travaillées proprement, composées de peaux d'animaux tant étrangers que du pays. On y vend aussi de tres belles *Aumusses* à petit-gris.

Perruquiers.

Les Perruquiers font une Communauté avec les Barbiers, Baigneurs & Etuvistes. Ils sont au nombre de deux cent, & ont leur Bureau sur le Quay des Augustins, au coin de la rue Git-le-cœur. Ils ont leur Prevôt & leurs Syndics.

Entre tous les Perruquiers qui sont établis à Paris, il y en a sans doute qui travaillent mieux les uns que les autres, & dont la réputation est plus étendue. Je n'en ferai point ici la distinction, crainte de causer de la jalousie parmi eux : les uns sont renommez pour les *petites Perruques d'Abbez*, d'autres pour les *Perruques du bon air*.

Il se fait aussi à Paris un *commerce de cheveux* en gros & en détail dans la rue de saint André des Arcs, sur le Quay des Augustins, sous les galeries des Innocens, dans la rue d'Orléans, & dans la rue Tirechape.

Il y a aussi de fameuses *Coeffeuses* à Paris, dont l'employ est de coëffer les femmes qui veulent être du bon air; on en trouve dans la Place du Palais Royal, proche des Quinze-vingt, & dans les galeries du Palais. Dans le temps que les femmes se coëffoient en cheveux, ces *Coeffeuses* étoient bien plus employées qu'aujourd'hui: on croit néanmoins que la mode en reviendra pour les femmes du bel air.

Armes & équipage de guerre & de chasse.

Toutes les commoditez qu'on trouve à Paris ne se bornent pas seulement à tout ce que j'ai déja dit, elles s'étendent encore bien plus loin. Les Officiers de guerre, les chasseurs n'y manquent de rien pour ce qui les concerne. Il y a des magasins d'armes & d'autres équipages de guerre, devant l'horloge du Palais, & à l'entrée du Quay de la Megisserie.

Le *Plomb* pour les armes à feu se vend en gros & en détail chez plusieurs Marchands sous l'horloge du Palais, & dans le fauxbourg de saint Antoine.

On vend la *Poudre à tirer* à l'Arsenal, où elle se fabrique: elle s'y debite en gros & en détail: il y a aussi d'autres Epiciers qui en vendent dans plusieurs quartiers de la Ville.

Les *lits*, les *tentes* & les *pavillons*

de guerre se trouvent proche du College de Mazarin, & chez les Tapissiers-Fripiers des piliers des Halles, qui pour l'ordinaire en ont un assez grand assortiment en temps de guerre.

L'on achete les *épées* chez les Fourbisseurs. La plus grande partie étale sur le Pont de saint Michel, rue de la vieille Bouclerie, rue Dauphine, & dans quelques autres quartiers de la Ville. Il y a de ces Fourbisseurs qui fournissent des Regimens entiers. Les épées se vendent aussi en détail, & se troquent avec ceux qui en souhaitent.

Les Officiers qui veulent avoir des *Bottes vieilles & neuves* pour leurs Regimens, trouvent dans la rue de la Batillerie proche du Palais des Cordonniers qui leur en fournissent, sans qu'il soit besoin de s'embarasser de rien que de les payer.

On fait un grand commerce d'*Eperons* dans la rue de saint Honoré, & les Ouvriers qui les travaillent sont tres habiles en leur métier. Les Quinquaillers en vendent aussi, mais ils ne valent pas les premiers à beaucoup prés.

Proche de la Porte de saint Antoine on fabrique des *Tambours* pour les troupes ; & pour d'autres particuliers qui en veulent acheter.

On fait les *Charettes* & les *Quaissons de guerre* à l'entrée du fauxbourg de saint Antoine ; il s'en fabrique encore dans d'autres quartiers par des Charons préposez pour cela.

Pour les *coffres*, *malles*, *fourreaux de pistolets*, & autres choses de cette sorte, ils se font chez les Bahutiers ; il y en a beaucoup au quartier du Palais dans la rue de la Barillerie ; à l'entrée du fauxbourg de saint Germain, & aux environs de saint Honoré.

La Manufacture des *Bufles* pour la Cavalerie se tient dans la rue neuve de saint Merri.

Les Officiers qui ont besoin de *chevaux* & de *mulets*, en trouvent au marché qui se tient le Mercredi & le Samedi, lorsqu'il n'y a pas fête, depuis deux heures jusques à six.

Ils en pourront trouver tous les autres jours chez les Marchands dans la rue de la Bucherie ; Place Maubert, rue aux Rats, cour de la Jussienne ; cul-de-sac des Provençaux, rue Perdue, rue & devant les murs de saint Martin, où logent plusieurs Marchands de chevaux ; sur-tout des Hollandois qui en ont de tres beaux.

Les *Chasseurs* trouvent du plomb & de la poudre où je l'ai dit, & diverses sortes de réseaux & de tirasses pour la chasse, à la porte du Fort-l'Evêque, du côté de la riviere.

Equipages & commoditez.

Rien n'est plus aisé à Paris que de se donner équipage quand on est en passe de le pouvoir faire ; les Selliers ni les Carossiers n'y sont point rares ; il n'y a gueres de quartiers dans Paris où l'on n'en trouve.

Au Pont aux choux, dans la vieille rue du Temple, rue des Fossez de Condé, & dans la rue de Bourbon on fait des *Corps de Carosses* tres bien conditionnez. On trouve de tres bons ouvriers pour les *ressorts & arcs de carosses & de chaises* au petit Arsenal, dans la rue de Limoges au marais, dans la rue des Gravilliers, à la Porte de saint Antoine, & dans la rue du Sepulcre.

Pour les *Glaces de carosses* on les trouve à la Manufacture des Glaces.

Si on ne veut point avoir l'embarras
d'entrer

d'entrer dans le détail de tout ce qu'il faut pour faire faire un carosse, on en vend qui sont tout montez, ainsi que des chaises, dans la rue de saint Martin, rue des vieux Augustins, rue Mazarine, rue des petits-champs, rue de Bussi, au petit-marché rue des Quatre-vents, dans la rue de Tournon, rue de Taranne, rue de l'Egoût, & dans quelques autres quartiers.

Il y a des Bourreliers pour les *harnois* les plus propres. Ceux qui sont le plus en vogue se trouvent dans la rue Coquilliere, dans la rue de Seine, rue de saint Antoine, & dans quelques autres quartiers de la Ville où ils sont connus.

On fait & l'on vend aussi dans plusieurs boutiques & au fauxbourg de saint Antoine des *chaises*, des *soufflets* & des *phaëtons* tres propres & à juste prix. Il se vend aussi en plusieurs endroits des *carosses* & des *chaises de hazard*, ce qui est d'un grand secours pour bien des gens qui veulent se donner équipage avec une dépense mediocre.

Il y a bien des gens qui viennent à Paris & qui n'aiment point s'y charger d'un équipage, quoiqu'ils ayent moyen de l'avoir : mais aussi pour ne point aller à pied

K k

ils se servent de *carosses de remise* qu'ils loüent par mois, à la semaine, ou à la journée. Ils n'ont point par là l'embarras de nourrir ni cocher ni chevaux, & se font ainsi promener à toute heure & aussi longtemps qu'ils veulent.

Les remises où l'on tient ces carosses sont rue Mazarine, rue des vieux Augustins, rue des Boucheries de saint Germain, rue des petits-champs, rue de Hurepois, rue Git-le cœur, rue des grands Augustins, rue de Bussi, & ailleurs.

Il n'y a pas jusques aux Ambassadeurs & grands Seigneurs Etrangers qui ne se servent de *carosses de remise*, il est vrai qu'ils ont un air plus magnifique que les autres. On les trouve aussi dans la rue Mazarine, rue Dauphine, rue du Four fauxbourg de saint Germain, rue des vieux Augustins, & dans la rue de Seine. On voit par là qu'à Paris on peut faire belle figure sans se charger de domestiques, que cette vie est agréable, & combien on trouve charmant un séjour où l'on ne manque de rien pour de l'argent.

Lorsqu'il arrive aux chevaux quelque accident, il y a à Paris des gens fort habiles pour y remedier; mais le plus en réputation est le nommé *Prieur* dans la rue aux Ours. Cet article regarde ceux qui ont équipage, ou qui ont le moyen d'avoir des chevaux pour leur utilité ou leur commodité. Il y a encore quelques medecins de chevaux dans la vieille rue du Temple, dans le carrefour des trois Maries, & proche de l'Hôtel d'Angoulême.

Jardinages.

Les Curieux en jardinage trouvent aussi de quoy se satisfaire à Paris. Gens de bon goût pour les desseins de parterres & autres compartimens de Jardin d'ornemens ne leur y manquent point. Ils ont tout à souhait là-dessus; il suffit qu'ils parlent pour être servis promptement & avec agrément.

S'ils veulent des *treillages en architecture*, il y a des gens qui y travaillent parfaitement bien, soit en cabinets, berceaux, ou portiques avec pilastres, corniches, frontons, vases, & autres ornemens qui y entrent. Ces Ouvriers se trouvent à la Ville-neuve, & dans la rue des Postes.

Si on est amateur de fleurs, d'arbres ou arbrisseaux pour la décoration des jardins, il y a beaucoup de Jardiniers qui en font commerce au fauxbourg de faint Antoine rue Pincourt, dans la rue des Amandiers, rue de la Raquette, rue de Charonne, rue Bafroy, & dans d'autres quartiers de la Ville, comme dans la rue du Regard fauxbourg de faint Germain. On en vend auffi au fauxbourg de faint Martin & de faint Laurent.

Pour les *arbres fruitiers nains* de toutes fortes, on les prend à Vitri, qui eft un village éloigné de deux lieuës de Paris; ou à Orleans, d'où l'on tire auffi les *arbres à plein vent*, étant le feul endroit d'où on les puiffe plus fûrement avoir pour les efpeces qu'on fouhaite, & la beauté des tiges. Les Jardiniers d'Orleans qui amenent des arbres arrivent à la Touffaint & logent au fauxbourg de faint Antoine au Nom de Jefus.

On trouve des *ifs* aux fauxbourgs de faint Marceau & de faint Antoine, des *maronniers d'Inde*, *tilleuls de Hollande*, des *ormes*, de la *charmille*, à Vitri. Ces arbres fervent pour faire des allées dans les jardins, y former des bofquets, falles & fallons, & dreffer des avenues.

Les *graines de fleurs*, *d'herbes*, *herbages* & *legumes* de toutes fortes, fe vendent sur le quay de la Megisserie, & sur le Pont au Change : on trouve aussi dans ces mêmes endroits des *oignons de fleurs* de toutes especes, des *renoncules* & des *anemones*.

Ceux qui veulent dresser des *pepinieres d'arbres fruitiers* trouvent du plant tout venu sur le quay de la Megisserie le Mercredi & le Samedi qu'on y tient marché. On y apporte selon les saisons des arbres de toutes sortes & des fleurs. Il s'y fait un grand débit de toutes ces marchandises durant toute l'année. Les plants propres pour les *pepinieres à fruits* sont les *coignassiers* & les *francs*, qui sont des arbres venus de pepins de poires ou de pommes.

On trouve chez les Provençaux dans le cul-de-sac de saint Germain l'Auxerrois des *orangers*, *citroniers*, *jasmins d'Espagne*, & *oignons de tubereuses*. On en vend aussi sur le quay de la Megisserie, & on commerce de ces arbres chez la plûpart des Jardiniers fleuristes ; mais on ne les y a que de la seconde main.

Si on ignore la culture des arbres fruitiers, des orangers, citronniers, arbustes, arbrisseaux & fleurs, & que la curiosité porte à la vouloir apprendre, on trouvera pour cela au Palais des livres qui en donnent des instructions tres faciles. On y en vend aussi pour apprendre à cultiver le *jardin potager*.

On vend de beaux *pots de fayence* propres à mettre des fleurs, dans le fauxbourg de saint Antoine, à l'entrée duquel on fait des *caisses* pour le même usage; elles sont peintes en verd, ou façon de fayence : on les y donne à juste prix.

Les Jardins pour les *legumes, herbages, & fruits de jardin,* comme melons & concombres, sont tres fréquens aux environs de Paris; on les nomme *marais*, & les Jardiniers qui les cultivent des *Marêchers*. C'est de là, outre ce qu'on y debite ordinairement, que bien des particuliers qui n'élevent point de plants d'artichaux & d'autres herbages, en tirent ce qu'ils en veulent, selon les saisons, ce qui n'est pas une petite commodité pour les amateurs des jardins de cette nature.

ARTICLE XII.

Contenant le commerce de divers métaux, & d'autres marchandises de differentes sortes, avec quelques commoditez qui se trouvent à Paris.

JE croyois que je n'aurois jamais fait lorsqu'ayant entrepris de décrire mon voyage, je voyois les matieres naître sous ma plume avec tant d'abondance; j'avouë que je me trouvai pour lors dans un labyrinte un peu embarassant: mais enfin à force de travail d'esprit j'ai tâché de me tirer d'affaire le mieux qu'il m'a été possible. Je puis dire avoir ici recherché presque tout Paris pour rendre son séjour d'autant plus agréable aux Etrangers, qu'ils y trouveront leur profit & leur commodité.

Aprés donc avoir parlé de bien des commerces differens qui se font à Paris, me voici à present sur quelques matieres metalliques, & autres marchandises qui s'y debitent encore.

Potiers d'étaim.

Il y a entre autres les *Potiers d'étaim*, qui y fabriquent toute sorte de vaisselle la plus à la mode. Ces Marchands sont assez fréquens dans tous les quartiers de Paris, sans qu'il soit besoin de les marquer. Il y a d'autres Marchands dans le cul-de-sac de la rue Quinquempoix, dans la rue neuve de saint Merry, & rue Simon-le-franc, proche de la rue de saint Avoye, qui font commerce d'étaim en gros.

Ferblantiers.

Le *fer-blanc* est négocié en gros dans la rue Jean-de-l'épine proche la Greve, dans la rue des Lombards & rue de la Vannerie. Il se vend en détail dans la rue de la Barillerie proche le Palais, & à l'entrée de la rue de Gêvres chez les *Ferblantiers*, qui en fabriquent differens ouvrages des mieux travaillez, comme lanternes & lampes de plusieurs manieres, rapes à tabac & à sucre, poivriers, & quantité d'autres utenciles qui regardent leur art.

Ouvriers en cuivre.

On vend le *cuivre* en magasin dans la rue Quinquempoix, & en détail chez les Ouvriers qui le mettent en œuvre. Les Quinquailliers le vendent tout ouvragé. Les Fondeurs l'employent à plusieurs usages: ils en fabriquent des ouvrages pour les fontaines, comme *robinets* de toutes grandeurs, *corps de pompe*, *souspapes*, *ajoûtoirs*, & *tampons* : le debit de ces Marchandises se fait dans la rue des Assis. On fait encore avec le cuivre des figures & d'autres ornemens pour les Eglises. C'est dans la rue de la Ferronnerie qu'ils se trouvent plus communement. On y fabrique aussi des flambeaux & des mouchettes de ce métal, des clochettes & plusieurs autres petits ouvrages de Quinquaille. Le *leton* se trouve aussi en magasin dans la rue Quinquempoix.

Batteurs d'or.

Les *Batteurs d'or* qui vendent l'or en feüilles & en coquilles sont établis en differens quartiers de Paris. Il y en a dans le cimetiere de saint Nicolas des

Champs, dans la rue de saint Jacques, rue de Gêvres, rue de S. Denis & ailleurs.

Tireurs d'or.

On trouve les *Tireurs d'or* qui vendent l'or & l'argent tout filé dans la rue de saint Denis au-dessus de saint Jacques de l'Hôpital. Cet or & cet argent s'employe pour les broderies, les galons & les boutons qui se debitent pour les habits.

Marchands de fer.

Il y a des *Marchands de fer* dans presque tous les quartiers de Paris. Ils sont du corps des Merciers, & vendent le fer en barre & non ouvragé, à l'exception des cloux qu'ils debitent, & qu'ils tirent des Cloutiers qui les fabriquent. Je parlerai dans la suite des ouvrages differens qui se font en fer par divers Ouvriers.

Couteliers.

On voit beaucoup de *Couteliers* à Paris; mais il faut dire qu'il y en a qui sont en réputation bien plus que d'autres. L'un est renommé pour les *coûteaux*, l'autre pour les *ciseaux*, & la plus grande partie demeurent dans la rue de la Coutellerie, où sont les bonnes lames de couteaux de table, ainsi que dans la rue de saint Martin. Il y a d'autres Couteliers en plusieurs endroits, qui ne font proprement que du r'habillage, & quelques autres ouvrages de leur art, mais peu ; d'autres travaillent & fournissent en gros aux plus fameux Maîtres des ouvrages dont ils font leur principal assortiment.

Dans la rue de saint Julien-le-pauvre & rue de la Coutellerie on trouve des Couteliers qui sont en reputation de bien forger les *Lancettes*, & de les repasser de même.

Dans la même rue de la Coutellerie on y fait de tres bons *Rasoirs* ; dans la rue Troussevache on y trouve tous les *Instrumens de Chirurgie* des mieux travaillez ; & des *Ganifs* tres fins.

Si on veut avoir des *Ciseaux de Moulins*, & des *Couteaux de Langres*, on a la commodité des Messagers qui y vont & qui en apportent à ceux qui leur en demandent tant en gros qu'en détail. On fait aussi venir de Caën des *couteaux de poche* qui sont d'une propreté & d'une bonté singuliere.

L'*Acier cru* est commercé par les Marchands de fer, qui le vendent aux Ouvriers qui l'achetent pour le mettre en œuvre.

Gaîniers.

Les *Marchands Gaîniers* se trouvent dans la rue de la Barillerie vis-à-vis saint Barthelemy, & à la descente du Pont au Change vis-à-vis le quay de Gêvres. Les Gaîniers debitent en gros & en détail des gaînes de couteaux, des étuis convenables à plusieurs instrumens, des écritoires de poche & autres, des coffrets, & le tout couvert de chagrin, ou de peau façon de chagrin.

Taillandiers.

Les *Taillandiers* sont la plûpart dans le fauxbourg de saint Antoine. Ce sont eux qui fabriquent les instrumens pour les vignerons, jardiniers, & autres Ouvriers qui ont besoin de gros outils tranchans, comme coignées, bêches, besiguës, & le reste.

FIDELE.

Verrerie.

Les *Marchands Verriers* ou *Fayenciers* (c'est la même chose) ont leur Bureau à l'enseigne du Renard ruë de saint Denis, où l'on décharge toutes les marchandises de ce commerce.

On trouve un grand assortiment de *cristal*, de *fayence*, & de *porcelaine*, dans la rue de la Verrerie, tout proche de la Comedie, & dans la ruë de saint Denis.

Les *Bouteilles de cristal* taillées pour la poche, se vendent chez plusieurs Fayenciers dans la rue de saint Denis, rue de saint Martin, & dans la rue de sainte Croix de la Cité.

On fait un grand commerce de *bouteilles* & de *verres de table*, de *cloches pour les jardins*, & de *vaisseaux pour distiller*, dans la ruë Darnetal; & l'on trouve chez les gros Fayenciers des *fayences* & *porcelaines* veritables de la Chine, de la *fayence violette tachetée*, elle vient de Rouën, & de la *porcelaine contrefaite des Indes*. La *fayence* de Nevers arrive sur le quay de la Tournelle, proche de la Porte de saint Bernard.

Vitriers.

Puisque me voici sur l'article du verre, on sçaura que le *verre commun de Lorraine* arrive au fauxbourg de saint Antoine, & au Renard dans la rue de saint Denis, où les Vitriers le vont prendre; & le *verre blanc* se debite dans la vieille rue du Temple, & chez les Vitriers, où vous ne l'avez que de la seconde main; ce verre sert pour enchâsser des tableaux & des estampes.

Papetiers.

Les plus grands magasins de papier qu'il y ait dans Paris, & où il s'en debite le plus, sont dans la rue des deux Boulles, derriere la Monnoye, dans le Cloître de saint Jacques de la Boucherie, dans la rue des trois Mores, vers la rue des Lombards, au bas du quay des Augustins, rue de saint Severin, & en quelques autres quartiers de Paris.

Le papier se debite en détail chez les Papetiers, qui vendent aussi la *cire d'Espagne*; on en fabrique dans la rue Betizi, rue des deux Boulles, sur le quay neuf, & dans la rue de saint Denis. Le *papier reglé pour la musique* se vend dans la Place aux chats, vers saint Innocent à la regle d'or. La *bonne encre* se vend à la petite vertu rue des Assis.

Dans la rue Bourlabé se trouvent les *cartons dorez pour les reliquaires*; on en vend d'autres dans la rue de Versailles proche de la rue de saint Victor, & dans cette même rue aussi. On vend aussi chez la plûpart de tous les Papetiers des *boëtes de carton* pour le linge de femmes, des *étuis de manchons* & de *chapeaux*. On y trouve aussi du *pain à cacheter les lettres*, des *ganifs*, & des *plumes à écrire*. Il y en a qui sont taillées si on en souhaite.

Chapeliers.

Les *Maîtres Chapeliers* ont leur bureau rue de la Pelleterie, où arrivent tous les codebecs & autres chapeaux de manufacture étrangere. Les chapeaux se vendent en magasin dans la rue de la vieille Monnoye, rue des Boucheries fauxbourg de saint Germain, dans la rue du Four, rue de la Bucherie, & en plusieurs autres endroits. C'est de ces magasins qu'on tire de grandes fournitures pour les troupes, & pour les Marchands forains. Il y a encore de ces magasins dans la rue Aubri-boucher & sur le Pont de saint Michel.

Les chapeaux se vendent en détail presque dans tous les quartiers de la Ville ; c'est pourquoy je ne descens point là-dessus dans aucun détail, je dirai seulement que pour la commodité de bien des gens on vend des *vieux chapeaux repassez* sous le petit Châtelet & à la Halle, & qu'on les y donne à prix mediocre.

Cordonniers.

On vend des souliers dans tous les endroits de Paris ; il est vrai qu'il y en a où ils sont mieux faits que dans d'autres. Il s'en trouve de ce premier ordre pour hommes dans la vieille rue du Temple, rue de la vieille Bouclerie, rue de la Verrerie, rue de saint André des Arcs, dans la Place de saint Michel, rue de la Harpe, rue Dauphine, rue des Nonandières, rue de Bussi, dans la rue de Seine, rue Galande, & ailleurs.

Pour les *souliers de femmes* faits par des Cordonniers distinguez, il s'en fabrique dans la rue des Cordeliers, rue des
Fossez

Fossez de saint Germain, rue Dauphine, & en plusieurs autres quartiers. Les souliers qui sont faits de la main de ces Ouvriers sont d'une propreté achevée.

On fait encore des souliers qui resistent à l'eau; ils se vendent dans la rue Mazarine. On vend aussi aux environs du Palais des souliers de cuir de bottes, qu'on trouve tout faits, & qui sont d'un bon usage en hyver pour ceux qui peuvent s'en servir.

Il y a des magasins de *souliers pour femmes* dans la rue neuve de Nôtre-Dame, aux Halles & sur la montagne de sainte Genevieve; il y en a de brodez, & d'autres qui ne le sont pas : on y trouve aussi des *mules* de toutes manieres & de toutes grandeurs.

On vend dans d'autres endroits des *souliers pour hommes* tout faits, de maniere que s'ils viennent bien au pied on n'a qu'à les prendre, & l'on est ainsi bientôt chaussé.

Le commerce des *mules pour hommes* se fait au Palais; on vend aussi des *souliers d'enfans*, soit de tripes, ou autrement; il s'en debite encore à la montagne de sainte Genevieve, à la Halle, & dans quelques autres endroits.

Il se debite aussi à Paris des *vieux souliers* refaits ou de hazard, tant pour hommes que pour femmes & pour enfans ; c'est une grande commodité pour ceux qui sont bornez, & qui n'ont pas beaucoup d'argent à mettre à une paire de souliers, mais aussi on est souvent trompé dans ces achats si on n'y prend garde. Ce commerce se fait ordinairement dans la rue de la Calandre, rue de la Savatterie, sur le Pont-neuf, & à la Halle.

La Halle aux cuirs est au bout de la rue de la Lingerie ; c'est là où arrivent tous les cuirs forains, & où tous les Cordonniers & Savetiers vont s'en fournir.

Les Maîtres Marchands Cordonniers ont leur bureau sur le quay de la Megisserie proche du Châtelet. Il y a pour les *cuirs de Paris* un grand nombre de *Corroyeurs* rue de la Tannerie, au Cloître de saint Jacques de la Boucherie, & dans le fauxbourg de saint Marcel aux environs des Gobelins. Les cuirs les plus estimez sont ceux qui viennent de *Coulomiers* ; il s'en fait aussi de bons à *Corbeil*.

Domestiques & Ouvriers.

C'est encore ici où tout le monde convient que Paris est la plus commode ville qu'il y ait. Veut-on avoir des domestiques, il y a des bureaux d'adresse pour cela. Celui pour les *valets* est au Marché-neuf devant saint Germain-le-vieux.

Le bureau d'adresse pour les *Cuisiniers* & les *Garçons de cabaret* est à la Grève.

Les *Nourrices* & les *Servantes* à loüer se trouvent dans les bureaux de *Recommanderesses* rue de la Vannerie, & rue du Crucifix saint Jacques ; ajoûtez que les revendeuses, les blanchisseuses, & les ravaudauses se mêlent de placer presque toutes les servantes.

Les *Laquais* qui cherchent Maître, & qu'on peut loüer si on veut par jour, se trouvent tous les matins sur les degrez & proche de la petite porte du Palais ; ainsi l'on voit qu'on peut dans l'occasion se faire suivre à Paris, & se donner l'air d'homme à laquais sans qu'il en coûte beaucoup.

Les *Garçons de métier* trouvent des adresses de boutiques dans plusieurs quartiers de la Ville ; & comme ils en exercent qui sont différens, voici des adresses pour quelques-uns en particulier.

L'on trouve les *Garçons pour les Marchands* au bureau de la rue Quinquempoix. Les *Garçons pour les Verriers* dans la rue de saint Denis, au renard ; les *Garçons Drapiers* au bureau rue des Déchargeurs: les *Garçons Chirurgiens* chez les Couteliers qui travaillent pour lancettes, & à l'Ecole de Chirurgie rue des Cordeliers : les *Garçons Apotiquaires* se trouvent à la lamproye rue de la Huchette, & au bureau Cloître de saint Opportune : les *Garçons Droguistes & Epiciers* au même bureau : les *Garçons Fourbisseurs* au bureau rue de la Pelleterie : les *Garçons Gantiers & Chapeliers* se louent dans la même rue : les *Garçons Tourneurs & Tabletiers* dans la rue de la Savonnerie ; & les *Garçons Tanneurs* au fauxbourg de saint Marcel.

On trouve les *Garçons Fondeurs* proche de S. Nicolas des Champs ; les *Garçons Orfevres* dans leur bureau & dans leur Chapelle rue de S. Germain l'Auxerrois. On louë les *Garçons Pâtissiers* dans la rue de la Poterie ; & dans la rue de la Tannerie les *Garçons Teinturiers*.

Les *Garçons Bonnetiers* se trouvent

au bureau Cloître de saint Jacques de la Boucherie, & les *Peintres*, *Doreurs* & *Sculpteurs* aux Filles Penitentes de la rue de saint Denis, tous les Dimanches le matin : les *Garçons Menuisiers* dans la rue des Ecouffes, qui donne dans la rue du Roy de Sicile.

A l'égard des *Garçons Cordonniers*, *Serruriers*, *Tonneliers*, ils se louent ou s'embauchent eux-mêmes en se presentant dans les boutiques.

Les *Maçons*, *Manœuvres*, *Limosins* s'assemblent à la Greve tous les matins des jours ouvrables, depuis quatre jusqu'à six heures. C'est là qu'on en va louer ce qu'on souhaite pour les ateliers.

ARTICLE XIII.

Où l'on trouve ce qui concerne les Bâtimens.

Ceux qui veulent faire bâtir à Paris y trouvent tout ce qu'ils desirent : pour y bien réussir rien ne leur manque, tant pour rendre solides leurs bâtimens, que pour les décorer à leur fantaisie.

Architectes.

On y trouve des Architectes fameux dont la reputation est fort étenduë. Je n'aurois pas manqué d'en nommer ici des principaux s'il m'avoit été permis ; & si je n'avois craint d'exciter l'envie de ceux qui sont d'un ordre beaucoup inferieur.

Cependant pour bien des raisons, & par le rang que Monsieur *Decotte* premier Architecte du Roy tient entre les autres, je crois que par preference & sans jalousie son nom peut ici paroître. On sçait de quoy il est capable en son art, & il suffit pour faire en peu de mots son éloge, que Sa Majesté l'ait choisi pour le servir ; ce Prince qui sçait si bien démêler le faux d'avec le vrai, & juger du veritable merite.

Il y a à la Place du Carousel un magasin de marbre, où l'on trouve des Ouvriers qui sur le tour travaillent les plus dures matieres, dont ils font des ornemens d'Architecture tres singuliers.

Maitres Maçons.

On trouve en plusieurs quartiers de la

Ville des Maîtres Maçons qui entreprennent pour le Public toutes sortes de Bâtimens.

Pierres pour bâtir.

A l'égard des materiaux servans à la construction des ouvrages de Maçonnerie, on les prend dans les endroits que voici: à sçavoir,

La *chaux* au Port de saint Paul, où elle arrive.

Le *plâtre* se prend à Montmartre, à Montfaucon, à Norillon sous Belleville, & à Charonne.

La *Pierre* se tire de differens endroits, ce qui la rend differente en son espece. La *Pierre de saint Leu* vient du village de ce nom, on l'appelle autrement *Pierre d'échantillon*. Il y a la *Pierre de Liais*, la *Pierre d'Arcueil d'échantillon*, qui se tire des environs de ce lieu, & la *Pierre de saint Cloud* : toutes ces pierres se vendent au pied. Entre les diverses especes de pierres on comprend le *moilon de Paris* qu'on tire des carrieres du fauxbourg de saint Jacques & de saint Marcel, c'est à la toise qu'il se vend: il y a aussi le *moilon de plâtre*.

La *latte* se prend sur le Port, & se vend à la botte: il faut qu'elle soit de cœur de chêne pour être bonne.

Le *cloud* & les autres fers non ouvragez se vendent chez les Marchands de fer, puis il y a des Ouvriers qui les mettent en œuvre selon qu'on en a besoin pour les bâtimens.

Ceux qui font bâtir font marché des *fondations* & des *murs* à la toise, ainsi que des *voûtes de caves, fosses d'aisances*, avec arcs de pierre de taille dure d'Arcueil.

On employe à Paris dans les bâtimens beaucoup de pierres de saint Leu, de Serans proche de Chantilli: mais dans l'experience qu'on en a faite on a vû qu'elle n'étoit bonne qu'à quatre ou cinq pieds de terre: c'est pourquoy on employe la pierre dure au rez de chaussée, & le saint Leu au-dessus. Elle se vend sur le Port vers la Porte de la Conference, au tonneau, contenant quatorze pieds cubes. Cette pierre est fort tendre & facile à travailler, & s'endurcit à l'air, ce qui se remarque par une espece de croûte qui se forme dessus lorsqu'elle est mise en œuvre: cette dureté qu'elle a contractée la rend à l'épreuve du froid, &

des

des autres injures de l'air.

Les Maçons dans la construction de leurs bâtimens observent de faire scier les pierres dures pour les ménager ; & s'il arrive que les morceaux qu'on veut scier soient trop courts, on en joint plusieurs bout à bout de la longueur de la scie. Ils font aussi scier la pierre de saint Leu, lorsque les morceaux sont d'une grandeur suffisante pour en tirer deux qui puissent être mises en œuvre. Cette pratique est un ménage, parce qu'outre qu'il faut moins de pierre, on profite de deux paremens.

La pierre de saint Cloud est fort blanche & tres bonne dans les bâtimens ; on la scie comme les autres. On tire de ces carrieres des pierres fort longues dont on fait des colonnes d'une seule piece, & qui resistent à la gelée.

Je ne dis rien des prix, parce qu'il est impossible de les fixer, étant sujets à changer selon les années ; c'est ce que tout le monde n'a que trop remarqué depuis peu à son grand desavantage.

Comme j'étois entré dans le détail des pierres dont on se sert pour bâtir, je ne crus pas en devoir rester là ; je voulus encore avoir connoissance de tous les

M m

autres materiaux generalement qu'on y employe, si bien qu'étant instruit de ceux dont je viens de parler, je m'informai où se vendoit le bois de charpente, & des échantillons dont il devoit être.

Bois de charpente.

La plus grande partie du bois de charpente arrive à Paris au Port au Plâtre & à l'Isle-Louvier, située vis-à-vis l'Arsenal. Il y a aussi des chantiers dans la ruë de saint Victor où l'on vend du bois quarré, & l'on trouve dans ces lieux un grand assortiment de tout ce qu'on a besoin pour bâtir.

Les Maîtres Charpentiers entreprennent pour le Public; il y en a en plusieurs quartiers de la Ville, ainsi il n'est pas difficile d'en trouver lorsqu'on en a besoin.

Couvreurs.

Il y a aussi à Paris des *Couvreurs* dans plusieurs endroits, qui entreprennent les couvertures des bâtimens, & fournissent ce qui y convient.

Fournitures pour couvertures de bâtimens.

La *tuile*, qui est une fourniture dont on se sert plus communément, se fabrique en differens endroits aux environs de Paris, où on la va querir. On fait de la tuile commune au fauxbourg de saint Antoine.

Il y en a qui se fabrique au bas de Passi ; elle est meilleure que la precedente, & plus chere par consequent.

On trouve de la tuile de Bourgogne sur le quay de la Tournelle, où elle arrive ; on l'estime mieux que toutes les autres, parce qu'elle est plus cuite, d'une meilleure terre, & mieux façonnée.

Et comme on employe aussi beaucoup d'*ardoises* pour la couverture des bâtimens, on en trouve en magasin dans la ruë de saint Martin au colombier.

Il y a d'ailleurs des magasins d'ardoises sur le quay de la Tournelle & sur le quay neuf.

Le *carreau* se trouve aussi dans le même endroit, ainsi que la *brique*. On prend la *latte* & le *clou* chez les Marchands de fer.

Menuisiers.

Les Menuisiers ne sont point rares à Paris; on en trouve dans tous les quartiers : il est vrai que quelques-uns d'entr'eux se font distinguer par leurs ouvrages particuliers, & qu'il y en a qui travaillent plus cherement que les autres: mais comme on en a à choisir, chacun fait là-dessus comme bon lui semble.

Le *bois quarré* pour la menuiserie se debite ordinairement dans l'Isle Louvier.

Les *planches*, *chevrons*, & autres bois qui arrivent par batteau, se trouvent à la Grenoüillere, & au Port de saint Paul.

Il y a d'ailleurs des chantiers de bois de menuiserie dans presque tous les quartiers de Paris, où les Bourgeois & les Menuisiers le vont prendre en détail.

Peintres.

On trouve assez de Peintres dans Paris propres à tout ce qu'on souhaite en cet art; il y en a de bons & de mauvais: mais les ouvrages des premiers les font assez connoître, & portent assez loin leur reputation ; on sçait bien-tôt les trouver lorsqu'on veut s'en servir.

Les Maîtres Peintres ont leur Chambre dans la ruë de la Verrerie : c'est là qu'ils tiennent leurs Assemblées.

La Peinture se subdivise en bien des parties. Quelques-uns de ceux qui y travaillent sont renommez pour les *ornemens* & les *decorations*. C'est aux galeries du Louvre qu'il faut s'adresser pour cela ; dans le cul-de-sac de saint Sauveur, & en quelques autres endroits.

D'autres excellent pour *feindre le marbre* : il y a de ces Peintres proche de saint Innocent, dans la ruë du petit lion, & ailleurs.

Il y en a qui sont en reputation pour les *portraits* : j'en ai parlé dans l'article de l'Academie de Peinture, on peut y voir : D'autres ont un talent particulier pour les *fleurs* & les *animaux* ; consultez le même article.

Il est d'un autre genre de Peintre du dernier ordre, qu'on nomme communément *Barboüilleurs*, & qu'on trouve lorsqu'on en a besoin dans la ruë du haut-moulin où est leur Chapelle ; on les y voit tous les Dimanches & les Fêtes au sortir de la Messe.

Entre ces Peintres les uns peignent les *caroſſes*, les autres les *ornemens de cheminées marbrées & jaſpées*, d'autres ne ſont propres que pour les *treillages*, blanchir des murs, & donner quelque couleur en plein à des portes, ou autres pieces de menuiſerie.

On vend les *couleurs broyées & non-broyées* aux environs de la Porte de Paris, dans la ruë de ſaint Jacques, & au fauxbourg de ſaint Antoine. C'eſt auſſi dans ces boutiques qu'on trouve des *pinceaux* de toutes manieres.

Sculpteurs.

J'ai auſſi parlé des Sculpteurs dans l'article de l'Academie de Peinture : mais comme il y a quelques particularitez qui y ſont omiſes, & qui ne convenoient point pour lors au ſujet, j'ai jugé à propos de les rapporter ici.

Les Sculpteurs comme les Peintres ſe font diſtinguer par quelque partie de leur art où ils excellent. Les uns ſont en reputation pour les *bas-reliefs*, & on en trouve de tres habiles proche de la Porte de ſaint Martin, dans la ruë du Temple, ruë Michel-le-Comte, ruë de Grenelle fauxbourg de saint Germain, & en quelques autres endroits de Paris.

Il y a des Sculpteurs fort en recommandation pour les Statuës: ceux-là sont assez connus par les ouvrages qu'ils ont faits; il n'est pas difficile de trouver leur demeure. Ainsi les Curieux qui veulent avoir du beau, tant en peinture qu'en sculpture, doivent s'informer des bons Maîtres, qui ne laissent rien sortir de leurs mains que de bien fini.

Graveurs.

Les Graveurs ne font point Corps comme bien d'autres ouvriers, parce qu'il n'y a point de maîtrise pour la *Gravure au burin & à l'eau-forte*. La plûpart de ceux qui s'en mêlent se trouve dans la ruë de saint Jacques & aux environs.

Parmi ces Graveurs il y en a qui excellent à graver les *lettres qui representent l'Ecriture & l'Impression*.

Il y a des *Graveurs de Médailles* qui se trouvent aux galeries du Louvre, dans la Place Dauphine, & en quelques autres endroits de Paris.

Les *Graveurs pour la vaisselle* composent une autre partie de la Gravure. Il y en a dans les galeries neuves du Palais, sur le quay Pelletier, & dans la cour neuve du Palais. Les *Graveurs pour les sceaux & pour les cachets* se trouvent aussi en ce même quartier, & dans la ruë Dauphine.

On trouve sur le quay de l'horloge des ouvriers qui gravent sur l'*Agathe*, & sur les autres pierres précieuses.

Les *Estampes* de toutes sortes les plus curieuses, tant de devotion que sur d'autres sujets, se vendent dans la ruë de saint Jacques, sur le Pont de Nôtre-Dame, & chez quelques-uns de ces Marchands qui en broquentent & qui en étalent dans les rues.

Voila tout ce que j'ai vû de remarquable, & tout ce que j'ai appris de particulier dans Paris, tant par moy-même, que par les memoires fideles qu'on m'en a fournis. Il me semble, aprés tout ce que j'en ai dit, que les Etrangers qui viendront dans cette grande Ville auront tout lieu d'y trouver de quoy se satisfaire sur tout ce qu'ils souhaiteront pour les plaisirs de l'esprit & du corps, pour toutes sortes de divertissemens, & pour les choses necessaires à la vie & la commodité de les y trouver.

VOYAGE DE VERSAILLES,
de Meudon, Trianon, la Menagerie, & de tout ce qui se trouve sur la route en revenant à Paris.

C'Est beaucoup d'avoir vû Paris, mais il ne suffit pas à un Etranger qui voyage de s'en tenir là, lorsqu'il sçait qu'il y a d'ailleurs de quoy satisfaire pleinement sa curiosité. Versailles, & d'autres lieux qui l'avoisinent étoient trop proches de cette grande Ville, pour les negliger ; si bien que je pris la resolution d'y aller avec mon ami, qui m'avoit deja accompagné dans quelques courses que j'avois faites aux environs de Paris. Je n'eus plus besoin de mon Guide ordinaire ; c'étoit assez que le cocher qui nous menoit sçût les lieux par où nous devions passer.

Vaugirard.

Nous nous disposons donc à partir aprés avoir fait un déjeuner fort leger, & gagnant la ruë de Vaugirard jusques à la barriere, nous allâmes d'abord dans le village qui porte ce nom ; j'en ai parlé dans ma troisieme journée. Ce village n'a rien d'ailleurs de recommandable.

Issy.

De là nous allâmes à *Issy*. Ce village a plus d'agrément que le premier, tant par sa situation, que par quelques maisons assez agréables dont il est rempli. Nous trouvâmes d'abord à droite en entrant un Convent de *Religieuses Benedictines*, où il n'y avoit rien qui pût nous arrêter. Nous passâmes outre, & vîmes dans la même ligne la maison de *Vanolles*, Grand Audiencier de France : le bâtiment en est fort logeable, le jardin fort bien conduit, & orné de quatre pieces d'eau qui en rendent la vûë tres charmante.

Sur un côteau fort élevé, où une partie de ce village a son assiete, se voit la maison d'*Amelot*, ci-devant Ambassadeur en Espagne ; elle est petite, d'une construction assez simple, mais en recompense il n'y a rien de si beau que les vûës dont elle joüit : le jardin est en terrasses construites à grands frais, & qui malgré cela n'offrent rien aux yeux de bien remarquable.

Plus loin & sur le chemin de Meudon est la maison du *Prince de Conti*, bâtie assez proprement ; le jardin en est spacieux, orné de belles pieces d'eau, & conduit au reste sur des desseins d'un assez bon goût. En continuant nôtre chemin nous arrivâmes enfin à *Meudon*, où nous dînâmes. Voici en peu de mots ce que l'histoire en rapporte, & ce que nous y remarquâmes.

Meudon.

Meudon est un village situé sur une éminence d'où l'on découvre Paris, qui n'en est qu'à deux lieuës. Cette maison est fort ancienne d'origine. *Antoine Sanguin* Cardinal, & Seigneur de ce lieu, en a donné le dessein, & en fit jetter les premiers fondemens sous *François Premier*, Roy de France ; elle fut achevée sous *Henry II.* Le Cardinal de *Lorraine* y fit construire dans le bois une tres belle grotte, décorée de sculptures d'un assez bon goût. C'est ce même Cardinal qui y fonda les *Capucins* sous le regne de *Charles IX.* & dans la situation que ce Convent paroît aujourd'hui.

Le Château de Meudon dans la suite fut possedé par *Abel Servien*, Comte & Surintendant des Finances, qui le fit augmenter considerablement. Ensuite il tomba en la possession du *Chancelier le Tellier*, qui y fit dresser sur la fin du dernier siecle des jardins fort magnifiques, qu'il enferma d'un parc tres vaste & spacieux. *Michel le Tellier de Louvois*, son fils, & Ministre d'Etat, l'a encore depuis beaucoup fait embellir.

Cette maison, comme on voit, a passé en bien des mains differentes : mais enfin *Mademoiselle d'Orleans Montpensier* ayant legué à *Monseigneur le Dauphin* en 1691. sa belle maison de Choisi sur Seine, le Roy la changea avec Meudon aprés la mort du Marquis de Louvois, arrivée en 1691.

Depuis l'échange fait ce Château fut augmenté tres considerablement, & orné de tout ce que l'art peut ajoûter aux heureuses dispositions de la nature. Les eaux y ont été beaucoup multipliées : on y a bâti de nouvelles grottes, planté de grandes avenuës percées avec art, ce qui donne à ce Château une enfilade de vûë tres agréable.

FIDELE.

On arrive dans ce Château par une spacieuse avant-cour garnie de gazon : le grand corps-de-logis qui se presente de face est accompagné de deux aîles qui ont été agrandies de beaucoup : les offices en sont assez proche, & le tout construit d'un tres bon goût.

Les jardins de Meudon sont coupez en terrasses élevées en amphitheatre ; elles se terminent vers le midy par une pente insensible jusques au bout du côteau. Les beaux bosquets qu'on y a dressez, les grandes pieces d'eau qu'on y voit, les boulingrins, salles & sallons plantez d'un bon goût, & les parterres dressez sur de tres beaux desseins, y charment les yeux ; ajoûtez à ces ornemens des bois conduits avec art, & qui y font respirer pendant les chaleurs une fraîcheur delicieuse qu'on y goûte lorsqu'on s'y promene. C'est une retraite la plus agréable du monde, & que je me representai comme une solitude, qui néanmoins n'a rien de sauvage, par le nombre infini d'agrémens champêtres qu'on a pris soin de joindre aux beautez naturelles de cet agréable séjour.

Il est constant que nous nous promenâmes dans ces jardins avec bien du plaisir; tout nous y invitoit, la nature du lieu, les beautez de l'art qui l'accompagnent, & la serenité du temps, qui ce jour-là sembloit favoriser entierement nôtre curiosité. Il étoit environ six heures du soir, lorsque nous en partîmes pour aller coucher à Versailles, éloigné seulement de quatre lieuës de Paris.

Nous prîmes pour y aller le chemin de *Viroflée*, qui est un petit village proche de Meudon, & au bas duquel se trouve une grande avenuë plantée à quatre rangs, & qui conduit au Château. Mais avant que d'entrer dans le détail des merveilles que renferme cette maison, je trouve à propos de dire de Versailles ce que l'histoire nous en apprend.

Versailles.

Versailles, avant que de devenir les delices du Prince, qui y tient ordinairement sa Cour, n'étoit qu'un village assez mal bâti, tres marécageux, & où l'air, à cause des vapeurs grossieres qui s'y élevoient, n'étoit pas bien sain.

Louis XIII. y avoit un petit Château où il tenoit ses équipages de chasse; depuis ce temps-là tout y a bien changé de face. Versailles est à present un Bourg fameux, dont les maisons nouvellement construites sont toutes de brique, & de même symmetrie, les rues en sont tres bien percées, & tres proprement entretenuës. Il y a le vieux & le nouveau Versailles ; je dirai ce qu'il y a de remarquable aprés que j'aurai parlé du Château.

Ce Château est situé sur une éminence, qui lui donne des points de vûë fort agréables, & qui ne se terminent que fort loin de là par des bocages & par des côteaux où les yeux trouvent agréablement de quoy se récréer. Avant que d'arriver à ce somptueux Edifice nous entrâmes dans la *Place d'armes*, puis dans l'avant-cour du Château, fermée d'une grille de fer chargée d'ornemens d'un tres bon goût : on y voit d'ailleurs aux quatre coins deux ailes flanquées de quatre pavillons, le tout de symmetrie, & bâti tres proprement. C'est dans cette avant-cour que les soldats de la garde sont rangez sous les armes à certaines heures prescrites, les Gardes Françoises d'un côté, & les Suisses de l'autre, jusques à ce qu'ils ayent ordre de lever la garde.

De cette avant-cour nous passâmes dans une cour assez spacieuse : là s'offrit d'abord à nôtre vûë un peristile de ce grand Edifice, accompagné de deux aîles flanquées de deux pavillons des mieux entendus, & ornez de plusieurs figures travaillées par de tres habiles Sculpteurs. Au devant de ce peristile se voit aussi un balcon porté par huit colonnes de marbre, ce qui fait un tres bel effet ; ce balcon a son entrée dans la chambre où couche le Roy, & tous les dehors de cette partie du Château sont d'ailleurs ornez de quantité de figures diverses, toutes des mieux taillées, & qui sont autant de hyerogliphes qui representent les victoires & les autres vertus de Louis XIV.

Mais avant que de passer outre nous fûmes tentez d'entrer dans les appartemens. Nous y montâmes par l'escalier de la Chapelle, dont je parlerai en son lieu ; nous entrâmes d'abord dans un Sallon, qui lui sert de vestibule ; ensuite dans un autre plus grand, qui n'est encore qu'imparfait à l'égard des ornemens dont on le veut enrichir.

De là nous passâmes dans une Salle magnifique, appellée la *Salle de l'Abondance*, nommée ainsi parce que cette
Déesse

Déesse prétenduë y est représentée sur le plafond, accompagnée de la Liberalité. Cette Salle est ornée de tableaux très rares, & d'un goût achevé, n'étant sortis des mains que de tres habiles Peintres.

Proche de cette piece se trouve le *Cabinet des Antiques*; qu'on pourroit appeller le Cabinet des merveilles de l'art. On n'y voit que rares bijoux, que medailles curieuses; qu'or & qu'azur; tout y charme, tout y enchante, & l'on ne sçait ce qu'on y doit le plus admirer, ou les riches matieres dont ce cabinet est orné, ou l'industrie avec laquelle elles ont été travaillées; tant l'art semble y disputer la gloire à la nature qui les a produites : on n'y voit que glaces séparées l'une de l'autre par des niches enrichies de tout ce qu'il y a de plus rare.

De quelque côté qu'on se tourne dans ce Cabinet, on n'y remarque que merveilles sur merveilles, que pierres précieuses, que cristaux de grand prix, que bronzes antiques, & qu'or, le tout distribué & placé de maniere que les yeux ne peuvent se lasser de le voir & de l'admirer : ajoûtez que ce Cabinet est encore garni d'un tres grand nombre de tableaux rares & curieux.

Au sortir de ce Cabinet, qu'on ne quitte qu'avec regret, on rentre dans la Salle de l'Abondance, pour passer dans la *Salle de Venus*: on lui a donné ce nom à cause que dans le plafond cette Déesse y est dépeinte montée sur un char tiré par des colombes. Cette pièce d'ailleurs est ornée de quantité de tableaux de prix, & d'une Statuë antique qui représente *L. Quintus Cincinnatus* Sénateur Romain, qui chausse ses sandales pour aller commander les armées de la République. Il étoit pour lors à sa maison de campagne, & il labouroit la terre lorsque le Sénat lui envoya des Ambassadeurs pour lui offrir le commandement des troupes.

Aprés avoir regardé avec admiration tout ce que cette pièce contenoit de beau, nous allâmes dans la *Salle du Billard*, où nous ne fûmes pas moins ravis à l'aspect des meubles & des tableaux de grand prix dont elle étoit décorée; nous entrâmes de là dans la *Salle de Mars*: elle a pris son nom de ce Dieu qui est peint sur le milieu du plafond, sur un char tiré par deux loups. Cette pièce n'a pas moins ses beautez que la précedente; on y voit six tableaux en camajeu, rehaussé d'or, & faits par tout ce qu'il y a eu de plus habiles Peintres. L'un represente Demetrius Poliorcete, l'autre Cirus qui range son armée en bataille ; le troisiéme, Constantin qui triomphe de ses ennemis; le quatriéme, Alexandre Severe qui dégrade un Officier ; le cinquiéme, Marc Antoine ; & le sixiéme, Cesar qui range son armée en bataille. Il y a encore d'autres tableaux fort estimez qui font l'ornement de cette Salle.

Ensuite se trouve la *Salle de Mercure*, parce qu'on y voit ce Dieu peint dans le plafond, monté sur un char traîné par des coqs. Cette piece n'est pas moins enrichie de tableaux que la precedente ; & il faut remarquer qu'on en change dans les appartemens dans les quatre saisons de l'année.

La piece qui suit est la *Salle d'Apollon* : on y voit ce Dieu peint dans le plafond sur son char tiré par ses quatre chevaux. On y admire encore des tableaux qui sont autant de chefs-d'œuvres de l'art.

Aprés avoir parcouru des yeux toute cette enfilade d'appartemens, nous entrâmes dans le *Sallon de la Guerre*, qui a pour ornemens des trophées d'armes, des foudres, & des boucliers qu'on voit dans sa frise, & d'autres hyerogliphes qui marquent la puissance du Roy.

C'est par ce Sallon qu'on entre dans la *grande Galerie*. C'est une piece d'appartement la plus richement ornée qu'on puisse voir. Elle n'est pas seulement enrichie de glaces & de peintures, on y voit encore huit Statuës antiques, des bustes, vases, navichelles, tables d'albâtre & de porphire, le tout d'une beauté & d'un travail enchanté. Ajoûtez à cela des faits du Roy, representez sous des figures allegoriques, & peints par *le Brun* sur la voûte de cette Galerie. Nous ne pouvions nous lasser de voir toutes ces merveilles, le temps s'y passoit pour nous insensiblement, lorsque pour remplir nôtre curiosité nous vîmes passer le Roy qui alloit à la Messe.

Il faut avoüer que le nom de *Grand* n'a jamais été mieux donné qu'à ce Prince. Il a le port majestueux, rempli d'une noble fierté, mêlée d'une douceur qui lui attire l'estime & l'amour de ses peuples, & l'admiration de tout l'Univers. Il étoit suivi d'une foule de Courtisans qui l'environnoient, & qui lui faisoient leur cour. Nous considerâmes ce Monarque tout à plein, & nous jugeâmes à sa phisionomie qu'il n'étoit pas moins grand par ses exploits guerriers que par ses vertus.

Contens de ce que nous venions de voir, nous passâmes de la Galerie dans le *Sallon de la Paix*, qui fait symmetrie à celui de la Guerre dont j'ai parlé. Le premier est orné de tous les avantages que peut produire la paix, des plaisirs & des douceurs dont elle est suivie.

De ce Sallon on nous fit entrer dans un grand appartement occupé autrefois par *Madame la Duchesse de Bourgogne*. Les Peintures qui en font en partie l'ornement ne sont pas moins achevées que celles des autres appartemens. On voit sur le plafond de l'antichambre le *Dieu Mars*, accompagné du Scorpion & du Capricorne.

Il y a après cela la *Salle du Billard*, parce qu'il y en avoit un autrefois, où l'on remarque aussi de tres beaux ouvrages des Peintres les plus fameux.

Au sortir de cet appartement nous passâmes sur un grand escalier de marbre, qui nous conduisit dans l'*Appartement du Roy*. Nous trouvâmes d'abord la *Salle des Gardes*, ensuite celle où Sa Majesté mange à son grand couvert. C'est là où nous le vîmes soûper. L'entrée y est pour lors permise en quelque façon, pour peu qu'on ait en ce lieu de connoissance.

Nous entrâmes dans la *Chambre du Roy* pendant qu'il étoit à la Messe, où nous vîmes plusieurs petits tableaux d'un tres bon goût, son lit enfermé dans une balustrade, & quelques autres meubles de prix qui l'accompagnoient. Il y a quantité de tres beaux tableaux dans le *grand Sallon*, & dans la *Salle du Conseil*, qui est fort belle, dans le *Cabinet du Billard*, & dans la *petite Galerie*.

Aprés nous être promenez dans ces appartemens nous retournâmes sur nos pas par l'antichambre du Roy, la Salle où il mange, & par celle des Gardes, puis par un superbe escalier de marbre, qui nous conduisit dans un autre grand appartement qu'occupoit avant sa mort *Monseigneur le Dauphin*: c'est aujourd'hui celui de *Madame la Duchesse de Berry*.

On voit proche de cette chambre le cabinet de cette Princesse, orné de beaux tableaux, de Peintures de bon goût, & de glaces avec des bordures dorées. Nous ne faisions que passer de merveilles en

FIDELE. 431

merveilles en parcourant les appartemens de ce Château. Enfin aprés avoir vû ce que je viens de rapporter, nous suivîmes un Garde qui nous mena dans la *Chambre des bains* tres bien ornée ; & de là dans le *Cabinet des bains*, où il y a une grande baignoire de marbre d'une beauté surprenante.

Nous passâmes de là sur le *grand Escalier*, qu'on peut dire être un ouvrage unique en son genre, & d'un dessein des mieux imaginez. On n'y voit que compartimens de marbre joints à une double coquille de même matiere, avec un masque pour ornement qui jette de l'eau, & forme une nappe qui aprés être tombée dans un bassin de marbre, trouve à se décharger par un autre masque, & deux Dauphins de bronze qui portent un bassin.

Le Buste du Roy s'y fait remarquer accompagné des ornemens qui lui sont propres. On y voit d'ailleurs des colonnes & des pilastres de marbre bien taillez, & des trophées d'armes de bronze doré, ouvrages de *Coizevox*, ce qui suffit pour en faire l'éloge, & quatre tableaux à fresque peints avec beaucoup d'art. Tout est conduit dans cet Escalier avec tant de genie & de proportion, que rien n'y est confondu. Il est éclairé par une grande ouverture qui est au haut du comble, & fermée par des glaces accommodées dans des châsses.

Nous nous contentâmes ce jour-là de voir les Appartemens du Château, parce que nous étions bien aises d'ailleurs de nous aller divertir dans nôtre auberge, où nous trouvâmes bonne compagnie.

Nous n'en sortîmes le lendemain matin que pour aller à la Messe du Roy, & prendre de là occasion d'entendre la Musique, & de voir tout ce que la Chapelle contenoit de curieux. En verité nous fûmes charmez de la symphonie, & encore plus de l'architecture & de l'ordonnance avec laquelle on avoit bâti cette Chapelle; tout y est d'une beauté extraordinaire.

Cet Edifice est construit solidement & superbement; les dehors chargez de sculptures des mieux entenduës, avec des pilastres, consoles & festons, le tout rangé dans un tres bel ordre, & selon le goût de la belle Architecture. Ce Vaisseau magnifique est chargé d'un grand nombre de figures tres bien travaillées.

Les dedans de cette Chapelle surprennent par leur grande beauté. Ce sont autant

tant de chefs-d'œuvres des Ouvriers habiles qui y ont travaillé. On voit sur les archivoltes des arcades de la nef, des bas-reliefs qui representent plusieurs sujets de la Passion.

Le Maître-Autel est construit de marbre & de bronze, ce qui le rend très magnifique. Quelques-uns prétendent qu'il est un peu trop écrasé, & que s'il étoit plus élevé il n'en frapperoit que bien plus agréablement la vûe.

A côté est la *Chapelle du saint Sacrement*, où l'on voit un grand tableau qui sert d'ornement au retable de l'Autel; il represente Jesus-Christ qui va faire la Pâque avec ses disciples. La *Chapelle de saint Louis* s'y fait aussi remarquer; son Autel est décoré d'un grand tableau qui represente *saint Louis*. Ces deux tableaux sont excellens, & dignes des mains habiles dont ils sortent: le premier est de *Silvestre*, & l'autre de *Jouvenet*.

Cette magnifique Chapelle est ornée de deux Tribunes où l'on monte par deux escaliers garnis d'une balustrade de fer doré d'un beau dessein. Celle du Roy fait face au grand Autel, & a pour ornement des bas-reliefs, des armes de France, &

O o

tout autour des Colliers des Ordres du Saint Esprit & de saint Michel. On voit des trophées entre les pilastres, & au-dessus des cassolettes & des groupes de Cherubins.

La Tribune du pourtour de la Chapelle a pour ornement seize colonnes canelées d'un Ordre Corinthien, toutes travaillées avec autant de delicatesse que l'art le peut exiger. On y voit des trophées & des ouvrages de mosaïque qui méritent l'attention des Curieux, ainsi que la balustrade qui regne tout autour de cette Tribune, & dont les appuis sont de marbre.

Sur les archivoltes de chaque vitrail sont représentées les Vertus : à sçavoir, la *Charité*, la *Prudence*, le *Secret*, l'*Humilité*, la *Moderation*, la *Liberalité* & la *Clemence*. Chacune de ces Vertus est accompagnée des hyerogliphes qui en forment le véritable caractere; & toutes sont faites par des Sculpteurs qui n'ont rien oublié en les travaillant de ce que le ciseau a de plus delicat & de mieux pensé en cet art.

Les voûtes des Tribunes sont décorées de peintures qui charment les yeux. On y voit les douze Apôtres, qui sont autant de sujets historiez selon l'imagination du Peintre, & que les choses qui y ont été jointes y peuvent convenir. Ces figures admirables tant par le travail, que par leurs attitudes differentes, sont accompagnées de plusieurs autres qui n'ont pas moins de goût; tout y est disposé d'une maniere à faire plaisir, & sur un dessein trés bien imaginé. C'est *Boulogne* le jeune qui a peint tous ces tableaux.

On voit dans la premiere voûte du chevet du côté de l'Epître le *ravissement de saint Paul*, à l'aspect duquel l'esprit est ravi, tant on y remarque d'imagination & de perfection. C'est l'ouvrage de *Boulogne* le pere, qui n'y a fait rien moins que ce qu'on attendoit de la délicatesse de son pinceau.

Au-dessus de l'Orgue & dans le plafond est représenté un concert de Musique, dont plusieurs Anges composent le principal sujet, tenant chacun leur partie, & selon que l'imagination du Peintre a pû lui en inspirer la disposition. Ce concert est composé de trois groupes, chargez d'ailleurs de tout ce qui convient à un sujet de Musique. On voit encore dans cette Tribune d'autres figures peintes par de tres habiles Ouvriers.

On voit dans la calotte de cette Tribune la *Chapelle de la Vierge*, où son Assomption est representée avec toutes les particularitez & les attitudes convenables à ce divin sujet. Il y a sur l'Autel un grand tableau qui represente l'Annonciation. Il n'est pas moins imaginé que l'ouvrage qui précede; & le tout est de *Boulogne* le jeune.

Comme nous parcourions des yeux tout ce somptueux Edifice, & que nous en admirions les beautez, nous apperçûmes dans la voûte un sujet qui representoit le Pere Eternel dans sa Gloire, & du côté du chevet Jesus-Christ qui ressuscite; & au-dessus de la Tribune du Roy le saint Esprit qui descend sur les Apôtres. Ces sujets sont peints par *Coypel*, & remplis d'idées qui semblent veritablement nous faire toucher au doigt tout ce que l'esprit y cherche.

Le même Ouvrier a peint dans les trumeaux douze Prophetes, avec un passage de l'Ancien Testament sous chacun. Aux deux extrémitez de la voûte, & du côté de la Tribune du Roy, se voyent *Charlemagne* Roy de France & Empereur, & *saint Louis* d'un autre côté.

FIDELE.

Dans la voûte du chevet *la Fosse* y a representé la Resurrection de Jesus-Christ. Toutes ces peintures sont d'un goût si achevé, qu'on ne peut se lasser de les admirer. Nous donnâmes une journée entiere à contempler ces merveilles, jusqu'au lendemain que nous allâmes nous promener dans le Parc pour y voir d'autres miracles de l'art.

Comme l'enclos en est tres spacieux, nous commençâmes du matin à nous y promener; nous y entrâmes par un vestibule qui est au-dessous d'une partie des grands appartemens. Il est soûtenu par seize colonnes de marbre tres bien travaillées. On voit aux deux bouts de ce vestibule qu'on traverse, deux Statues de même matiere, l'une d'*Apollon*, & l'autre de *Diane*.

Lorsqu'on a descendu l'escalier qui donne dans le Parc, on voit en se retournant la face du Château qui le regarde : outre les Statues qui font l'ornement des avantcorps, le haut de cet Edifice est encore enrichi de trophées, accompagnez de vases placez le long de la balustrade qui regne tout autour de ce bâtiment, dont l'architecture d'ailleurs nous parut tres bien ordonnée.

En entrant dans ce Parc nous vîmes des deux côtez deux grands parterres d'eau, c'est-à-dire deux grands bassins d'eau, revêtus de marbre avec des figures de bronze posées d'espace en espace, qui y donnent un grand relief, & qui representent des Fleuves appuyez chacun sur une urne, des Nymphes qui ont rapport au sujet, & des petits Amours accompagnez de quelques Genies.

Le peristile du côté du jardin est chargé de beaucoup de figures taillées en pierre : on y voit les douze Mois de l'année tres bien representez sous differentes figures, & selon chaque saison de l'année. Les avantcorps ont pour ornemens d'autres Statues tirées de la Fable, & travaillées avec toute la delicatesse possible par differens Sculpteurs des plus en reputation.

A mesure qu'on avance, & dans deux angles à droite & à gauche, où le Parc est planté, se découvrent deux autres bassins de marbre elevez en quarré, & dont les jets d'eau qui en sortent sont fort gros, & forment aprés être tombez, deux napes d'eau qui font un tres bel effet. Ces bassins sont ornez de groupes d'animaux de bronze, dont l'un est composé d'un Tigre qui tient un Ours terrassé, & d'un Limier qui tient un Cerf sous lui, & l'autre d'un Lion qui terrasse un Loup, & d'un Lion qui combat contre un Sanglier.

Au-dessous d'un fer-à-cheval qui est en face du Château, se voit le *bassin de Latone*; au milieu duquel cette Déesse est représentée se plaignant à Jupiter des paysans de Lycie qui l'avoient insultée. Ce bassin & les figures sont de marbre. Ces jets sont d'une grande beauté pour leur grosseur. Ils montent jusqu'à trente pieds de haut; il y a plusieurs autres jets que forment plusieurs Grenouilles, en quoy la fable rapporte que les Paysans dont j'ai parlé, furent transformez. L'eau qui sort de ces tuyaux s'éleve en demi-cintre, & va tomber sur le Groupe.

Non loin de ce magnifique bassin on en trouve deux autres de forme ronde, dont les bords sont revêtus de marbre blanc. Les jets de ces bassins s'élevent aussi fort haut, & sont tres bien nourris; ils font face à deux allées partagées par un beau gazon qui descend jusques au *grand Canal*, & ornées chacune d'un côté d'ifs fort élevez, & taillez en pyramide, avec de belles Statues & des

Oo iiij

Thermes de marbre placez alternativement. Toutes ces figures à la verité nous arrêterent un peu de temps à les contempler; pour moy elles me ravissoient l'esprit en les admirant: je me figurois être dans cette ancienne Rome, où l'on voyoit autrefois ces monumens antiques, ces riches ouvrages de Sculpture où l'art se surpassoit aidé de la main habile de celui qui les tailloit. Ces Statues sont presque toutes tirées des fables; j'en aurois volontiers ici rapporté tous les noms, & raconté en partie leur histoire, si le sujet ne m'avoit pas mené trop loin: il faudroit un volume entier, c'est ce que ne me permettent pas les bornes que je me suis prescrites dans cet ouvrage; car il y a dans le Parc de Versailles prés de trois cent Statues placées en differens endroits. Retournons à cette piece d'eau dont on a déja fait mention.

Ce Canal a trente-deux toises de largeur, & huit cent toises de longueur. Son milieu est coupé d'un autre canal dont les deux bras s'étendent à *Trianon* & à la *Ménagerie*; c'est aussi la route qu'on prend de Versailles pour y arriver.

Au bout de ce grand canal se trouve une autre piece d'eau longue de neuf cent toises, & large de cent. On voit sur le grand Canal de petites gondoles & des batteaux assez propres, dans lesquels les Princes & les Princesses vont quelquefois se promener sur l'eau.

Nous ne vîmes pas à beaucoup prés ce jour-là tout ce qu'il y avoit de beau dans ce Parc magnifique. Nous remontâmes du Canal où nous étions, puis nous sortîmes pour nous aller rafraichir.

C'étoit un Dimanche, il m'en souvient encore, que nous retournâmes dans le Parc avec un Garde du Roy, fort galant homme, qui s'offrit à nous conduire dans tout ce que ce jardin magnifique contenoit de curieux. Je ne dirai pas s'il nous mena à l'avanture, ou s'il s'étoit établi un ordre pour nous y conduire avec plus de facilité, mais j'assûrerai bien que nous fîmes bien du chemin pour contenter nôtre curiosité.

Nous entrâmes d'abord dans le *Labyrinte*, composé d'allées entrelassées les unes dans les autres, & bordées de charmille plantée en palissade : nous nous y serions sans doute égarez, sans le Guide qui en sçavoit les détours, & sous la conduite duquel nous en sortîmes heureusement. A chaque détour de ce Labyrinte se trouve un bassin de rocaille, orné d'un sujet d'une des fables d'Esope, marqué par une inscription de quatre vers qui sont gravez en lettres d'or sur une lame de bronze peinte en noir. En entrant dans ce Labyrinte on voit la Statue d'Esope & celle de l'Amour qui tient un peloton de fil : tant d'animaux placez en differens endroits dans ce bosquet sous diverses attitudes, & accompagnez de ce que l'imagination de l'auteur s'est pû former là-dessus, font un effet le plus agréable du monde.

Non loin de là est la *Salle du Bal*, qui a pour ornement une cascade avec plusieurs bassins de coquillages, des vases de métal chargez de têtes de Bacchantes & de plusieurs autres ornemens. On voit aussi sur quelques-uns de ces vases la fête des Bacchanales, le triomphe de Neptune & de Thétis, & divers autres sujets tirez de la fable.

Au sortir de là on nous mena dans le *bosquet de la Girandole*, orné d'un Faune antique, & de plusieurs Thermes qui representent l'Hyver, Pomone, Flore, Hercule, Morphée, & un jeune homme tenant en main une masse. Toutes ces figures donnent un relief merveilleux à ce bosquet.

Aprés l'avoir bien examiné nous fûmes conduits dans une allée où étoient deux bassins, l'un appellé le *bassin de Bacchus*, parce que ce Dieu y paroît au milieu de plusieurs Satyres, qui sont des Dieux champêtres accoûtumez à suivre ce premier dans ses ceremonies: l'autre le *bassin de Saturne*. On voit ce Dieu au milieu avec de petits enfans, qui sont tout chargez de quelques attributs que la fable lui a donnez: il faut s'imaginer tout cela fait d'une maniere à ravir l'esprit le moins sensible pour ces sortes d'ouvrages.

En discourant sur ce que nous venions de voir, nous arrivâmes insensiblement dans l'*Isle Royale*, où nous vîmes plusieurs Statues, entre lesquelles il y en a quatre antiques; il y a aussi deux vases, & le tout est taillé dans la derniere délicatesse; les eaux outre cela y sont tres bien distribuées, ce qui fait plaisir à voir.

Le premier objet qui se presenta à nous au sortir de cette Isle fut une *Salle de maronniers d'Inde*, dressée par des palissades, le long desquelles paroissent huit bustes antiques de marbre blanc; Ils representent Marc-Aurelle, Venus,

Hercule, Numa, Cleopatre, Cesar, Alexandre & Dejanire. Deux Statues antiques, Antinous & Meleagre, en augmentent aussi l'ornement; ajoûtez à toutes ces beautez deux bassins ronds de marbre blanc, construits dans les deux enfoncemens situez aux extremitez de cette Salle. Ce compartiment de jardin ne cede en rien aux précedens à l'égard des ouvrages qui le decorent.

En avançant un peu plus loin nous trouvâmes la *Colonnade*. Il n'y a rien de plus riche que ce bosquet : ce sont trente-deux colonnes de marbre bleu-turquin de vingt pouces de diametre sur quatorze pieds de haut, les bases comprises avec les chapitaux qui sont de marbre blanc, ce qui fait une varieté fort agréable. Ces colonnes sont rangées circulairement, & communiquées l'une à l'autre par des arcades en plein cintre. Il y a encore plusieurs autres ornemens qui accompagnent ces colonnes. Rien n'est mieux imaginé que ce dessein, & en même temps rien de mieux executé, l'œil s'y perd à force d'en vouloir démêler les beautez.

Le *bosquet des Dômes* n'est pas loin de là ; à peine y fûmes-nous entrez que deux petits temples quarrez de marbre blanc se presenterent à nos yeux, accompagnez de trophées d'armes qui portent les armes de France posées dans le timpan de chaque fronton qui couronne la façade de ces petits bâtimens. Ces ornemens sont de bronze doré, d'où on voit au milieu de ce bosquet un bassin octogone environné d'une tres belle balustrade de marbre different : le jet de ce bassin est fort gros, & s'éleve jusqu'à soixante & dix pieds de haut ; il y a outre cela des Statues de marbre blanc qui donnent beaucoup de grace à ce bosquet, où tout est travaillé dans la derniere perfection.

Nous vîmes ensuite le *bosquet d'Encelade*, orné d'un bassin au milieu duquel ce Geant paroît accablé sous des rochers. C'est par sa bouche que sort l'eau, qui s'éleve à une hauteur extraordinaire.

Proche de ce bosquet se trouve le *bosquet de l'Obelisque*, nommé ainsi parce que l'eau qui s'éleve du milieu d'un bassin qu'on y voit, forme une maniere d'obelisque fort agréable. Quatre cascades placées aux quatre faces de ce bosquet, y donnent encore un relief merveilleux.

L'*Etoile* que l'Architecte y a tracée a ses beautez particulieres. La fontaine qui est au milieu semble en être le disque, & plusieurs bustes tant antiques que modernes en composent l'ornement, joints à quatre Statues antiques de marbre blanc, qu'on a posées aux quatre enfoncemens de cette Etoile.

Le *bassin de Cerés* se presenta à nous au sortir de ce bosquet. On l'appelle ainsi parce que cette Déesse y paroît sur des gerbes, ayant une faucille à la main: ensuite nous vîmes la *Fontaine de Flore*, où cette Déesse est representée à demi couchée, & dans une attitude tres bien imaginée ; autour d'elle s'éleve une gerbe d'eau composée de plusieurs jets plus ou moins gros.

Nous nous promenâmes aussi dans le *bosquet du Dauphin* ; il est orné de plusieurs Thermes faits par ce qu'il a paru de meilleurs Sculpteurs. Il y en a six, à sçavoir un Satyre, Flore, l'Esté, l'Abondance, Cerés & Bacchus. On voit aussi dans ce bosquet un Faune antique de marbre blanc, qui merite, ainsi que tous les autres ouvrages qui en font la decoration, l'attention des Curieux.

Plus nous marchions, plus nous trouvions de quoy nous dédommager de nos pas par les merveilles de l'art que nous trouvions par-tout dans le Parc. Le *Théâtre d'eau* n'en est pas une des moindres. La Sculpture s'y fait voir dans toute sa delicatesse sur plusieurs groupes de marbre blanc, tirez tous de la fable, & travaillez dans la derniere delicatesse. Ce bosquet est pratiqué en théâtre de forme ronde, avec une palissade le long de laquelle se voyent quatre fontaines, au milieu desquelles sont des groupes d'enfans de metal.

Mais nous ne fûmes jamais plus surpris d'admiration qu'à l'aspect des *Bains d'Apollon*: que de beautez s'offrirent à nos yeux en les promenant sur un grand groupe qui en fait le principal ornement! C'est Apollon assis au milieu des Nymphes de la mer, qui le servent chacune differemment.

A droite de ce groupe s'en trouve un autre chargé des chevaux de ce Dieu, & de deux Tritons qui les abreuvent, & à gauche un autre, où l'on voit aussi deux autres chevaux & des Tritons, qui font le même office, mais dans une idée & des attitudes bien differentes. En verité je ne pouvois me lasser de contempler ces merveilles de l'art, la delicatesse & la legereté du ciseau qui les avoit taillez. Chacun de ces groupes a pour le couvrir un baldaquin, ou espece de dais de métal doré à campane, soutenu par des colonnes.

Proche de là est le *bosquet des trois Fontaines*, où l'art de concert avec la nature semble s'être plû à y former des objets capables d'enchanter les yeux, & de charmer les oreilles par le bruit agréable de l'eau qui y joüe en abondance, & d'une hauteur surprenante.

A peine est-on hors de ce bosquet, qu'on entre dans l'*Arc de Triomphe*, nommé ainsi parce qu'en effet c'en est un. On l'a orné de tous les attributs qui conviennent à un triomphe. La France y paroît en bronze doré, accompagnée d'autres hyerogliphes qui marquent sa gloire.

On trouve dans ce bosquet à droite la *Fontaine de la Victoire*, nommée ainsi, parce que le Sculpteur y a représenté cette Déesse sur un globe chargé de trois fleurs de lis avec des trophées d'armes. A gauche se voit la *Fontaine de la Gloire*. Cette Déesse y paroît au milieu avec tous les attributs qu'on a coûtume

tume de lui donner.

Aux deux côtez de l'Arc de triomphe se découvrent deux pyramides à jour & de figure triangulaire, portées sur des pieds d'estaux de marbre, avec d'autres ornemens où l'ouvrage surpasse la matiere.

Quant à l'Arc de triomphe, trois portiques de fer doré en font le corps. On voit au-dessus sept bassins, dont les jets qui partent de leur milieu, forment en retombant dans des coquilles autant de napes qui font plaisir à voir. Il y a outre cela d'autres jets d'eau au milieu des portiques, qui ne sont pas moins agréables que les premiers.

De là nous fûmes conduits par nôtre Guide sur un escalier de marbre blanc, dont chaque angle a pour ornement une Statuë de marbre, à sçavoir d'une Venus appellée la *pudique*, & de Milicus cet affranchi qui sauva Neron de l'attentat qu'on vouloit commettre contre lui. Ces deux figures sont d'une delicatesse achevée, & d'un gout qui ne se peut exprimer.

Au bas de cet escalier & un peu plus avant se voit un parterre de gazon, appellé le *Parterre du Nord*. On voit au

P p

commencement six vases de marbre blanc taillez fort artistement. *Cosnu* & *Bertin* fameux Sculpteurs en ont tout l'honneur.

Au-delà de ce parterre se découvre la *Fontaine de la Pyramide*. Le celebre *Girardon* l'a sculptée sur un dessein des plus achevez. Quatre bassins les uns sur les autres, portez par des griffes de lion, en font la structure. Ils ont d'ailleurs des Tritons pour ornemens, & qui par leur attitude semblent se joüer ; deux autres vases de marbre blanc servent d'accompagnement à ce grand ouvrage.

Ce parterre est encore enrichi de deux bassins, où l'on voit des Tritons & des Sirènes qui portent des couronnes de laurier, du milieu desquelles on voit un jet d'eau monter fort haut, ce qui fait une varieté d'objets fort charmante.

En avançant un peu on trouve l'*Allée d'eau*, parce qu'elle est toute bordée de cascades qui en font la décoration. Il y en a sept de chaque côté, representées par des groupes de trois enfans, avec des attitudes differentes, convenables aux actions qu'il a plû aux Sculpteurs de leur donner. Ces enfans sont posez sur un petit bassin, & en portent un autre d'où s'eleve un jet d'eau qui en tombant forme une nappe d'eau qui se décharge dans le bassin de dessous.

Nous descendîmes ainsi au milieu de ces cascades jusques à une piece d'eau qu'on appelle la *Fontaine du Dragon*, parce qu'on y voit le serpent Pithon qui jette de l'eau par plusieurs endroits, ce qui fait un jet prodigieux non seulement par sa grosseur, mais encore par la hauteur à laquelle il s'eleve.

Ce Serpent ou ce Dragon a pour accompagnement quatre Dauphins & quatre Cygnes avec de petits Amours que portent ceux-ci, taillez dans differentes attitudes. Tout cet ouvrage est de bronze doré.

Le *bassin de Neptune* est un peu plus loin. On voit regner tout autour une tablette chargée d'espace en espace de vingt deux vases de métal, qui chacun ont un jet qui tombe au bas de cette tablette, d'où l'on voit sortir aussi un jet entre chaque vase. Jamais surprise ne fut pareille à la nôtre, lorsque nous vîmes joüer ce bassin ; nous prîmes occasion que le Roy vint s'y promener, & c'est ce jour-là même que nous eûmes le plaisir de voir jouer toutes les eaux. Il ne faut

P p ij

pas que j'oublie huit grandes coquilles placées exprés dans les angles de la tablette, pour recevoir l'eau qui tombe des vases.

Jettant la vûë plus avant nous apperçûmes trois statues; l'une de *Faustine*, l'autre de la *Renommée*, & la troisiéme de *Berenice*. Ces statuës fixerent un peu de temps mes regards, & convaincu de la beauté de ces ouvrages, j'admirai les mains dont ils sortoient.

En remontant pour gagner l'Orangerie nous découvrîmes quantité d'autres statuës où toute la grandeur & la délicatesse de l'art étoit exprimée : je les dévorai des yeux, s'il m'est permis de parler ainsi, & tâchai de démêler autant qu'il me fut possible les attributs qui y étoient joints, & qui les caracterisoient chacune en particulier. L'*Hyver* sous la figure d'un vieillard, l'*Esté* representé par Cerés, l'*Automne* par Bacchus, & l'*Amerique*, étoient les sujets qu'on y voyoit placez.

On y remarquoit outre cela cinq thermes d'une grande beauté. Le premier étoit *Ulysse* Roy d'Itaque, le second *Lysias* Orateur Grec; le troisiéme *Theophraste* le Philosophe; *Isocrates* étoit le quatriéme, & le cinquième *Apollonius*.

Le *Poëme pastoral* y paroissoit aussi figuré par une femme couronnée de fleurs champêtres; la *Terre* par une autre couronnée aussi de fleurs. On y voit la *Nuit* sous la figure d'une femme qui porte une couronne de pavots; l'*Afrique* representée par une autre qui porte une tête d'Elephant pour coëffure. L'*Europe* répresentée par une femme ayant en main un écu où un cheval est depeint. On y voit le *Midi* figuré par Venus, le *Soir* par Diane, l'*Air* par une femme portée sur des nuées, le *Melancolique* par un homme qui tient un livre. *Antinoüs*, *Tigrane*, un jeune *Faune* joüant de la flûte, un *Bacchus* sous la figure d'un jeune homme qui tient une grappe de raisin: *Faustine* sous celle de Cerés, l'*Empereur Commode*, *Uranie* une des Muses, *Ganimede*, & *Jupiter* changé en Aigle, & *Venus* à la coquille. Toutes ces figures sont rangées par symmetrie dans une grande allée dont elles font la magnificence.

Ajoûtez à ces beautez de l'art cinq thermes, dont *Cerés* est le sujet du premier, *Diogene* celui du second, le troisiéme represente un *Faune* couronné de pampres, le quatriéme une *Bacchante*, & le cinquiéme un *Hercule*. Suivent ensuite plusieurs vases, la plûpart historiez, & tous travaillez par ce qu'il y a eu d'habiles Sculpteurs.

Il y a encore d'autres thermes qui se trouvent en chemin, entre la grande allée & le bassin d'Apollon. *Syrinx, Jupiter, Junon* & *Vertumne* en sont les sujets.

Aprés bien des pas faits nous arrivâmes au *bassin d'Apollon*, nommé ainsi parce que ce Dieu y paroît au milieu, monté sur son char traîné par quatre chevaux, ayant autour de lui des balenes & des dauphins. Ce bassin est nonseulement estimé par sa structure & les ornemens qui l'accompagnent, mais encore par son jet, qui forme une gerbe qui monte fort haut.

En entrant dans le Parc à gauche se voit un parterre en broderie, appellé le *Parterre des Fleurs*. On y descend par un grand perron orné de deux Sphinx de marbre blanc. Outre ce premier perron on en rencontre quatre autres, qui portent pour ornemens huit vases de marbre blanc, sur des pieds-d'estaux de marbre veiné ; ils sont tous d'une beauté singuliere.

Nous allâmes de là voir le *Parterre de l'Orangerie*, dressé en compartimens de gazon avec des enroulemens. Il y a un grand bassin au milieu dont le jet forme une gerbe qui monte fort haut. Rien n'est plus agréable à voir en Esté que le grand nombre d'Orangers qui le décorent. Ce Parterre outre cela est encore orné de quelques vases de marbre blanc, travaillez avec art, & de plusieurs figures de même matiere, & d'une sculpture achevée.

Ayant parcouru ce parterre nous jettâmes les yeux sur l'*Orangerie*, qui est un des plus beaux morceaux d'Architecture qui jamais ait paru. Elle forme une grande galerie, éclairée par douze grandes croisées qui sont cintrées. Dans le dedans de cette Orangerie, & au milieu vis-à-vis la grande porte, se voit une niche ornée d'une statue de marbre blanc, elle represente le Roy vêtu à la Romaine, & couvert d'un manteau Royal, avec d'autres ornemens qui l'accompagnent. Cette Orangerie est fort spacieuse, tres belle, & tres singuliere dans sa structure.

On voit au-de-là une grande piece d'eau, appellée la *Piece des Suisses*, parce que ce font eux qui ont le plus contribué par leur travail à sa perfection. On voit à son extrémité du côté du bois un groupe qui repreſente à cheval *Marcus Curtius*, qui ſe précipita dans un abîme pour ſauver ſa Patrie.

Il étoit tard quand nous achevâmes nôtre courſe, nous méritions bien alors prendre un peu de rafraîchiſſement; nous engageâmes l'honnête homme qui nous avoit conduits, de ſouper avec nous. Nous paſſâmes aſſez bien la ſoirée, puis nous nous allâmes repoſer juſqu'au lendemain, que nous avions déterminé de voir les Ecuries & le Potager.

Les *Ecuries du Roy* ſont ſeparées du Château par la Place d'armes, qui eſt fort étenduë, & par laquelle il faut deſcendre pour y aller, lorſqu'on revient de ce Palais magnifique. On les diſtingue en *grande* & *petite Ecurie*.

La grande Ecurie eſt un grand bâtiment, compoſé de deux grandes aîles, flanquées chacune d'un pavillon. Cet Edifice eſt du deſſein de feu *Jules-Hardoüin Manſart*, avant qu'il fût Surintendant des Bâtimens, & eſt conſtruit de maniere, que toutes ſes parties jointes enſemble, forment une demie-lune

dans

dans le fond de la cour, qui est fermée par une grille de fer d'un assez beau travail.

Chaque Pavillon est couronné d'un fronton, dans le timpan duquel on voit des trophées d'une sculpture tres bien conduite. L'avantcorps est chargé de mêmes ornemens, avec quelque difference des soûtiens seulement.

Au-dessous du fronton, qui sert en partie de décoration à l'avantcorps, on voit un groupe de trois chevaux de pierre, & sur les massifs qui le portent quatre trophées d'armes. Toute cette Sculpture est de tres bon goût, & merite qu'on l'examine avec attention.

De cette premiere cour qui est fort grande, nous passâmes dans deux moyennes, entourées de bâtimens, & l'une desquelles est un passage pour aller au *Manege couvert*. L'envie que nous avions de voir monter à cheval, nous fit prendre d'abord ce côté-là; il est vrai que je fus fort aise d'y être arrivé à l'heure qu'on y fait l'exercice. L'habileté de l'Ecuyer qui y donne les leçons, jointe à sa longue experience; l'adresse & la bonne grace à les suivre, de ceux qui les prennent; & la beauté des chevaux

Qq

qu'ils montent, me charmerent entierement. Proche de là se trouve un grand *Manege découvert*, où quelquefois on exerce des chevaux, & l'on fait des courses; il y a encore d'autres petites cours qui servent à mettre les fumiers. L'Ecurie des chevaux de manege y est aussi; on peut dire qu'elle est remplie de chevaux bien choisis, & parfaitement bien instruits.

Au sortir de cet Edifice nous allâmes dans la *petite Ecurie*, dont la façade exterieure est de même que celle de la grande Ecurie, si vous en exceptez les trophées qui sont de differens desseins; au reste le tout est sculpté d'une beauté surprenante, & dans une justesse tres grande.

C'est dans ce bâtiment qu'on trouve de grandes Ecuries à deux rangs, de vingt quatre chevaux chacun, & où l'on voit les chevaux de carosse & les coureurs. Que de plaisir nous eûmes à cet aspect! car enfin pour peu qu'on ait d'inclination pour les chevaux, il faut avoüer qu'il y en a des mieux choisis.

Contens que nous étions d'avoir vû tant de belles choses, nous pîmes nôtre route du côté du Potager. Nous vi-

FIDELE.

mes en passant le *grand Commun* à droite, & le *petit* à gauche. Ce sont deux grands bâtimens construits vis-à-vis l'un de l'autre : c'est où sont les Offices & les Cuisines ; il y a aussi beaucoup d'Officiers Commensaux qui y ont leurs logemens. Au dessous du grand Commun se trouvent les Bureaux des Finances & de la Guerre.

Etant arrivez au *Potager*, situé à côté de la piece des Suisses, nous en parcourûmes tous les compartimens. Il est distribué en trente-quatre jardins séparez par des murs. La piece par où l'on entre d'abord est plus grande que les autres, & a un grand bassin au milieu. Tous les autres reçoivent de l'eau pour leur commodité par le moyen des robinets qui y sont. C'est dommage que les murs en soient trop élevez pour l'espace que contient chaque petit jardin ; cette hauteur superfluë les rend étouffez, & leur ôte beaucoup de soleil, dont ils auroient besoin en certain temps. Ce Potager est rempli de toutes sortes de fruits, herbes, herbages, & d'autres choses generalement qu'on peut tirer d'un potager spacieux, & conduit avec beaucoup de soin.

Q q ij

Trianon.

Du Potager nous allâmes à *Trianon*; ce ne fut pas à la verité sans nous être précautionnez d'un bon déjeuner. Nous avions déja quelque idée legere de ce magnifique bâtiment, dans lequel on entre par une porte de fer.

Cet Edifice est precedé d'une grande cour quarrée, & composée d'une belle façade, accompagnée de deux aîles, flanquées chacune d'un Pavillon. Le corps principal du logis est porté par huit colonnes de marbre, entremêlées de pilastres.

Dans l'aîle à droite est la Salle de la Comedie, & où logent quelques-uns des grands Officiers: dans l'aîle gauche se trouve la Salle des Gardes. On voit sur tout ce Palais regner une balustrade ornée de differentes Statues, de corbeilles, d'urnes, & de cassolettes, le tout travaillé dans la derniere perfection.

Les dedans sont encore plus riches que les dehors, par les tableaux & les autres peintures qui en font la décoration. L'Appartement du Roy est à un des bouts du Peristile à main gauche en entrant. On n'y trouve que glaces & que meubles précieux. On y voit avec admiration une table de porphyre ; on peut dire que c'est un morceau en ce genre qui n'a pas son semblable.

Tout le reste des Appartemens est aussi magnifiquement meublé, & on y voit des tableaux d'un goût exquis & de tres grand prix : tant de belles choses arrêterent longtemps nos regards sans les lasser ; & aprés les avoir satisfaits en quelque façon dans ces appartemens, nous entrâmes dans d'autres qui ne sont gueres moins magnifiques.

A l'autre bout du Peristile se trouve un grand Sallon qui communique à cinq pieces ornées de tableaux faits par ce qu'il y a d'habiles Peintres. De ces pieces de bâtiment on entre dans un autre Sallon qui fait face à un petit bois fort agréable ; proche de ce Sallon est un cabinet embelli de quatre tableaux ; dont la fable d'Apollon a fourni les sujets, & on voit au rez de chauffée un petit parterre garni de fleurs en toute saison.

En revenant dans ce Sallon par cet appartement, nous rencontrâmes une Galerie magnifiquement ornée, à l'extre-

Q q iij

mité de laquelle est un autre Sallon où l'on voit des peintures achevées dans leur genre; ensuite paroît la Salle du billard, ornée de tableaux d'une grande beauté: c'est ainsi qu'on en voit dans la longue enfilade de pieces dont tout ce bâtiment est composé. Parlons à present des jardins.

On peut dire qu'aprés les jardins de Versailles & de Marli, rien n'est égal en ce genre à ceux de Trianon. Tout y est dans un arrangement & une beauté qui charme. Tous les bassins qui en font l'ornement sont composez de porcelaines feintes ou veritables. On y voit plusieurs jets d'eau differens, qui s'élevent à une hauteur extraordinaire; les pots destinez pour y mettre des plantes sont de porcelaines, & les caisses les imitent par la peinture. On admire sur-tout un groupe de marbre blanc qui represente un *Laocoon avec ses fils*, & qu'on a placé dans un parterre qui est à main droite en entrant: c'est un des bons morceaux de Sculpture qu'il y ait. Nous passâmes de Trianon à la *Ménagerie*.

Nous y arrivâmes par une grande avenuë d'arbres, & après avoir traversé deux cours, nous apperçûmes un Dôme de figure octogone, accompagné d'un Escalier tres bien touché, & par lequel on va à deux appartemens magnifiques, & à un beau Sallon qui occupe le milieu.

L'appartement à droite contient cinq pieces peintes dans la derniere délicatesse. Les chambres sont ornées de petits tableaux d'un tres bon goût, representans differens sujets; quelques-unes sont enrichies de magnifiques peintures. On y voit *Arion* qui jouë de la lyre, & qui est porté sur un Dauphin. *Orphée* est vis-à-vis, & ces deux sujets sont si bien touchez, qu'on ne peut rien souhaiter de plus achevé.

Dans l'appartement qui est à main gauche on n'y voit pas moins de beautez que dans le premier, & les tableaux n'y sont pas moins fréquens. *Diane* accompagnée de ses Nymphes, & d'*Acteon* changé en cerf. *Venus* & *Vulcain*. Une *Venus* à la toilette, une autre qui donne des armes à Enée, & d'autres sujets differens en font l'ornement. Tous ces tableaux sont des plus gracieux, & faits sur des desseins tres bien imaginez.

Quand nous eûmes parcouru des yeux ces deux appartemens, nous entrâmes dans le Sallon qui les separe, environné d'un balcon de fer d'où l'on découvre sept cours differentes, remplies d'animaux curieux de toute sorte. Ce qu'il y a de remarquable dans le dessous de ce Sallon, est une grotte du milieu de laquelle s'éleve un jet d'eau qui tourne, & qui se distribuë par tout le plancher, rempli de petits trous qui forment une pluïe d'eau. Au milieu des sept cours, dont j'ai parlé, s'en voit une de figure octogone; elle est toute pleine de petits tuyaux cachez sous terre, qui forment quand on le souhaite une espece de parterre de jets d'eau. Ce fut là où se termina nôtre derniere course, & d'où nous retournâmes sur nos pas à Versailles : nous y restâmes cinq jours, & nous en partîmes le lendemain pour aller à Saint-Cir.

Saint-Cir.

Saint-Cir est un village situé à une petite lieuë de Versailles ; il y a une ancienne Abbaye de Filles de l'Ordre de saint Benoît, & une Communauté de Religieuses sous le titre de saint Louis, fondée par Louis XIV. pour l'éducation de deux cent cinquante filles nobles. Ce Prince a assigné à cette maison quarante

FIDELE. 465

mille écus de rente, sans compter la Mense Abbatialle de l'Abbaye des Benedictins de saint Denis en France, qui est de cent mille livres de rente.

La maison de cette Abbaye est bâtie sur les desseins de *François Mansart*, premier Architecte du Roy; la construction en est magnifique, & consiste en un grand corps de bâtiment de cent huit toises de longueur, qui forment trois cours d'enfilade séparées par deux aîles qui en dehors ont leurs vûes sur une cour & deux parterres.

A l'extremité du bâtiment paroît l'Eglise, desservie par les Peres de la Mission de saint-Lazare ; elle a vingt-six toises de long. Il n'y a d'ailleurs rien de remarquable dans sa structure: mais pour revenir au bâtiment, la disposition du plan consiste au rez de chaussée, en grands coridors, refectoires, & autres appartemens necessaires pour une Communauté tres nombreuse. Au premier étage sont construites plusieurs grandes chambres où les Pensionnaires travaillent, des cellules particulieres pour les Dames, & des chambres communes où l'on s'assemble aux heures de récreation. Le Parc est assez grand ; il y a un ancien bois qu'on a conservé & pratiqué de maniere qu'il y sert d'une promenade fort agréable. Cet enclos contient aussi un potager assez grand pour fournir des herbages & autres choses necessaires à la vie à toute cette maison.

Le nombre des Dames Professes est fixé à trente-six, & à vingt-quatre Sœurs Converses. Lorsqu'une des Religieuses meurt, sa place ne peut être remplie que par une des Demoiselles dont j'ai parlé, âgée au moins de dix-huit ans. Ces Dames font les trois vœux ordinaires, & un quatriéme, qui est de consacrer leur vie à l'éducation & à l'instruction des Demoiselles, dont le Roy s'est réservé la nomination.

Il faut que ces filles fassent preuve de quatre degrez de noblesse du côté paternel ; aucune n'y peut entrer ayant l'âge de sept ans, ni aprés celui de douze. Celles qu'on y reçoit n'y peuvent demeurer que jusqu'à l'âge de vingt ans & trois mois.

Cette jeune Noblesse est divisée en quatre classes, ou âges. La premiere classe porte un ruban bleu, la seconde en a un jaune, la troisiéme un verd, & la quatriéme un rouge. Rien n'est plus beau que l'ordre qu'on tient dans cette maison, & les exercices de pieté s'y pratiquent avec toute l'édification possible. Nous ne fîmes pas long séjour en ce lieu, parce qu'il n'avoit rien d'ailleurs qui pût nous arrêter; si bien que nous en partîmes pour *Saint-Cloud*, qui est un bourg à deux petites lieues de Paris sur le bord de la Seine. Nous y restâmes plus longtemps, à cause qu'il y avoit bien plus d'objets dignes de la curiosité d'un Etranger.

Saint-Cloud.

Ce bourg est bâti sur un côteau élevé en demi-croissant, au bas duquel est la Seine, qui lui sert comme d'un canal que la Nature semble lui avoir creusé exprés. Le Château étoit anciennement la maison de plaisance de Jean-François de Gondy, premier Archevêque de Paris. En 1658. le Roy l'acheta pour la donner à Monsieur le Duc d'Orleans son frere. La situation de cette maison est fort avantageuse, les vûes en sont riches, les eaux belles, & l'Architecture fort bien entendue; elle a aussi été fort augmentée & embellie par le Prince qui en étoit en possession. Mais avant que de rien dire davantage de ce Château magnifique, je puis bien ici par digression apprendre ce que les Historiens raportent du bourg de saint Cloud.

On prétend qu'il est aussi ancien que le Royaume. Il portoit autrefois le nom de *Nogent*, & on n'a changé ce nom que par rapport à *Clodoald*, troisiéme fils de Clodomir, & dont on vouloit éterniser la memoire. Ce jeune Prince, petit-fils du grand Clovis, mourut l'an 511. dans un Monastere qu'il avoit fait bâtir à Nogent, où il prit l'habit de Religieux des mains de saint Severin en l'Eglise de ce lieu, qui a été depuis appellée *Saint-Cloud* par corruption. Le cœur de Henry III. est enterré dans cette Eglise, parce que ce Prince étoit à saint-Cloud lorsqu'il fut tué d'un coup de coûteau que lui donna un nommé Jacques Clement; & dont il mourut le premier jour d'Août 1589. Revenons à present au Château de Saint-Cloud tel qu'on le voit aujourd'hui.

Avant que d'entrer dans le Château on traverse plusieurs cours, puis on trouve dans la derniere élevée en terrasse, un grand bâtiment composé d'un corps de

FIDELE. 469

logis de cent quarante-quatre pieds de façade, sur soixante & douze d'élévation, accompagné de deux encoignures saillantes d'un entrepilastre, soûtenues de deux gros pavillons, & d'un entablement d'ordre Corinthien. Proche de chaque pavillon se voyent deux grandes aîles moins élevées, qui s'étendent symmetriquement jusqu'aux deux tiers de la cour, & sur les avant-côtez de ces aîles il y a des balcons qui fournissent des vûes les plus agréables du monde.

Les dehors de cette maison sont d'une Architecture d'un goût moderne, tres bien imaginé, & conduit avec toute la justesse possible; les dedans en sont enchantez par la richesse des meubles qui en font l'ornement. Tout n'y inspire que de l'admiration; l'assiete du lieu & sa magnificence, la verdure des côteaux & l'agrément continuel des plus beaux lointains, y satisfont pleinement les yeux, & de manière que tous ces dehors répondent tres bien à la richesse des appartemens de cette maison, qui ont été peints par le celebre *Mignard*. Les marbres, les dorures & les sculptures, tout semble y former un chef-d'œuvre d'autant plus digne du Prince qui l'habitoit, qu'il est l'ouvrage de ses soins. Les Jardins sont d'une grande beauté. Dans ceux d'en bas est une cascade partagée en deux parties: la haute cascade est séparée de la basse par une distance de cent-huit pieds de face sur autant de pente, & qui se termine à un pallier où commence la basse cascade.

Au haut de ces cascades se voit une balustrade à hauteur d'apui, d'où l'on découvre tous les jardins bas jusques dans la plaine: cette balustrade est ornée de plusieurs Statues travaillées par ce qu'il y a de plus habiles Sculpteurs: l'une represente le *Dieu de la Seine*, & l'autre la *Loire*. Ces figures paroissent à demi-couchées, & appuyées chacune sur une urne qui jette une tres grosse gerbe d'eau; l'amas des lances qui la composent forme une nappe qui tombe dans un bassin d'où sortent sept gros boüillons d'eau; & la quantité des eaux que fournissent la gerbe & les boüillons, forme neuf autres nappes qui descendent jusqu'au bas de la rampe, dont les côtez sont garnis de pilastres à pierres refendues par bossages.

A vingt pieds de distance de cette rampe s'en trouvent deux autres composées de quatorze pilastres de même structure que les premiers, au bas de ces pilastres on voit huit bassins de marbre, d'où s'élevent fort haut des jets tres bien nourris, ce qui produit un effet tres agreable. Ces bassins sont ornez de rocailles & d'autres choses qui leur sont convenables, & accompagnées de figures taillées d'un tres bon goût.

Cette cascade est encore composée de plusieurs pieces qui la rendent d'autant plus admirable, qu'il semble que l'eau, impraticable par elle-même, se soit assujettie à l'art qui lui fait prendre plusieurs formes. La distribution de ces eaux est si bien entenduë, que cette cascade peut passer pour un théâtre d'eau le mieux imaginé qu'il y ait, & le plus magnifique par l'arrangement & la disposition des flots, chûtes, nappes, des lances, boüillons, jets, tortues, des grenoüilles, dauphins, & des busques dont elle est embellie.

Il y a encore bien d'autres bassins proche de cette cascade, qui donnent un relief à cette partie de jardin le plus beau du monde. On y voit un grand canal formé des eaux qui descendent de la cascade, & dans les extrémitez duquel se trouvent deux jets d'eau qui s'elevent à quinze pieds sur douze lignes de sortie ; c'est ainsi que ce canal se termine. Il est d'ailleurs environné d'une rampe simple de cinq pieds de haut, avec une plinthe ornée de glaçons taillez avec art, & qui s'étend entre deux palissades de charmilles, embellies de tres belles Statues jusques à l'*Allée des Portiques*. Cette allée conduit à la grille du Pont de Saint-Cloud ; & sur la Place d'Orleans.

Au milieu de deux grands boulingrins on découvre un bassin, au milieu duquel s'éleve un rocher en pyramide, dont la construction est d'autant plus belle, qu'elle est variée agréablement par l'inégalité des nappes qui le couvrent. Ajoûtez qu'on y a formé artistement huit pans égaux, alternativement ornez de nappes, de gueulesbayes, & de rocailles.

J'ai oublié de dire que dés que nous fûmes arrivez à Versailles nous renvoyâmes le carosse que nous avions pris pour nous y conduire ; nous nous servîmes de chevaux pour aller à Saint-Cloud, d'où nous partîmes pour Paris par la galiote, qui est une voiture par eau. Les Etrangers ne doivent point négliger d'aller voir ce magnifique Château, pour en admirer la beauté, la magnificence des appartemens,

&

& l'œconomie avec laquelle le jardin est dressé.

Seve.

Nous laissâmes à droite dans nôtre route *Seve*, qui est un village situé au bord de la riviere de Seine, sous le Pont duquel nous passâmes. Il est entre Paris & Versailles, qui en sont éloignez également de deux lieues. Le Parc de Meudon y aboutit d'un côté, & celui de Saint-Cloud de l'autre. Ce village a quelques jolies maisons de campagne qui appartiennent à des particuliers. Il est sur la grande route de Versailles; on y arrive par une galiote particuliere, & qui part tous les matins à huit heures, puis de son port où l'on descend on va à pied à Versailles.

Auteüil.

Comme nous voguions nous vîmes sur nôtre gauche *Auteüil*. C'est un village situé la plus grande partie sur une éminence; on y voit plusieurs maisons de particuliers assez agréables. Celle de *Rouillé* des Postes s'y fait distinguer, quoiqu'elle n'ait rien dans sa construction qui soit digne de l'attention d'un Curieux.

Toutes ces maisons sont autant de petits vuides-bouteilles, où ceux ausquels elles appartiennent vont se divertir en famille, ou avec leurs amis.

Paſſy.

En approchant de Paris nous vîmes *Paſſy*. C'est un village qui n'en est éloigné que d'une lieuë: il est situé sur un côteau, & rempli de maisons construites agréablement, & dont les vûës sont fort riches & tres étenduës à cause de l'assiete du lieu. Les plus remarquables d'entre ces maisons sont celles du *Duc de Lauſun*, du *Duc d'Aumont*, & de quelques autres particuliers, quoiqu'elles n'ayent rien de singulier dans leur construction, si vous en exceptez les jardins, dont les desseins ne sont point mauvais, & la distribution assez bien entenduë.

Chaillot.

Au-dessous se voit *Chaillot*, assez joli village, situé aussi partie sur un côteau, & partie dans un bas sur le bord de la riviere de Seine. On y entre au sortir du Cours dont j'ai parlé. Ce lieu a son agrément particulier, c'est une promenade fort fréquentée Fêtes & Dimanches, où l'on va se divertir. Il y a aussi plusieurs petites maisons de campagne, une manufacture de tapisserie appellée la *Savonnerie*, & une autre de cristaux qui sont tres fins & bien travaillez. Ce fut là le dernier village que nous trouvâmes jusqu'à Paris, où nous arrivâmes à huit heures du soir, après une navigation assez heureuse & fort agréable par la compagnie que nous trouvâmes dans le batteau, & avec laquelle nous liâmes conversation.

VOYAGE DE MARLY, & *de S. Germain en Laye.*

LA belle saison s'avançoit, où les jardins sont dans leur éclat, & qu'on en peut goûter l'agrément, & j'avois trop oui parler de la magnificence des Eaux de Marly, pour n'être pas porté du desir de les aller voir. Mon ami n'en brûloit pas moins d'envie que moy; si bien que pour profiter du beau temps nous ne restâmes que deux jours à Paris, puis nous prîmes une chaise qui nous y conduisit.

Nous sortîmes par la Porte de saint Honoré, & en traversâmes le fauxbourg, puis nous entrâmes dans le *Roule*, & tout cela d'une même continuité de chemin. Nous ne vîmes rien de remarquable dans ces endroits ; il n'y a que les pepinieres dont j'ai déja parlé.

Neüilli.

A une lieuë de là nous trouvâmes Neüilli sur le Pont duquel nous passâmes. C'est un village à deux lieues de Paris, où il y a quelques maisons de campagne assez agréables à la vûë par la propreté dont les jardins qui en dépendent sont entretenus.

Nanterre.

De là nous arrivâmes à *Nanterre*. Ce lieu merite une petite digression par rapport à quelques particularitez dont l'histoire fait mention.

Nanterre est un Bourg à deux bonnes lieues de Paris, recommandable par la naissance de sainte Genevieve. On y voit le parc où cette sainte fille gardoit les troupeaux de son pere : cet enclos marque son antiquité par les pierres qui en font la construction. Ce fut en l'Eglise Paroissiale de Nanterre que cette Sainte fit vœu de virginité entre les mains de saint Germain Evêque d'Auxerre.

Les Religieux de sainte Genevieve ont un College à Nanterre où l'on instruit la Jeunesse ; ces Peres y ont quantité de Pensionnaires. Le corps de la Sainte fut enterré à Paris dans la cave ou Chapelle souterraine sur laquelle Clovis avoit déja commencé un superbe Edifice à sa priere, & que saint Denis avoit autrefois consacré en l'honneur de saint Pierre & de saint Paul.

Machine de Marly.

Au partir de ce lieu nous passâmes sous la *Machine de Marly*, si renommée par tout par les ressorts extraordinaires qui la font agir, & la grande abondance d'eau qu'elle donne par leur moyen. Nous y mîmes pied à terre, & renvoyâmes de là nôtre chaise.

Cette Machine est construite sur le

bord de la riviere de Seine. Il y a quatorze rouës qui y donnent tous les mouvemens neceſſaires pour faire aller ſoixante & quatre corps de pompes ſur la riviere, ſoixante & dix-neuf ſur une haute éminence, & quatre-vingt-deux au puiſart qui eſt au-deſſus. Que de reſſorts il a fallu inventer pour faire réuſſir cette Machine ! Je n'en ferai pas ici le détail, parce qu'il me meneroit trop loin : ajoutez que la plus grande partie des circonſtances deviendroit un chaos obſcur à bien des gens ſous l'intelligence deſquels elles ne tomberoient point.

Je dirai ſeulement que l'eau que toutes ces pompes font monter à l'aide des rouës dont j'ai fait mention, ſe décharge d'abord dans un puiſart ; de là dans un reſervoir par deux conduites d'un pied , & eſt relevée par quatre-vingt-deux pompes renverſées & refoulantes, qui la font monter juſques ſur une tour par ſix conduites de fer de huit pouces.

Lorſque l'eau eſt arrivée ſur cette tour elle entre dans un aqueduc long de trois cens trente toiſes ; puis de là elle coule par deux tuyaux de fer de dix-huit pouces de diametre juſqu'aux réſervoirs de

Marly. Ces réservoirs, sont aussi fournis par les eaux de la Seine qu'on y a conduites par un aqueduc. C'est au-dessus d'un village appellé *Lucienne* que se font ces grands amas d'eau qu'on envoye à Versailles. Les réservoirs de Marly ont de superficie dix-huit mille sept cens toises ; celui de Lucienne est un quart plus grand.

Et une chose surprenante à croire est que lorsque la Machine est dans sa force, elle fournit en vingt-quatre heures vingt & un mille trente-sept muids & demi d'eau, suivant la supputation qui en a été faite. Cette Machine va jour & nuit, & coûte des sommes immenses à entretenir. Nous employâmes plus de trois heures de temps à l'examiner ; nous gagnâmes ensuite Marly à pied, parce que le trajet en étoit fort court.

Marly.

Marly est un village situé non loin de Paris, & où il y a un Château magnifique, que le Roy a fait bâtir pour y faire son séjour pendant une partie de l'année.

Cette maison Royale est renfermée,

dans un parc fort étendu, & situé dans un vallon où l'on a pratiqué tout ce qu'on pouvoit de belles vûes. On y entre d'abord par une cour ronde, où sont les corps-de-garde : on passe après dans une grande avenuë qui conduit dans l'avant-cour, separée du jardin par une grille soûtenuë par des piliers qui portent pour ornemens des vases de pierre.

C'est dans cette avant-cour que la Chapelle est construite ; elle n'a rien de remarquable dans sa structure, & occupe un pavillon : il y en a un autre où est la salle des Gardes, & vis-à-vis de ces deux pavillons s'en voyent deux autres de même symmetrie.

Quant au Château, c'est un grand pavillon isolé, & douze autres qui en sont séparez, placez de distance en distance, & bâtis symmetriquement sur deux côtez du jardin.

Le principal pavillon est orné d'une peinture à fresque d'un tres bon goût, qui represente des trophées & des devises, & élevé sur des perrons, ornez chacun d'un Sphinx, & par lesquels on entre dans les vestibules qui partagent les appartemens, consistans en un beau Sallon orné de glaces & de quatre Thermes nes qui representent les quatre saisons. Cette piece est encore enrichie de plusieurs autres ornemens de sculpture & de dorures. Elle a quatre cheminées; on voit sur chacune un tableau qui porte pour sujet une des quatre saisons.

L'Appartement du Roy, ainsi que quelques autres, sont ornez de tableaux d'une grande beauté, qui representent les grandes actions de ce Monarque. Ce principal pavillon est accompagné à ses cotez de deux Salles d'ormes plantées de symmetrie, & ornées en dedans de bustes de marbre merveilleusement bien travaillez.

Au sortir de là on gagne un grand perron, d'où l'on découvre un lointain le plus agréable du monde par la varieté des objets qui s'y presentent. A la descente de ce perron, on voit un parterre orné de quatre figures de marbre blanc, & plus loin en est un autre, au milieu duquel paroît un magnifique bassin, d'où s'élevent fort haut plusieurs jets qui forment quatre gerbes d'une grosseur surprenante. Au-de-là de ce bassin on trouve une grande piece d'eau, avec un glacis de gazon, ayant dans chaque angle un groupe de marbre des mieux taillez.

S s

On trouve encore plus avant deux baſſins ornez de rocailles, dont l'eau forme des nappes qui tombent à chûtes interrompuës dans une piece d'eau qui eſt au-deſſous. En avançant on découvre ſur la baluſtrade deux chevaux avec des aîles, portant chacun une Renommée: le tout eſt de marbre blanc, & l'ouvrage de *Coizevox* fameux Sculpteur, qui s'y eſt diſtingué à ſon ordinaire. Ce jardin, outre ces grands ornemens, eſt encore décoré de pluſieurs vaſes de métal mis en couleur de bronze.

Nous allâmes aprés cela dans les boſquets & dans les ſalles de verdure qui ſont à côté; tous ces compartimens ſont ornez de tres beaux buſtes de marbre, & de pluſieurs figures ſorties de la main d'habiles Maîtres. Tout le reſte eſt partagé par des allées tres bien coupées, & qui aboûtiſſent une partie à un mail qu'on a pratiqué dans cet endroit.

Du côté & au-deſſus de chaque pavillon qui eſt à droite en deſcendant le grand perron, ſe voit un boſquet orné de pluſieurs fontaines. Le premier eſt conſtruit en amphithéâtre, au haut duquel paroît un *Mercure* antique, & plus bas deux autres figures. Plus avant ſe présente aux yeux une fontaine de rocailles, faite en maniere de chandelier, située entre deux Statues de marbre blanc d'un tres bon goût.

En ce même endroit on découvre un petit bois découpé par allées, au milieu duquel est une rotonde portée par huit colonnes de marbre avec des chapitaux. Il y a la *Fontaine d'Agrippine*, ainsi nommée, parce que cette Princesse y paroît sortir du bain, & est assise sur un siege posé dans une cuve de fonte; cette fontaine forme une cascade, au bas de laquelle on voit quatre Statues.

La *Piece des Muses* vient ensuite, ornée de plusieurs figures de marbre, qui sont d'une grande beauté, entr'autres d'un *Bacchus* antique. Tous ces bosquets sont terminez par un berceau, à l'extrémité duquel est un *Hercule* antique, accompagné de deux groupes d'enfans.

On voit d'ailleurs plusieurs cabinets embellis differemment, & quelques autres pieces ornées de fontaines de rocailles & de bustes taillez dans toute l'exactitude possible. Au sortir d'un de ces compartimens on découvre une piece d'eau proche de laquelle s'étend une allée d'ormes, embellie de plusieurs Statues de marbre.

Ce jardin est encore rempli de quantité d'autres ornemens tres magnifiques, qui sentent la grandeur & le bon goût du Monarque qui y a donné tous ses soins. On y voit un Bellevedere, appellé le *Jardin haut*, situé au milieu d'un bosquet, embelli de quatre groupes de bronze fort estimez, dont l'un represente *Diane*, l'autre l'*enlevement de Pandon par Mercure*, le troisiéme a pour sujet *Laocoon*, & le quatriéme *Hercule qui tuë l'hydre*.

Aprés avoir vû cette partie de jardin, nous montâmes pour aller voir la grande cascade, qui en tombant de fort haut forme des napes d'eau fort larges; on diroit que c'est une montagne d'eau, & pour y arriver nous passâmes dans un parterre qui est en face du grand pavillon; il est orné de huit vases d'une sculpture achevée, & plus bas se voit un grand bassin en demi-lune, décoré aussi de huit grands vases de même valeur. Rien n'est plus admirable que les differentes figures que forment les jets de ce bassin lorsque les eaux y jouent.

La Cour étoit à Fontainebleau lorsque

nous allâmes à Marly : mais cela n'empêcha pas que nous ne vissions tout ce que cette maison Royale renfermoit de merveilleux, & digne de la curiosité des gens de bon goût. Nous eûmes le plaisir d'y voir jouer les eaux à la faveur de l'Ambassadeur de Hollande, & de quelques autres Seigneurs Etrangers qui se trouverent ce jour-là à Marly ; c'est qu'il est bon de sçavoir que dans toutes les maisons Royales où vont les Ambassadeurs des Cours Etrangeres, on a ordre de leur y faire voir tout ce qu'il y a de remarquable.

Le jour commençoit déja à baisser lorsque nous sortîmes de ce charmant séjour, & comme nous nous trouvâmes fatiguez d'avoir marché, nous allâmes dans le village, où nous couchâmes.

Saint-Germain en Laye.

Tout sembloit favoriser nôtre voyage, jamais on ne vit un plus beau temps que celui dont nous jouîmes pour lors, & le peu de distance qu'il y a de Marly à *Saint-Germain en Laye*, la serenité de l'air, la fraîcheur du matin, & le plaisir de voir à loisir ce qui se trouveroit en chemin ; tout cela nous invita d'y aller à pied. Voici ce que c'eſt que cette petite Ville, & tout ce que nous y remarquâmes de particulier.

Saint-Germain en Laye eſt ſitué ſur une montagne au pied de laquelle coule la riviere de Seine. Cette Ville eſt à quatre lieuës de Paris, & à trois quarts de lieuë de Marly ; elle eſt aſſez peuplée, les maiſons y ſont hautes & bien bâties, les ruës bien percées, pavées de même, & les places aſſez bien conduites. On y voit divers grands Hôtels, entre leſquels on y diſtingue celui du Maréchal de Noailles, avec les jardins qui en font l'ornement. On y reſpire un air ſain, & les eaux des fontaines y ſont abondantes & tres bonnes.

Il n'y a qu'une Paroiſſe dans Saint-Germain en Laye, mais on y trouve pluſieurs maiſons Religieuſes, à ſçavoir les Recollets, les Urſelines, un Hôpital, & le Convent des Auguſtins Déchauſſez qui eſt au milieu de la forêt, appellé les *Loges*.

Cette Ville a pour Juriſdiction une Prevôté, haute Juſtice, & une Maîtriſe des Eaux & Forêts : mais ce qu'on y voit de plus remarquable eſt le Château, divisé en Château vieux & en Château neuf. Le premier fut commencé à bâtir sous le regne de *Charles V.* & achevé sous *François Premier.* Et l'autre sous *Henry le Grand,* qui en fit jetter les fondemens. L'aspect du Château est admirable, principalement du côté de la riviere & des plaines; son point de vûë s'étend sur les villes de Paris & de Saint-Denis, & sur Marly.

Les Jardins qui servent d'accompagnement à ce Château, s'étendent jusques sur le bord de la Seine proche le *Pont du Pecq.* Ces differens jardins sont soûtenus par des terrasses élevées avec beaucoup de dépense, & qui en font un des principaux ornemens. Le Roy a fait augmenter le vieux Château de cinq gros pavillons qui en flanquent les encoignures, pour en rendre les appartemens tres commodes; lesquels d'ailleurs sont en grand nombre, & distribuez avec tout l'art possible. On a élargi le fossé, & renouvellé tous les dehors des bâtimens; la couverture de ce Château est platte, construite de pierres de taille; & le Coridor qui regne à l'entour est accompagné d'une terrasse qui lui donne un air de grandeur.

On a ajoûté à ce Château plusieurs autres ornemens. On l'a accompagné d'un grand parterre, on y a fait élever une grande terrasse, & bâtir la maison & le jardin du Val ; ajoûtez quantité de petites routes qu'on a artistement pratiquées dans la forêt pour l'agrément de la promenade ou de la chasse.

C'est dans ce Château que la Cour d'Angleterre réfugiée en France a fait sa residence. Le Roy *Jacques II.* y mourut le 16. de Septembre 1701. & son fils le *Prince de Galles* y fut reconnu le même jour pour Roy d'Angleterre, d'Ecosse & d'Irlande, sous le nom de *Jacques III.* Ce fut aussi dans ce Château que mourut *Louis XIII.* l'an 1643. S. Germain est aussi le lieu de la naissance des Rois *Henry II,* & *Charles IX.* Voila un compte exact que je rends de ce petit voyage ; & nous aurions resté quelques jours à Saint-Germain, n'eût été certaines affaires pressantes qui m'appelloient à Paris, & pour nous y rendre nous prîmes le carosse ordinaire, & revinmes par le même chemin que nous étions allez à Marly.

Je puis dire que jusques-là je fus tres content de mes petits voyages. Qui ne le seroit pas à l'aspect de tant de merveilles ? car enfin il faut avoüer qu'après Versailles & Marly on ne peut rien voir de plus majestueux, de plus riche, ni de plus magnifique ; c'est ce que les Etrangers ne doivent point négliger de voir ; Meudon & Saint Cloud ont leurs beautez particulieres, & on peut dire que tous ces Châteaux, par ce qu'ils renferment, sont autant de dépôts de ce que l'art a de plus merveilleux & de mieux fini.

Lorsque je fus arrivé à Paris je recommençai pour quelque temps à reprendre mes exercices ordinaires : mais aussi voulant profiter des avantages de la belle saison, & trouvant une occasion fort agréable pour aller à Saint-Denis ; je n'eus garde de la laisser échaper. C'étoit une partie avec deux femmes des plus charmantes, avec lesquelles j'avois déja lié societé dés que j'arrivai à Paris. Je puis dire que je n'ai jamais fait voyage avec plus de plaisir, par l'humeur enjoüée & spirituelle dont étoient ces belles. Mon ami y seroit venu, n'eût été un procez qui l'embarassoit, & auquel il faloit ce jour-là qu'il donnât tous ses soins. Nous prîmes un carosse, & nous partîmes de Paris le jour de saint Denis même. Il ne faut pas demander si les ris & les bons mots furent de la partie : mais sans m'arrêter à faire une narration de ce qui se passa dans ce charmant voyage, je rapporterai seulement ici quelques particularitez de la ville de saint Denis, & de ce que nous y vîmes.

VOYAGE DE SAINT DENIS.

Nous passâmes par la Porte de S. Denis pour y aller tout droit, & continuant nôtre chemin nous entrâmes dans une grande plaine qui nous conduisit jusqu'à cette Ville, éloignée de deux petites lieues de Paris.

Saint Denis n'étoit au milieu du troisiéme siecle qu'un hameau qui s'accrut beaucoup à cause du grand concours de Pelerins qui venoient de toutes parts visiter le tombeau de saint Denis qui y étoit enterré. Ce lieu d'abord s'appelloit *Cathuel*, du nom d'une Dame appellée *Catule*, au rapport de l'histoire, qui ajoûte que cette Dame pieuse & chrétienne reçut saint Denis qui avoit été décapité pour l'interêt de la Foy sur le *mont Mercure*, appellé aujourd'hui *Montmartre*, & qui portoit sa tête dans ses mains; elle eut soin de le faire enterrer dans sa maison, avec ses Compagnons *Rustique* & *Eleuthere*, qui souffrirent le martyre en ce même lieu.

Depuis ce temps-là *Dagobert Premier*, Roy de France, qui avoit une dévotion singuliere envers ces saints Martyrs, y fit bâtir une Eglise un peu éloignée de leur tombeau, afin d'y transporter leurs Reliques. Il y établit aussi une Foire franche depuis la veille jusqu'à l'octave de la fête; & environ l'an 632. il fit jetter les fondemens d'une Abbaye, où il mit des Religieux pour y celebrer le Service divin. Ce monument fut achevé en 638. Il combla cette maison de grands biens, & l'avantagea de privileges particuliers, ce qui attira dans la suite beaucoup de monde en ce lieu.

Charlemagne fit augmenter cette Eglise à diverses fois, confirma la franchise de la Foire, & donna aux habitans de tres beaux privileges. En 799. *Charles le Chauve* revenant d'Allemagne, rapporta d'Aix-la-Chapelle à Saint

Denis plusieurs Reliques qu'il mit sur l'Autel, & en memoire de ce jour celebre il y établit la Foire du l'*En lict*, qui s'ouvre le jour de saint Barnabé, & qui dérive d'*indictum*, qui signifie certain jour, auquel *Charles le Chauve* convoqua un grand nombre de Prélats & de Seigneurs pour exposer ces Reliques à leur vénération.

La ville de Saint Denis fut ruinée par les Anglois dans une guerre qu'ils firent en France en l'an 1480. L'enceinte des murs de cette ville, avec trois portes, fut bâtie sous *Charles-le-Chauve*, on en voit encore quelques restes; ce fut pour lors qu'on commença à l'appeller Château & Bourg.

Selon les anciennes Chroniques il y a apparence que ce Bourg s'agrandit beaucoup sous le regne du Roy *Robert*, qui fit bâtir un Palais dans l'enceinte de l'Abbaye, afin d'y tenir sa Cour ; il y fonda l'Eglise Collegiale de saint Paul, il y fit joindre le fauxbourg de saint Marcel, & trois autres assez grands, en sorte que peu de temps après on y comptoit neuf ou dix Paroisses, sans les autres Eglises, & les Convents.

Vers le milieu du douziéme siecle

l'Abbé *Suger*, homme fort en reputation & tres bien en faveur à la Cour, fit rebâtir l'Eglise presque toute entiere, & telle qu'on la voit à present. Les privileges de cette Ville ont été confirmez successivement par plusieurs Rois ; elle a aussi été plusieurs fois le theâtre de la guerre, & fut mise à sac sous les regnes de *Charles IX.* & de *Henry III.* Elle a fleuri encore depuis ce temps-là sous ses anciens Seigneurs : mais on la voit aujourd'hui fort déchûe. Voila ce que l'histoire rapporte de la ville de Saint Denis : mais disons quelque chose à present de ce qu'elle contient de curieux.

L'Eglise de l'Abbaye est fort vaste & tres élevée. La façade est flanquée de deux grosses tours quarrées, où sont les cloches de l'Eglise, qui est soûtenue par soixante gros piliers, non compris les murailles & les arcs-boutans de son circuit, & les quatre piliers qui soûtiennent les tours.

Le comble est d'une charpente des plus belles qu'il y ait, & tout couvert de plomb, avec de grosses pommes de cuivre doré, le long du sommet. Le Chœur est partagé en trois parties. Dans la premiere se trouvent les tombeaux des Rois *Philippe Auguste*, de *Louis VIII*. & de *Louis IX*. son fils. Ils étoient autrefois couverts d'argent, mais les Anglois les pillerent & les démolirent sous le regne de *Charles VI*. Au milieu se voit la Sepulture de *Charles-le-Chauve* faite de cuivre.

A côté sont les Statues de *Clovis* fils de Dagobert, & de *Charles Martel*, sur la même tombe. A main gauche de l'Autel on voit celles de *Hugues Capet* & d'*Eudes*. On trouve dans le second Chœur les tombeaux & Statues de *Philippe III*. de *Philippe le Bel* & d'*Elizabeth d'Arragon* sa femme, de *Pepin* & de *Berthe* son épouse, de *Carloman*, & de *Louis* Bâtard de Louis Hutin, & de son petit-fils *Jean*, de *Jeanne* Reine de Navarre, & de plusieurs autres Rois & Reines.

Dans le troisiéme Chœur se voyent aussi quelques tombeaux de nos Rois. Le haut & le derriere de l'Eglise sont ornez de tombeaux d'une sculpture achevée, & de Châsses d'or & d'argent ; c'est où reposent plusieurs corps de Saints & de Martyrs. Dans la Chapelle bâtie en rond paroissent les tombeaux de *Henry II*. de *François II*. & de *Charles IX*.

FIDELE.

Hors le Chœur à main droite est le riche Mausolée de *François Premier*, de *Claude de France* sa femme, & de *François* & *Charles* ses enfans. Cet ouvrage est fort estimé à cause de son travail sorti des mains de tres habiles Sculpteurs.

C'est dans cette Eglise aussi qu'est la sepulture ordinaire des Rois, Reines, & des Enfans de France. On y voit un trésor qui est d'un prix inestimable par les choses rares & précieuses qu'il contient. En voici le détail, que j'ai crû devoir rapporter ici pour exciter la curiosité des Etrangers à l'aller voir.

Memoire des Reliques qui sont dans le trésor de saint Denis en France.

ON y montre d'abord
Un des *Clous* avec lequel Nôtre-Seigneur a été crucifié.

Une grande *Corne de Licorne*, rare en son espece, & d'un tres grand prix.

La *Lanterne de Judas*, qu'il portoit lorsque Nôtre-Seigneur fut pris par les Juifs au jardin des olives.

Le *Chef de saint Denis*, tout d'or massif, porté par deux Anges, & enrichi de pierreries. Il y a outre cela quatre armoires, dans lesquelles sont renfermées les autres Reliques que voici.

Armoire premiere.

On voit dans celle-ci la *Croix de saint Laurent*; elle est d'or, & enrichie de pierreries: il y a dedans une *verge du gril* sur lequel ce Martyr fut exposé sur les charbons ardens.

Le *Menton de saint Louis*, enchâssé en argent doré, & enrichi de pierreries.

L'*Epaule de saint Jean-Baptiste*, dans une Châsse d'argent doré, enrichie de pierreries, & dans laquelle il y a d'ailleurs plusieurs autres Reliques, appellées les *Tables de tous les Saints*.

Le *Bras de saint Eustache*.

Le *Doigt de saint Barthelemy Apôtre*; il est dans une Châsse d'argent doré.

Le *Bâton de la Confrerie de saint Denis*, qui est d'argent doré.

Une petite *Tête d'enfant*, qui est d'agathe tres bien taillée, & d'un grand prix.

Des

FIDELE.

Des *Reliques de saint Louis* Evêque de Marseille, enchâssées en argent doré.

La *Cruche* où Nôtre-Seigneur changea l'eau en vin aux Nôces de Cana.

Les *Anneaux des Reines.* Ils sont d'or, enrichis de pierreries de grand prix.

L'*Ongle d'un Griffon.* Si on en croit néanmoins quelques-uns, cet animal n'est que fabuleux.

Le *Cornet de Roland le Furieux*, Neveu de Charlemagne Roy de France.

Les *Reliques de saint Pantaleon.* Elles sont enchâssées en argent doré.

Deux Couronnes que le Roy Henry IV. a fait faire, l'une est d'or, & l'autre d'argent doré, toutes deux enrichies de pierreries.

Une *Image de Nôtre-Dame*, d'yvoire, & fort bien travaillée.

Un *Nouveau-Testament* d'argent doré, enrichi de quantité de pierreries.

Le *Livre des Epîtres*, couvert d'argent.

La *Couronne de Louis XIII.* Roy de France; elle est enrichie de pierreries fort estimées.

Les *Reliques d'Isaye le Prophete*, qui vivoit mille ans avant la Naissance

T t

de Nôtre-Seigneur.

Armoire II.

Le *Chef de saint Hilaire*, Evêque de Poitiers ; il est dans une Châsse d'argent doré.

On y voit aussi sa *Mître* enrichie de pierreries d'une grande beauté.

Les *Reliques de saint Denis*, enchâssées en argent doré.

Les *Reliques de saint Nicolas* Evêque de Myrre ; elles sont dans une Châsse d'argent doré.

Une *Image de Nôtre-Dame*, d'argent doré ; elle tient en sa main des drapeaux dont Nôtre-Seigneur fut envelopé en son enfance.

Des *Reliques de sainte Marguerite*, enchâssées en argent doré.

Le *Calice* avec lequel S. Denis celebroit la Messe, ses *Burettes* & son *Encensoir*.

Le *Sceptre de la main de Justice de Henry IV.* Roy de France.

Le *Sceptre* qu'on porte aux fêtes solemnelles ; il est d'or massif.

Un *Os* d'une des mains de saint Denis, enchâssé en argent doré.

L'*Effigie de la Reine de Saba*, elle

est d'une tres belle agathe garnie d'or.

Un *petit Crucifix* de cristal de roche tres bien taillé & fort estimé.

Une *petite Thiolle* d'agathe, tres bien travaillée aussi.

L'*Effigie de Marc-Antoine*, qui est aussi d'une agathe tres belle.

Armoire III.

On fait voir dans cette Armoire une belle *Croix* toute d'or, enrichie de pierreries, dans laquelle il y a du bois de la vraye-Croix.

Une *petite Chapelle* d'argent doré, qui renferme quelques Reliques particulieres.

La *Main de saint Thomas* Apôtre.

Le *Doigt* du même Apôtre, qu'il mit au côté de Nôtre-Seigneur; il est en argent doré enrichi de pierreries.

Une *Image de Nôtre-Dame*, qui tient une fleur de lys en sa main, dans laquelle il y a de ses cheveux.

Une *Couronne d'or* que Jeanne d'Evreux Reine de Navarre a fait faire; elle est enrichie de pierreries.

Une *Image de saint Jean l'Evangeliste*, dans laquelle il y a de ses cheveux ; elle est d'argent doré.

Un *Vase* d'agathe & d'émeraudes, où le Roy Salomon avoit coûtume de boire.

La *Crosse de saint Denis*, garnie d'or & d'émail, le tout tres bien travaillé.

Une belle *Mitre*, toute couverte de perles & de pierreries d'un grand prix.

Un beau *Calice* tout d'or, fort estimé pour le travail, ainsi que pour la matiere.

Une autre petite *Mitre*, toute couverte de perles & de pierreries.

Le *Bâton du Chantre*, qui est d'argent doré ; il le porte en procession ou à l'Office aux Fêtes solemnelles.

L'*Agraphe du manteau du Roy Dagobert* Roy de France.

L'*Agraphe du manteau de saint Denis*.

Une petite *Rose* de drap d'or, dans laquelle il y a plusieurs anneaux de Reines.

Un *Calice émaillé* tres bien travaillé & fort estimé.

Une *Main de Justice de saint Louis*, d'or massif, & de grande valeur.

Armoire IV.

La quatriéme armoire renferme une belle *Croix* enrichie de pierreries; elle vient de Charles-le-Chauve fils de Charlemagne. Elle est d'or massif, & enrichie en dehors de pierreries. Il y a dedans des Réliques de saint George, de saint Orde, & de saint Apollinaire. Ce pieux Prince mettoit cette Croix sur son buffet quand il donnoit à manger aux Princes de sa Cour.

Un beau *Vase* d'agathe, estimé cinquante mille écus. Philippe le Hardy fils de saint Louis l'apporta d'Egypte. C'est dans ce vase que boivent les Reines lorsqu'elles sont couronnées.

Un *Vase* de cristal de roche, qui a servi dans le Temple de Salomon.

Un *Vase* d'agathe qui tient une chopine, & qu'on estime beaucoup.

Un autre *Vase* d'argent gaudronné, & d'un travail qui fait plaisir à voir.

Un *Vase* d'agathe, où il y a deux cordons d'or; cet ouvrage est fort curieux.

Le *Chef de saint Benoît*; il est d'argent, & enrichi de pierreries; avec un

Os de son bras dans une Châsse d'argent doré.

La *Couronne de saint Louis*. Elle est d'or massif enrichie de pierreries, avec un rubis estimé ving-cinq mille écus, & dans lequel il y a une Epine de la Couronne de Nôtre-Seigneur.

L'*Epée Royale* que les Rois portent quand ils sont couronnez.

Le *Sceptre Royal* & la *Main de Justice* qui servent aux Couronnemens des Rois ; ils sont d'or massif.

L'*Agraphe du manteau Royal* ; elle est toute d'or, & enrichie de pierreries.

L'*Agraphe du manteau du Chantre*. Elle est d'or massif, ornée de pierreries de grand prix, avec un rubis estimé douze mille écus.

Un petit *Crucifix de la vraye-Croix*, enchâssé dans de l'or : il a été taillé par le Pape Clement III.

L'*Effigie de l'Empereur Neron* ; elle est d'agathe, garnie d'or, & enrichie de pierreries.

La *Coupe de Salomon* garnie d'or, & enrichie de pierreries ; c'est où il avoit coûtume de boire.

Les *Eperons* que les Rois portent

FIDELE. 505

lorsqu'ils sont couronnez ; ils sont d'or.

Les *Habits du Roy Charles IX.* ils couvrent la figure de Henry IV.

Les *Habits du Roy* Louis XIV.

L'*Epée de saint Louis* fort estimée par son antiquité.

L'*Epée de la Pucelle d'Orleans*, si recommandable dans l'histoire.

L'*Epée de l'Archevêque Turpin*, Chancelier de Charlemagne.

On peut bien s'imaginer le plaisir que nous eumes à l'aspect de si belles choses. Les Religieux de l'Abbaye ont fait construire depuis peu un bâtiment tres vaste & fort magnifique ; il a été conduit sur les desseins de Monsieur Decotte Premier Architecte du Roy ; c'est assez en dire pour en juger avantageusement.

Au sortir de là nous allâmes dîner, aprés quoy nous passâmes la journée à rire, à plaisanter, & à nous promener jusques au soir, que nous reprimes le chemin de Paris.

VOYAGE
de Fontainebleau.

Quoique j'eusse vû beaucoup d'Edifices fort somptueux, des Palais magnifiques, & tout ce qui pouvoit contribuer à leurs ornemens, je ne fus pas encore content que je n'eusse fait le voyage de Fontainebleau ; je l'entrepris seul, & choisis le temps que la Cour y étoit.

Je me servis de la commodité de l'eau pour y aller, & m'embarquai dans le Coche Royal, qui est une voiture établie exprés : j'y trouvai bonne compagnie, ce qui fit que le temps ne me dura pas.

On voit sur la route quantité de belles maisons, & la beauté du paysage qui s'offre durant tout le chemin, contribue beaucoup à son agrément.

Nous laissâmes à gauche *Bercy* dont j'ai déja parlé, *Conflans* & *Charenton* où passe la Marne sous un Pont, pour venir se jetter dans la Seine. C'est un Bourg où il y a quelques maisons de
par-

particuliers assez jolies. On y remarque un écho qui rend la voix jusqu'à dix ou douze fois.

Choisi.

En continuant la route on trouve à droite *Choisi*, qui est un village à trois lieuës de Paris. Il y a une maison très magnifique, qui appartenoit autrefois à Mademoiselle de Montpensier, & qui la laissa aprés sa mort à Monseigneur le Dauphin, qui l'échangea pour Meudon avec Madame de Louvois, qui la possede aujourd'hui.

Cette maison consiste en une grande façade de bâtiment de bon goût, & très bien conduit, dont les vûes se jettent sur la riviere de Seine, qui lave le bas du jardin. L'assiette de cette maison est sur une mi-côte, ce qui contribue beaucoup à sa beauté, & à l'air pur qu'on y respire. La basse-cour & les Offices sont détachées du logis, & bâties derriere.

Le devant de la maison donne sur le jardin; on voit au bas un grand & large escalier, qu'il faut monter pour y arriver; c'est de là qu'on descend dans une grande allée qu'on traverse pour gagner

V u

le parterre, au milieu duquel il y a un bassin qui jette continuellement.

A droite & à gauche sont de magnifiques bosquets coupez par des allées qui les separent. Dans la seconde partie se voit une cascade assez agreable ; c'est dommage qu'elle soit placée dans un endroit si dérobé aux yeux: Il y a dans ce jardin des boulingrins magnifiques, & de grandes pieces d'eau qui jouent jour & nuit ; l'aspect de cette maison est tres agreable.

Ville-neuve saint-George.

En montant on trouve à gauche *Ville-neuve saint-George*, à quatre lieuës de Paris. C'est une petite ville bâtie dans une assez belle situation ; & où il y a de gros magasins de vin qui appartiennent à des Marchands de Paris ou Forains, pour en vendre à ceux qui souhaittent en acheter. Ville-neuve saint-George est reputé pour les bons gâteaux.

Corbeil.

A trois lieuës de là se trouve *Corbeil*, c'est une petite ville qui n'a rien de remarquable qu'une tour fort haute, où étoit le vieux Corbeil.

Petit-Bourg.

Nous laissâmes à droite & à gauche plusieurs belles maisons de campagne, entr'autres *Petit-Bourg*, qui appartient à Monsieur le Duc d'Antin, qui l'a eu par succession de feuë Madame de Montespan sa mere. C'est dans cette maison où le Roy couchoit toûjours lorsqu'il alloit ou qu'il revenoit de Fontainebleau. Elle a tous les agrémens possibles d'une maison de plaisance; bel air, situation avantageuse, appartemens magnifiques des mieux distribuez, & meublez tres richement; jardins spacieux, accompagnez de promenades tres agréables, & ornez de compartimens tres bien entendus. Cette maison a beaucoup été augmentée par le Duc qui la possede aujourd'hui; elle est bâtie sur une colline, qui fournit à la face de derriere un terrein en pente qui descend jusqu'à la riviere, orné dans le milieu d'un tapis verd bordé d'ifs d'espace en espace, & qui s'étend jusqu'au chemin qui sert de bord à la riviere de Seine, où l'on a depuis peu pratiqué une belle terrasse.

Melun.

Plus loin, & à dix lieuës au-dessus de Paris, nous découvrîmes Melun. Cette ville est située sur le bord de la riviere de Seine, à quatre lieuës au-dessous de Fontainebleau. Cette ville est fort ancienne; Cesar en parle dans ses Commentaires; & dans le temps qu'elle fut assiegée par cet Empereur, il n'y avoit qu'une partie de l'Isle, où est le Château, que firent bâtir les Romains, à ce qu'on prétend; & ce qui confirme ce fait, c'est un reste de Temple que l'on dit avoir été celui d'Isis ou de Cerés, qui est dans la même Isle, & qu'on regarde comme un ancien monument. Mais ce Château n'est plus qu'un foible rempart à present, à cause des sieges que cette ville a soufferts à diverses fois.

Melun n'a d'ailleurs rien de recommandable que son antiquité; c'est un Baillage & Presidial qui a dans son ressort plusieurs autres Villes du Gâtinois. Il y a cependant dans l'Isle trois monumens qui sont assez considerables. L'Eglise de Nôtre-Dame; c'est une des quatre que Charlemagne a fait bâtir. *Le Château*, situé à une pointe de l'Isle, qui lui sert de fortification: & l'*Eglise de saint Estienne*, plus grande que celle de Nôtre-Dame.

La Ville est divisée en trois parties, on y trouve plusieurs Convents & Eglises. L'Abbaye Royale du Lis, qui n'en est éloignée que d'un quart de lieuë; les Religieuses sont de l'Ordre de Cîteaux. Cette Abbaye fut fondée par la *Reine Blanche*, mere de saint Louis, l'an 1420. & fut dotée d'un revenu considerable.

Il y a de fort belles promenades aux environs de la ville de Melun, avec plusieurs maisons de campagne; entre lesquelles l'*Isle de Vaux* est fort distinguée. Melun a aussi la gloire d'avoir été la patrie du fameux *Jacques Amiot*, né en 1514. il étoit fils, selon quelques-uns, d'un Corroyeur, ou d'un Boucher, selon d'autres: mais quoiqu'il en soit, son merite particulier & la grande connoissance qu'il avoit dans la Langue Grecque, le firent choisir pour être Precepteur des Princes, fils du Roy *Henry II.* qui furent ensuite Rois de France. On lui donna pour récompense l'Abbaye de saint Corneille de Compiegne, & l'Evêché d'Auxerre, où il mourut en l'année 1593. revêtu de la charge de Grand-Aumônier.

Comme j'avois ouï parler de Melun en quelque manière, je voulus y descendre; j'y restai deux jours, puis j'en partis pour *Fontainebleau*, où j'arrivai d'assez bonne heure.

Fontainebleau.

C'est un Bourg situé dans le Gâtinois, appellé ainsi à cause de ses belles eaux; il est au milieu d'une forêt à une lieuë de la riviere de Seine, à quatre de Melun, & à quatorze de Paris. Ce Bourg n'est pas considerable par lui-même; il n'a qu'une grande ruë qui aboutit au Château.

Les Historiens sont partagez sur celui qui en jetta les premiers fondemens; les uns uns veulent que ce soit *Louis VII.* d'autres les attribuent à *François Premier*, qui fit la partie qu'on appelle la *cour du Donjon*. Les Salamandres qu'on y voit, & qu'il prenoit pour sa devise, en font foy. Quelques H. couronnées d'ailleurs, donnent lieu de croire que *Henry IV.* a contribué à l'embelissement de ce Château.

J'entrai par la cour des Offices pour gagner celle du vieux Château du Donjon, d'où j'apperçûs la façade de la grande porte du pont-levis, soûtenuë de plusieurs colonnes de marbre, & de quelques Statues qui lui donnent beaucoup d'éclat.

L'architecture du vieux Château est tres bien imaginée, & conduite avec tout l'art possible. On y voit plusieurs petits donjons, & des galeries qui regnent autour de la cour, & qui se communiquent les uns aux autres. Entre ce qu'on remarque de plus curieux dans ce Château est un petit cabinet orné de peintures d'une tres grande beauté, & une Chapelle dont le plafond merite qu'on y fasse attention, tant le travail en est achevé.

Je passai de là dans la cour des Fontaines, ornée de plusieurs figures de bronze & de marbre tres bien travaillées, & d'un bassin au milieu duquel on voit aussi quelques Statues d'où l'eau sort & joüe de differentes façons. Cette cour répond à trois corps de logis qui composent un autre Château, de sorte qu'on trouve quatre Châteaux dans Fontainebleau, & autant de jardins. Le dernier est le plus estimé pour la beauté de ses appartemens & de ses galeries. Celle des Cerfs a cent pas de longueur environ; elle est enrichie de peintures tres rares, qui representent les plus beaux Châteaux de France, & toutes les maisons Royales, avec une exactitude surprenante, n'y ayant rien d'oublié de ce qui concerne le plan de leurs environs. Ces divers plans se distinguent les uns des autres par un grand bois de Cerf prodigieux qui a été tué dans la forêt qui y est representée, ce que fait connoître un petit écrit qui se lit au-dessous de la tête de chaque Cerf. C'est de là que cette Galerie a été appellée la *Galerie aux Cerfs*.

Au dessus de cette Galerie s'en voit une autre où sont representez les combats & les victoires des derniers Rois de France, & plusieurs figures de Diane sous des habits de chasseresses. On entre de là dans le *Cabinet de Clorinde*, enrichi de peintures, où paroît dans toute son étenduë la delicatesse de l'art. On y voit representée l'histoire de *Tancrede* & de *Clorinde*, avec toutes les circonstances essentielles qui en font le sujet.

De ce Cabinet on entre dans celui de la Reine, dont le plafond & les dorures sont ce qu'il y a de plus remarquable. On traverse ensuite la chambre de la Reine pour aller dans le *Cabinet du Roy*, orné de peintures qui méritent l'attention des Curieux, du moins y donnai-je bien la mienne tant qu'il me fut permis de les admirer. J'arrêtai principalement mes yeux sur deux tableaux, dont l'un representoit une *Joconde*, & l'autre une *Reine de Sicile*; ils sont de *Raphaël*, ce qui suffit pour en faire l'éloge. J'y admirai aussi un *Portrait de Michel-Lange*, qui s'est peint lui-même. On ne peut rien voir de plus beau ni de mieux travaillé que le parquet de la chambre du Roy.

Je fus conduit de là dans la Galerie de *François Premier*, où sont representées diverses histoires de ce Prince arrivées pendant son regne. Ces peintures sont encore d'un goût exquis. Je vis un autre cabinet qui a vûë sur le jardin de l'étang, & qui est aussi orné de peintures d'une tres grande beauté. Tout y paroît dans un éclat merveilleux, & je ne pouvois me lasser d'en regarder le plafond, tant j'y trouvai de quoy satisfaire mes yeux par les dorures & les sculptures admirables qui en rehaussent la magnificence.

J'allai ensuite dans la *Galerie des Antiques*; où sont representées plusieurs histoires de l'Antiquité. J'en admirai les peintures, les mouvemens des passions si bien exprimez dans les personnages qui en composent les sujets, & les attitudes differentes qu'ils tiennent, & qui sont des mieux étudiées.

En descendant par le grand Escalier appellé *fer-à-cheval*, qui regarde la cour du cheval blanc, je vis l'*Eglise de la sainte Trinité*, desservie par les Peres Mathurins. On y voit de tres belles sculptures, des marbres fort bien travaillez, & des peintures d'une finesse achevée; elles sont de *Freminet*, le plus fameux Peintre de son temps. Cette Eglise est pavée de marbre de diverses couleurs; son plafond & ses chapelles brillent par l'or qu'on y voit de tous côtez; & le Maître-Autel est encore au-dessus de tout cela, par la sculpture achevée, & plusieurs autres ornemens qui l'enrichissent.

Les jardins de Fontainebleau sont tres bien distribuez & tres magnifiques.

Dans le jardin de l'Orangerie se voit un grand bassin au milieu duquel est une Diane jettée en bronze, & d'une beauté singuliere; elle arrête un Cerf par le bois, environné de quatre limiers. On voit encore la statue d'Hercule, celle d'une Cleopatre couchée, une autre d'un Berger qui se tire une épine hors du pied, & un groupe chargé d'un Serpent au milieu de deux enfans.

Le jardin de l'Etang est environné d'eau par plusieurs canaux. Le parterre du vieux Château est d'un bon goût; il est environné d'une terrasse élevée d'une toise seulement. Dans le milieu est un grand bassin, du milieu duquel se découvre un rocher qui jette de l'eau par plusieurs endroits.

A main droite de ce parterre est une Gerbeponde, ou piece d'eau à rez de terre, au milieu de laquelle se voit une statue d'Apollon fort estimée; ensuite de ce parterre sont les grottes & les cascades: c'est où est l'entrée du Parc, divisé dans le milieu par un grand Canal.

Il n'y a rien de plus agréable pour la promenade que les allées de ce Parc, qui sont à perte de vûë, accompagnées des deux côtez de tres belles palissades de charmille.

Le Roy a augmenté depuis quelques années le Château de Fontainebleau d'un nouveau Bâtiment du côté de la cour des Offices, qu'on appelle l'*Appartement des Princes*, & fait quelques changemens considerables pour allonger des vûes, & rendre par là cette maison Royale plus découverte.

J'eus encore bien du plaisir dans ce voyage; jamais la Cour n'avoit été si nombreuse en Princes Etrangers que cette année: on n'y parloit que de divertissemens, de parties de chasse, & d'autres passe-temps convenables. On y joua fort gros jeu, & j'étois à Fontainebleau lorsqu'on y apporta la ratification de la Paix generale, ce qui augmenta les plaisirs. J'en partis par le carosse qui est la voiture ordinaire: nous passâmes par les *basses* & les *hautes Loges*, qui sont deux petits villages proche de Fontainebleau, & où l'on prend si l'on veut du rafraîchissement. Des *hautes-Loges* on passe à *Ponthierry*, ensuite au *Plessis*, puis à *Essone*.

Essone.

C'est un Bourg situé sur la petite rivière d'Estampes, vis-à-vis Corbeil à sept lieuës de Paris, & à pareille distance de Fontainebleau. Ce lieu est un grand passage de Paris à Lion. Il y a une Eglise Paroissiale sous l'invocation de *saint Estienne*. On voit en ce lieu une Manufacture Royale de poudre à canon. A un quart de lieuë de là est un hermitage dit de *saint Lazare*. Il n'y a rien autre chose à remarquer.

Nous vînmes de là à *Ris*, puis à *Juvisi*, ensuite à *Longboyau*, de là à *Villejuif*, aprés quoy nous arrivâmes à Paris, où je restai environ deux mois pour achever d'y apprendre les exercices que j'y avois commencez.

FIN.

APPROBATION.

J'Ai lû par ordre de Monseigneur le Chancelier un manuscrit qui a pour titre, *Le Voyageur fidele, ou le Guide des Etrangers dans la ville de Paris.* Quoique celui-ci qui concerne la description de Paris ait été amplement traité par d'autres, celle-ci néanmoins augmentée de nouvelles recherches peut être utile non seulement pour un Etranger qui voudra en tres peu de temps parcourir les singularitez de cette grande Ville & des Environs, mais encore pour les particuliers qui y ont leur séjour. D'ailleurs je n'ai rien trouvé qui puisse en empêcher l'impression. Ce douze Novembre 1714.

Signé, MOREAU DE MAUTOUR.

PRIVILEGE DU ROY.

LOUIS par la grace de Dieu Roi de France & de Navarre : A nos amez & feaux Conseillers les Gens tenans nos Cours de Parlement, Maîtres des Requêtes ordinaires de nôtre Hôtel, Grand Conseil, Prevôt de Paris, Baillifs, Sénéchaux, leurs Lieutenans Civils, & autres nos Justiciers qu'il appartiendra, SALUT. Nôtre bien amé PIERRE RIBOU, Libraire à Paris, nous ayant fait exposer qu'il souhaiteroit faire imprimer un manuscrit qui a pour titre, *Le Voyageur fidele, ou le Guide des Etrangers dans la ville de Paris*, & le donner au Public s'il Nous plaisoit lui accorder nos Lettres de Privilege pour la ville de Paris seulement ; Nous avons permis & permettons par ces Présentes audit Ribou de faire imprimer ledit Livre en telle forme, marge, caracteres, conjointement ou séparément, & autant de fois que bon lui semblera, & de le vendre, faire vendre & débiter par tout nôtre Royaume pendant le temps de dix années consecutives, à compter du jour de la datte desdites Presentes. Faisons défenses à toutes sortes de personnes, de quelque qualité & condition qu'elles soient, d'en introduire d'impression étrangere dans aucun lieu de nôtre obeïssance ; & à tous Imprimeurs, Libraires, & autres, dans ladite ville de Paris seulement, d'imprimer ou faire imprimer ledit Livre, en tout ni en partie, ni d'en faire aucuns extraits sous quelque prétexte que ce soit, d'augmentation, correction, changement de titre, ou autrement, sans le consentement par écrit dudit Exposant, ou de ceux qui auront droit de lui, à peine de confiscation des exemplaires contrefaits, de mil livres d'amende contre chacun des contrevenans, dont un tiers à Nous, un tiers à l'Hôtel-Dieu de Paris, l'autre tiers audit Exposant, & de tous dépens, dommages & interêts : A la charge que ces Presentes seront enregistrées tout au long sur le Registre de la Communauté des Imprimeurs & Libraires de Paris, & ce dans trois mois de la datte d'icelles ; que l'impression dudit Livre sera faite dans nôtre Royaume, & non ailleurs, en bon papier & en beaux caracteres, conformément aux Reglemens de la Librairie ; & qu'avant que de d'exposer en vente, il en sera mis deux exemplaires dans nôtre Bibliotéque publique, un dans celle de nôtre Château du Louvre, & un dans celle de nôtre trés-cher & feal Chevalier Chancelier de France le Sieur Voysin, Commandeur de nos Ordres : le tout à peine de nullité des Presentes ; du contenu desquelles vous mandons & enjoignons de faire joüir l'Exposant ou ses ayans cause pleinement & paisiblement, sans souffrir qu'il leur soit fait aucun trouble ou empêchement. Voulons que la copie desdites Presentes, qui sera imprimée au commencement ou à la fin dudit Livre, soit tenuë pour duëment signifiée, & qu'aux copies collationnées par l'un de nos amez & feaux Conseillers & Secretaires soy, soit ajoûtée comme à l'original. Commandons au premier nôtre Huissier ou Sergent de faire pour l'execution d'icelles tous actes requis & necessaires, sans demander autre permission, & nonobstant clameur de Haro, Charte Normande, & Lettres à ce contraires ; car tel est nôtre plaisir. Donné à Paris le huitiéme jour du mois d'Octobre, l'an de grace mil sept cent quinze, & de Nôtre Regne le premier. Signé, par le Roy en son Conseil, FOUQUET, & scellé du grand sceau de cire jaune.

Registré sur le Registre n. 3. de la Communauté des Libraires & Imprimeurs de Paris, page 989. n. 1306. conformément aux Reglemens, & notamment à l'Arrêt du Conseil du 13. Août 1703. A Paris le 10. Octobre 1715.

Signé, ROBUSTEL, Syndic.

www.ingramcontent.com/pod-product-compliance
Lightning Source LLC
Chambersburg PA
CBHW071605230426
43669CB00012B/1837